U0788051

庆丰

吾村吾民

口述 koushu

溧阳市地方志办公室 编著

方志出版社
Publishing House of Local Records

图书在版编目（CIP）数据

庆丰 / 溧阳市地方志办公室编著 . -- 北京 ： 方志出版社，2021.8

（吾村吾民）

ISBN 978-7-5144-4800-9

Ⅰ . ①庆… Ⅱ . ①溧… Ⅲ . ①村史 - 溧阳 Ⅳ . ① K295.35

中国版本图书馆 CIP 数据核字（2021）第 278419 号

吾村吾民

庆丰

编　　者：	溧阳市地方志办公室
责任编辑：	董 琳
出 版 者：	方志出版社 地址 北京市朝阳区潘家园东里 9 号（国家方志馆 4 层） 邮编 100021 网址 http://www.zgfzcb.cn
发　　行：	方志出版社图书营销中心 电话（010）67110500
经　　销：	各地新华书店
印　　刷：	常州报业传媒印务有限公司
开　　本：	787 × 1092　1/16
印　　张：	6.75
字　　数：	107 千字
版　　次：	2021 年 8 月第 1 版　2021 年 8 月第 1 次印刷
印　　数：	0001 ～ 2000 套

ISBN 978-7 - 5144 - 4800-9　　**定价**（全 3 册）：120.00 元

· 版权所有 翻印必究 ·

序言

以吾民讲吾村，汇集的是乡民口中的“原味”，记录的是乡村变迁的“风云”，见证的是时代发展的“足迹”。这套名为《吾村吾民》的乡村口述史丛书，原汁原味地收录了村民最真实的生活记忆，既展现了乡村发展最鲜活的历史画卷，更有着“前有所稽，后有所鉴”的历史价值。

乡村“记忆”的多元，让地域文化更加多彩。每个村庄各自形成了它们独特的历史和风俗，都有着自己的记忆。乡村史志是村庄发展、变化的历史见证，是传承地域文化的重要载体。在这个乡村快速发展、日新月异的时代，为乡村立史，已是一种唤醒乡村记忆、传承乡土文化、重振乡村精神的重要方式。《吾村吾民》追溯乡村的历史渊源，全方位记录乡村历史和变化。特别是以乡民的所见所闻所感为主要内容，多角度展示乡村最真实的面貌，极大程度丰富了地域文化，具有特殊的史料价值和文化价值，也有着其他书籍不可替代的研究价值。

乡民口述的“原味”，让乡愁乡情更加浓厚。每一个村庄，都有着各自的成村缘由和发展轨迹，承载着不同历史时期人们的共同记忆，也寄托着人们质朴淳厚的乡土情谊。她是一代又一代乡民心中的“家”，她是触动着古往今来诸多游子内心柔软处的那一份“乡愁”。《吾村吾民》这套丛书，梳理了一个个普通的乡民回忆往昔的思绪，收录了村

民鲜活本真的生活记忆，展现出乡村生活最质朴、最真实、最“原味”的一面。这不仅能让读者感受记忆的温度，更能让他乡游子感触无尽的乡愁。

乡土文化的“活力”，让乡村精神更加焕发。2017 年 6 月，溧阳入选全省首批特色田园乡村建设试点地区。面对农村活力不足、日益“空心化”的问题，我们提出了“建设精神焕发的农村”的愿景。而要实现这个愿景，必须解决乡村活力的问题。《吾村吾民》聚焦全市“美意田园”行动中涌现的典型特色村落，通过对乡村文化进行系统挖掘，为乡村建设注入文化元素，让乡村的特色得以充分彰显；也通过传承发展乡村文化，不断滋养乡民精神家园，从而激发乡民投身乡村振兴的主动性和积极性；更通过记录乡村在时代发展中的变迁脉络，为乡村建设提供有益借鉴，指引着我们在推动农村精神焕发的征程中不断前行。我愿意和我的同事们一起，为实现溧阳乡村的这种美好去努力、去奋斗！

《吾村吾民》是一部深入农家院落、走进田间地头、来自乡民土语方言的乡村发展史。创作团队曾驻村采访数月，过程辛苦可见一斑。借此机会，对所有为之付出的工作人员和社会各界人士，致以衷心的感谢！

是为序。

徐华勤

2019 年 10 月

《吾村吾民》编纂委员会

名誉主任：徐华勤
主　　任：叶明华
副 主 任：张爱文　朱志军　陈　峰　唐华新
委　　员：嵇建忠　甘正富　钱　栋　朱立峰
周文光　朱　威　马立峰　姜　卫
颜　萍　张余亮　王鹏程　张国良
强建方　高　洁

《吾村吾民》编纂人员

主　　编：甘正富
副 主 编：董文博　钱月航
采　　编：钱　鹏　邹永鸽　冯平平　邵建芳
吴凌云　谢　丹　曹　煜　高　亢
王　强　吴艰辛　刘燕涛　张天羿
编　　校：殷国富　莫　俊　袁　杰　潘鸿声
尹少鹏
设　　计：陆念青　李琪涵

口述人员名单

姓名：陈新　1925 年生　务农
采访时间：2020 年 7 月
地点：庆丰村村委办公室　采访人员：冯平平　谢科　曹钰清

姓名：李洪生　1929 年生　抗美援朝老战士
采访时间：2020 年 7 月 28 日
地点：庆丰村村委办公室　采访人员：冯平平　谢科

姓名：张全福　1931 年生　医生
采访时间：2020 年 7 月
地点：庆丰村村委办公室　采访人员：陈图南　高亢　曹钰清

姓名：徐梅芳　1933 年生　务农
采访时间：2020 年 7 月
地点：庆丰村村委办公室　采访人员：钱鹏

姓名：刘来生　1935 年生　抗美援朝老战士
采访时间：2020 年 7 月
地点：庆丰村村委办公室　采访人员：陈图南　高亢

姓名：陆阿富　1938 年生　退休教师
采访时间：2020 年 7 月
地点：庆丰村村委办公室　采访人员：冯平平　谢科

姓名：徐才英　1939 年生　务农
采访时间：2020 年 7 月
地点：庆丰村村委办公室　采访人员：钱鹏

姓名：奚俊　1942 年生　退休教师
采访时间：2020 年 7 月
地点：庆丰村村委办公室　采访人员：冯平平　谢科

姓名：陆保材　1943 年生　退伍军人
采访时间：2020 年 7 月
地点：庆丰村村委办公室　采访人员：冯平平　谢科

姓名：奚田庚　1944 年生　河东埂村老书记
采访时间：2020 年 7 月 28 日
地点：庆丰村村委办公室　采访人员：谢科

姓名：徐来富　1945 年生　原庆丰建筑站驻宁办负责人
采访时间：2020 年 7 月
地点：庆丰村村委办公室　采访人员：陈图南　高亢　曹钰清

姓名：张晨镛　1946 年生　庆丰知青
采访时间：2020 年 7 月 28 日
地点：庆丰村村委办公室　采访人员：钱鹏

姓名：徐小桃　1948 年生　务农
采访时间：2020 年 7 月
地点：庆丰村村委办公室　采访人员：张晨镛　钱鹏

姓名：张天宝　1949 年生　焦塘圩村老书记
采访时间：2020 年 7 月 29 日
地点：庆丰村村委办公室　采访人员：张晨镛　钱鹏

姓名：乔鱼庚　1949 年生　务农
采访时间：2020 年 7 月
地点：庆丰村村委办公室　采访人员：钱鹏

姓名：徐招娣　1951 年生　蒋家村妇女主任
采访时间：2020 年 7 月
地点：庆丰村村委办公室　采访人员：冯平平　谢科

姓名：王扣金　1952 年生　荒圩埂村原党支部书记
采访时间：2020 年 7 月 29 日
地点：庆丰村村委办公室　采访人员：高亢　陈图南

姓名：洪钧　1955 年生　乡办企业原负责人
采访时间：2020 年 7 月
地点：庆丰村村委办公室　采访人员：钱鹏

姓名：潘梅仙　1957 年生　水产村老书记
采访时间：2020 年 7 月
地点：庆丰村村委办公室　采访人员：钱鹏

姓名：徐建新　1957 年生　徐家村村主任、老会计
采访时间：2020 年 7 月
地点：庆丰村村委办公室　采访人员：陈图南　高亢

姓名：沈建保　1958 年生　退休干部
采访时间：2020 年 7 月
地点：庆丰村村委办公室　采访人员：冯平平　谢科

讲述：罗和忠　1959 年生　陈家圩村原党支部书记
采访时间：2020 年 7 月 28 日
地点：庆丰村村委办公室　采访人员：张晨镛　钱鹏

姓名：王炳根　1960 年生　务农
采访时间：2020 年 7 月
地点：庆丰村村委办公室　采访人员：张晨镛　钱鹏

姓名：张双顶　1961 年生　企业老板
采访时间：2020 年 7 月
地点：庆丰村村委办公室　采访人员：陈图南　高亢

姓名：徐萍　1962 年生　个体老板
采访时间：2020 年 7 月
地点：庆丰村村委办公室　采访人员：冯平平　谢科

姓名：闵春平　1969 年生　工人
采访时间：2020 年 7 月
地点：庆丰村村委办公室　采访人员：钱鹏

姓名：许正福　1972 年生　企业家
采访时间：2020 年 7 月
地点：庆丰村村委办公室　采访人员：陈图南　高亢

姓名：施雪芹　1973 年生　南渡镇党委书记
采访时间：2020 年 7 月
地点：庆丰村村委办公室　采访人员：冯平平　谢科

姓名：蒋秀兰　1975 年生　村电商负责人
采访时间：2020 年 7 月 28 日
地点：庆丰村村委办公室　采访人员：钱鹏

姓名：王松林　1978 年生　种田大户
采访时间：2020 年 7 月
地点：庆丰村村委办公室　采访人员：陈图南　高亢

姓名：洪骥　1978 年生　庆丰村党支部书记
采访时间：2020 年 7 月
地点：庆丰村村委办公室　采访人员：钱鹏

2
6
5
Movie
4
8
3
7
1

1.庆丰塔

2.读田书斋

3.庆丰馒头店

4.菜园

5.稻花香剧场

6.党群小院

7.三五斗米仓

8.丰收文化长廊

庆丰村手绘图 2020 年 7 月 李琪涵 / 制图

俯瞰庆丰 2020 年 7 月 高亢 / 摄

目 录

1 村庄概况

4 村庄纪事

8 乡村历史

伍子胥与史贞女的故事，对我们这里的民风形成有很大影响

庆丰有今天的面貌，是新中国成立后党和政府领导带领老百姓创造的

庆丰村和其他村庄相比，有其特别的地方

铁打庆丰圩，铜浇岗志埂

现在的荒圩埂再也不荒了，荒圩埂成了“丰圩埂”

21 农耕生活

种稻“播、插、管、收”四部曲

20 世纪 80 年代开始，就逐步实现农业生产机械化

种田人的“三退缩”

种田人怕拉草，念书人怕上考

养鱼后，我们村的穷帽子慢慢摘掉了

整个水产大队开辟了数百亩地的鱼塘

切土坯

百姓的生活是在分田到户之后才渐渐好起来的

34 保家卫国

是解放军用自己的血肉之躯保护了我们村民

打赢这场战争不容易，但我感觉很光荣

我那时真的很勇敢，什么事都要冲在前面

39 乡村教育

我们家族有一个传统，就是重视教育
我做了二十多年的人民教师
我是一颗螺丝钉，哪里需要哪里钉
庆丰地区办学历史很悠久，村民也很重视教育
庆丰中学的老师都比较负责

49 舌尖记忆

困难时期的几种食物
难忘炒米糕
好吃不过满锅摊
特色月饼油炸糍
做团子

56 乡村建设

国家取消农业税，减轻了农民的负担
村干部在工作中总结了四条工作方法，解决了一个又一个工作中的困难
溧阳市开展的标准圩堤达标工程是好工程，让庆丰村免遭水灾
我们村干部有事一起做，有困难一起扛
在村医岗位上，我干了一辈子
我父亲以前是大队书记，在我的印象里，父亲十分繁忙

65 自强之路

端凳子给别人坐，就是给自己坐，端碗水给别人喝，就是给自己喝
我搞建筑装潢，放到现在来讲就叫“包工头”

我们家的生产收入情况和庆丰的发展变迁是紧密相连的
不管在哪里，作为庆丰人是不能忘本的
从乡村医生到种田大户
要做一个“多功能”的老板

81 奔向未来
打造农旅项目走上脱贫致富“彩虹路”
老村触网新电商
为庆丰村打出一套盘资源、优环境、促增收的组合拳

后记

村庄概况

庆丰，一个饱含希望、自带流量的名字。

全国叫“庆丰”的地方不少，但溧阳市南渡镇庆丰村是一个实实在在、地地道道的老地名。时间上溯两百年，清嘉庆十九年（1814），《溧阳县志》就有“庆丰圩”地名的记载。此前的庆丰还是一片濑水故道畔地势低洼的“锅底塘”，陆续到来的老百姓在此造圩埂，垦新田，建家园，在人与自然的交融与斗争中，一个充满生机的村落群逐渐形成。

中华人民共和国成立后，人民政府沿用庆丰圩之名，建立庆丰乡，又因庆丰乡驻地之故，成立庆丰村。或许，与溧阳其他的古村相比，庆丰村的历史还不够久远。但是，庆丰村依赖的母体南渡镇，是名副其实的千年古镇。古镇依古濑江而建，早在春秋时期即有濑渡之名，后民间为了读写方便，将濑渡改为南渡。南渡镇底蕴深厚，有美好的传说——春秋时，伍子胥千里奔吴，逃至南渡时已经饥渴难耐，恰遇史贞女于江边浣纱，遂讨要纱浆果腹，后史贞女投水濑江，伍子胥以三斗三升金瓜子相报；有丰富的历史遗存——晋惠帝永兴元年（304年）在镇南古城村设平陵县治，古平陵邑土城遗迹尚存；有著名的诗篇——唐代著名诗人孟郊在溧阳任县尉时曾在南渡写下中华第一诗《游子吟》，传颂至今。

正因为得到这么深厚的文化滋润，庆丰村，穿过数百年的时光隧道，在芦塘荒滩中崛起，用智慧和勇气，编织着一幅人与自然斗争、交融、共赢的美丽画卷。

庆丰，是希望的沃土。

庆丰村域面积 6.1 平方公里，辖荒圩埂、徐家、赵家、陆家、河东埂、蒋家、杨家、南圩埂、秀才圩、张家角、前三角圩、后三角圩、汤家圩、新村里、大栗树、焦糖圩、小吴家、陈家村、大圩里、水产 20 个自然村、33 个村民小组，有 2 个万亩圩、4 个千亩圩，耕地面积 8000 余亩。一直以来，勤劳的庆丰人，在人与自然的交融和斗争中，接力奋斗，用智慧、汗水，制服水患，垦育良田，播撒希望。丰产方内的南粳 46 号优质水稻亩均产量已达 670 公斤，获评全国稻米金奖，创造了“苏南第一方”的庆丰名片。

庆丰，是奋发的热土。

改革开放后，庆丰人怀揣着对美好生活的向往，敢闯敢试，先后创办建筑站、玩具厂、橡胶厂、化工厂、水泵厂等实业，发展水产养殖，推广西瓜、甘蔗种植，刷出靓丽的成绩单。庆丰化工厂曾是溧阳乡镇工业经济的三朵金花之一；庆丰水产村虾美鱼肥、盛名在外；庆丰的甘蔗、西瓜曾经甜了多少南京、无锡、常州人的生活。难能可贵的是，追求生活富的庆丰人从未忘记精神富。庆丰人重视

教育，尊重教育。在这块土地上，积善庵小学、焦塘圩小学、徐家小学、庆丰中学，成了一代又一代人挥之不去的记忆，尊师重教的风尚，催生出庆丰的教育奇迹，为祖国的现代化建设输送众多优秀人才。

庆丰，是美起来、富起来、活起来的家园。

进入新时代，庆丰人坚守初心，全力打好脱贫攻坚战，步履铿锵地行走在乡村振兴的大道上。依托本村农业资源优势，扎根稻米产业，让田园变公园、产品变商品、农户变商户，让产业得发展、集体有收益、老百姓得实惠。如今，庆丰村已接通了溧阳“1号公路”，正践行农旅结合“富民1号”理念，打造庆丰农业“丰收1号”蓝图，全面铺展“美意田园”图卷，建设美丽乡村，谱写现代田园牧歌！

来到庆丰，看看稻浪、闻闻稻香，感受一下“稻花香里说丰年”的美好，品味一下“喜看稻菽千重浪，遍地英雄下夕烟”的壮阔，欣赏一下“沃田桑景晚，平野菜花香”的人间美景，不亦乐乎！

村庄纪事

明洪武二十五年（1392）	明太祖朱元璋凿溧阳银墅（树）至高淳东坝河道一万四千余米，至明永乐元年（1403），为免除苏浙一带水患，朝廷改东坝石闸为土坝，进一步节制水流。因此，溧阳南渡荡一带水面缩减，滩涂增大，逐渐有移民在此造圩开田，赖以生息
清嘉庆十九年（1814）	《溧阳县志》记载“庆丰圩”以及“徐家、赵家、陆家、杨家、蒋家、三旭圩、秀才圩”等地名，其中，庆丰圩及徐家、赵家、陆家、杨家、蒋家、三旭圩6个自然村属于奉安区，秀才圩属于崇安区
1931年	发大水，《溧阳县志》载：“溧阳东西约八九十里，南北约五六十里，一片汪洋，尽成泽国，全县圩堤尽被溃决，秋收绝望。”
1934年	大旱，《溧阳县志》载：“溧阳河湖干涸龟裂，灾民以草根、观音粉充饥，饿殍枕藉，逃荒者近二十万人，灾情在江南各县中最严重。”
1935年	实行保甲制，民国溧阳县设有6区127乡（镇），始有庆丰乡，属第五区（驻地周城）
1947年	国民政府在溧阳县重新组建乡、镇体制，设有7区36乡（镇），撤庆丰乡，归属濑江区古濑乡
1949年5月7日	溧阳县人民政府成立，下设7区22乡（镇），复设庆丰乡，属南渡区。庆丰乡政府驻大栗树自然村

1950 年	设庆丰、焦塘圩两个自然村，属庆丰乡
1956 年	成立庆丰、焦塘圩、张家角 3 个初级社。同年，张家角、秀才圩、南圩埂 3 个自然村由上沛区西堂乡划入庆丰乡
1957 年	庆丰乡并入南渡乡，成立庆丰、焦塘圩、张家角 3 个高级社
1958 年	庆丰、焦塘圩、张家角、李家、东塘桥 5 个高级社合并为南渡人民公社第五大队。次年，第五大队分设贺新（焦塘圩）、胜利（张家角）、庆丰 3 个大队
1961 年	南渡公社中划分出庆丰公社，庆丰大队属庆丰公社管辖
1968 年	增设水产大队
1971 年	庆丰中学启动建设，校址位于庆丰大队，本队队员义务出工出力，全力支持学校建设
1976 年	庆丰中学增设高中班 2 个，初中规模达 7 个班，全校总学生 500 人左右，教职工 28 名，极大便利庆丰农民子弟求学
1979 年 7 月 9 日 18 时 57 分 23 秒	溧阳发生 6.0 级地震，震中在上沛东张、东塘，强埠梅庄、东梅，庆丰张家角、秀才圩一带
1981 年	推行联产承包责任制，实行联产到劳、包干到户，调动村民生产积极性
1982 年	庆丰大队把生猪生产与粮食一起订进承包合同，并采取“两定一奖赔”一系列措施确保生猪稳定发展

1983 年	全县农村体制改革，人民公社改为乡（镇）建制，庆丰公社改为庆丰乡。庆丰大队改为庆丰村
1984 年	庆丰再生胶厂启动建设，次年建成，生产规模位居苏南同类企业前列
1985 年	庆丰村民养鱼 184 亩，成鱼总产 7 万多千克，总产值达 26 万元，亩产值 1413 元，亩利润 636 元，毛利润率为 45%，居全县领先地位
1987 年	庆丰化工厂启动建设，并从上海染料化工九厂买来了甲氯苯胺的生产设备和技术，次年正式投入生产
1988 年	村民参加疏浚上沛河水利工程
1991 年	遭受特大洪涝灾害，村民全力组织抗涝，保障生产
1992 年 8 月 29 日	经江苏省、常州市人民政府批准，庆丰乡并入南渡镇，庆丰村属南渡镇
1997 年	庆丰中学并入南渡中学初中部
2001 年 5 月	原庆丰村与胜利村合并成立庆丰村，辖荒圩埂、徐家、赵家、陆家、河东埂、蒋家、杨家、南圩埂、秀才圩、张家角 10 个自然村
2005 年 5 月	“溧阳—南渡”农村公交线路通车，极大方便村民出行
2007 年	本村推进“三清一绿”“五化三有”建设，扎实做好村庄环境整治工作，努力营造良好的生产和生活环境

2009 年 7 月	庆丰村与贺新村合并，成立新的庆丰村。辖荒圩埂、徐家、赵家、陆家、河东埂、蒋家、杨家、南圩埂、秀才圩、张家角、前三角圩、后三角圩、汤家圩、新村里、大栗树、焦塘圩、小吴家、陈家圩、大圩里、水产 20 个自然村、33 个村民小组，村域面积 6.1 平方千米，其中耕地面积 8000 余亩，另有 2 个万亩圩、4 个千亩圩。是年，庆丰村“万亩丰产方”启动建设
2018 年	庆丰万亩丰产方成为江苏省两大丰产方之一，因连续两年创造全省亩均最高产量而赢得“苏南第一方”美誉。
2019 年 8 月	在第二届全国优质稻品种食味品质鉴评比赛上，庆丰万亩丰产方粮食生产基地出产的南粳 46 获得金奖第 1 名
2019 年 10 月 30 日	由溧阳市人民政府主办，溧阳市农业农村局、南渡镇政府承办的“中国溧阳第一届‘四美’丰收节暨苏南第一方开镰仪式”在庆丰村隆重举行
2019 年 11 月 25 日	江苏省委副书记任振鹤、省委副秘书长赵旻到庆丰村调研特色田园乡村建设工作
2020 年 4 月	常州市美丽乡村建设指挥部增补庆丰村为全市第二批美丽乡村示范区（点）
2020 年 7 月	入选文化和旅游部第二批全国乡村旅游重点村公示名单。同月，入选江苏省第三批次特色田园乡村名单

乡村历史

记住历史，才能展望未来。
庆丰村的历史，是人与自然斗争、交融、共赢的历史，
是崇尚美德、守护信义的历史，
是勤劳拓垦、变“荒”为“丰”的历史。

伍子胥与史贞女的故事，对我们这里的民风形成有很大影响

讲述：洪骥

在庆丰，讲到伍子胥和浣纱女，可以讲是无人不知，无人不晓。实际上，这个故事和庆丰真是蛮有缘分的。1992年出版的《溧阳县志》就有记载："1925年，庆丰圩木杓兜一农民锄桑地得金瓜子一粒，据传这是伍子胥酬报史贞女的投金。"庆丰一带，是浣纱女的安息处，浣纱女的故事在我们这一带口口相传，深刻影响着大家的道德行为。

这故事发生在两千五百年前，当时正是春秋末期，群雄争霸。楚平王冤杀了伍子胥的父亲和兄长后，为斩草除根，下令追杀伍子胥。为了万无一失，楚平王请画师画了伍子胥的头像，张贴在楚国边境的关隘，"活要见人，死要见尸"，张开天罗地网，防止伍子胥逃离出境。

伍子胥骑马一路日夜兼程，逃出昭关，当他来到溧阳南山地区的时候，

青山悠悠 2020年7月 钱鹏 / 绘

被迎面的一座大山挡住了去路。怎么办呢？眼看着后面的追兵就要赶到，伍子胥毕竟是伍子胥，他索性跳下马来，拼尽全力，拉着马尾巴，连人带马，倒着登上了山头，留下了相反方向的足迹。他心里盘算着，这样就可以迷惑追兵，给他们灌一个迷魂汤。

正当伍子胥把马反牵到山顶上的时候，一路楚国官兵追杀过来，好在天无绝人之路，眼前正好有一座破庙，伍子胥顾不上拴马，慌忙跑进去躲藏起来。

追兵赶到山顶，四处张望，山里到处是石头杂树，哪里看到人影？他们又骂骂咧咧地进庙查看，只见破庙内结着蜘蛛网，一片荒败。突然，有人大喊起来：快出来，他朝另外一个方向跑了。其他人出来一看，果然庙门外留有马蹄印，但马蹄印有两串，一个是朝山下方向，一个是朝山侧方向，到底哪一串是真？哪一串是假？一时让人犯糊涂。于是，兵分两路，各寻一个方向。

蜷缩在庙内神龛后的伍子胥，听到庙门外官兵散去，悬着的心才放下一半。这时候，马也不知去向，他暗暗叫苦，只好咬紧牙关，独自逃命。

走啊走啊，伍子胥终于走出南山，走到濑江边上，这时候又饿又累又困，身体实在吃不消了。突然，他看到一名民女正在河边浣纱，过去浣纱浆洗都用糨糊，这浣纱女边上就放着半桶糨糊。眼冒金星的伍子胥见到糨糊，直掉口水，就上去讨要，说："姑娘，我几天没吃东西了，能给点吃的吗？"浣纱女抬头一看，眼前这个衣衫褴褛的过路男子虽然狼狈不堪，但英气逼人，气度不凡，便答："我筲箕里还有口剩饭，你吃了吧。"伍子胥一听，就三口两口把饭吃光了，但只是填点饥而已，哪里得饱？于是又说："姑娘，谢谢你的饭。但我饿坏了，你那半壶浆纱的糨糊能给我吃吗？"浣纱女答："你要不嫌弃尽管吃吧！"伍子胥不管三七二十一，捧起壶"咕咚咕咚"把糨糊一口气喝光了。浣纱女望了一眼，只见来人肚子是透明的，吃下去的东西看得清清楚楚，知道此人不一般。

伍子胥临走时对浣纱女说，"承蒙救命之恩，我一定铭记在心。同你讲实话吧，我是个逃亡在外的人，如果遇到其他人，请你不要声张。"浣纱女苦笑道，"哎，我为了服侍寡母，30岁都未嫁人，我是个明白事理的人，你尽管放心走吧！"伍子胥告别浣纱女之后，刚走出几步，回头再看时，只见这名女子抱着一块大石头，自投濑水中去了。

伍子胥见这名女子投水而死，非常悲痛，泪流满面地咬破一个手指，用鲜血在濑江边的一块石头上写了两行字："尔浣纱，我行乞；我腹饱，尔身溺。十年之后，千金报德！"伍子胥写完之后，担心被后面的追兵看到，就捧了堤上的碎土掩盖掉，随后，继续朝前赶路。

山高水长纪贞女 2021年7月 钱鹏/绘

人们只知道浣纱女姓史，是黄山湖畔上吴村人，因为她的贞烈，都称她为史贞女。史贞女投河后，尸体就漂到庆丰一带的木杓兜村，当时这里还是一片水面，村就在水边上，村民尊敬她，把尸体打捞起来后，就地安葬。

后来，伍子胥到了吴国，被拜为大将军，率领千军万马，经过五次激战，大败楚军，攻占楚都郢。伍子胥报仇雪恨之后，为实现自己的诺言，将三斗三升金瓜子撒在濑江之中，我们这一带，拾到金瓜子的事情也就顺理成章了。

这个故事对我们这一带的民风形成有很大的影响，老百姓都晓得，做事要讲信义，这可能就是历史文化对民心教化的影响吧。

庆丰有今天的面貌，是新中国成立后党和政府领导带领老百姓创造的

讲述：奚田庚

庆丰的历史，是一部老百姓与自然相斗争、相融合的历史。刚开始，我们的老祖宗过得很苦，生活很穷，但到了今天，到我们这个时代，庆丰是彻底改头换面。庆丰有今天的面貌，是新中国成立后党和政府领导带领老百姓创造的。

我们这里有两个万亩圩，一个是西圩万亩圩，一个是南渡万亩圩。这两个圩田，都是我们这边老百姓世世代代辛辛苦苦创出来的。溧阳有许多俗语，比如“三荡六口七十二笪，百里长沟万里长山”。所谓三荡就是升平荡、三塔荡、前马荡，我们这边，原来是一片水面，随着高淳筑东坝，节制水流，南渡荡慢慢水面收缩，变成了“锅底荡”，很多地方成了荒滩沼泽。那么，几百年来，随着各地移民的到来，造圩埂，疏水利，垦荒成田，这一带就慢慢有了人烟，特别是近百年来，很多苏北的移民拖儿带女来到这里讨生活，来了以后，就择一块荒滩地，搭个草棚就落了户。这批人勤劳刻苦，在这里开荒种田，慢慢和本地人融合，在当地扎下根，庆丰一带逐渐形成很多自然村。

过去，庆丰人过得很苦，因为这一带是一个大圩塘，原来防洪设施哪有今天这样完备，一下大雨，就容易决堤发大水，老话说，发一次洪水，要苦十年。每逢汛期，我们这里的老百姓要时时拨紧脑中的发条，一点都不能怠慢。但即使是这样，自然灾害还是难免，一旦受灾，真是叫天天不应、叫地地不灵。老百姓苦啊。

1931 年，我们这里大水，白浪滔天；1934 年，我们这里大旱，河底见天。所以，在水利设施极其落后的年代，我们这里的老百姓只能靠老天爷保佑，平时靠辛辛苦苦开荒垦田、种点粮食讨生活，遇到大水大旱，是没有什么好办法的，真走投无路时，只能外出讨饭，自生自灭。

这种情况新中国成立后就有了改观。1949 年 7 月，人民政府刚成立没有多久，就发生了一次严重水灾。这次大水灾中，我们南渡区仅钱家圩、庆丰圩一带 4 个圩，淹没田地就有三万六千余亩。有的地方，农民屋里都有约 50 厘米深的水。当时，南渡区政府就派干部连夜下乡协助农民抢救水灾，发动

为有源头活水来　2020 年 7 月　庆丰村委供图

群众不分日夜地堵塞缺口，再组织干部到水灾轻的外乡去动员群众来帮忙。由于干部带头、发动群众一起救灾，水灾得到了一定控制，最大限度减轻了农民损失。记得当时共组织了 33 台脚踏水车，加上县里的 4 台抽水机，仅一天时间，圩内大水就浅了下去，老百姓都很感激政府。

此后，党和政府一直关心我们这里的建设，领导我们这里的老百姓做好水利工作，战胜水涝灾害。你看，现在有高标准的防洪墙，有电灌站，水利设施做得很好。庆丰脱胎换骨，成了苏南万亩良田中的代表。老百姓真是做梦也没有想到。

庆丰村和其他村庄相比，有其特别的地方

讲述：张晨镛

庆丰村和其他村庄相比，有其特别的地方。1949 年 5 月，溧阳县人民政府成立，以庆丰圩为名建立庆丰乡，属南渡区管辖。因为庆丰乡的缘故，1950 年，庆丰村的名字开始出现在历史舞台上。也因为庆丰乡的缘故，庆丰村与其他村庄相比，有点特别。起初，庆丰乡（1961 年成立庆丰人民公社）的办公地址在大栗树自然村东面的积善庵，后来，庆丰公社的办公地址搬至大栗树自然村（属于庆丰村）上，庆丰村因此有了其他村羡慕的人气。成了公社所在地以后，大栗树从一个小村子逐渐发展成为集镇。供销社、合作商店、粮管所、粮食加工厂、机电站、农具厂、建筑站、食品站、医院、邮电所、生产资料门市部、小学、中学……一应俱全。

我和庆丰的渊源从 1964 年开始。那年我哥哥和其他 200 多位青年从溧城镇下放到庆丰，那时候不称“知识青年”，而是以“城镇不能升学的青年和闲散劳动力”身份下乡，社员们则称他们为“下放人口”。在积善庵开完欢迎大会后，这批下放人口由生产队干部带领到插队所在地。

庆丰忆旧 2020 年 10 月 钱鹏 / 绘

1971 年，我以知识青年身份从余桥公社迁入庆丰公社，直到 1979 年离开，在庆丰生活了 8 年。那时庆丰公社的办公地址已经搬

庆丰夜未央　2020 年 7 月　庆丰村委供图

至大栗树村。大栗树村，本地人都称之为“大栗树下”，位于蜿蜒的上沛河一个拐弯处，是上沛客轮的一个下客站，没有宽大村基的平常小村落。那里河面上有一座桥，据说桥畔原有一棵枝繁叶茂、高大挺拔的大栗树，是醒目的地标，后来成了人们不易忘却的地名。

庆丰是一个好名字，丰收历来就是亿万农民的期盼。庆丰之名历史久远，清代嘉庆县志上就有记载。说到庆丰，人们就会联想到庆祝大丰收，稻浪滚滚，瓜果飘香，喜气洋洋。可是，我初到这里的时候，感觉庆丰公社是贫困落后的乡村，穷苦程度是现代人难以想象的。全公社瓦房很少，很多都是用杂树、毛竹搭建的低矮土墙稻草房。当时，生产队里籼稻平均亩产 150 多千克，粳稻不足 250 千克，寅吃卯粮是常态，口粮虽然省着吃，还是不够，青黄不接时，大部分社员要借“预借粮”，等秋季分口粮的时候扣除，第二年又得借。这种状态多年没有太大变化，一直持续到我离开那年。

我离开时正值改革开放，当年的庆丰公社成了南渡镇的一部分，这 40 年的变化，是翻天覆地的，邻近的上沛河、中河若是有灵，也要感叹。

2019 年丰收节举办时，我满怀深情回到我曾经生活 8 年的庆丰，亲身体验第二家乡的巨大变化。我从溧阳至强埠的公路上下了车，水泥路、柏油路代替了雨天泥泞晴天扬尘的土路。路边人头攒动，每个人脸上都洋溢着丰收的喜悦。拐进有“1号公路”标志的彩虹线柏油路向前走，道路右边是原先的陆家村、蒋家村、杨家村。众所周知的“陆家村雨天没路走”已经成为历史，一路走来，再也找不到土墙稻草房的影子。这里建起了“稻田论稻”“篱下菊园”“南瓜台”“青蛙集市”等景点，一些村民的水泥楼房开设了馒头店、面馆、咖啡馆。艺术空间、书斋增加了文化艺术气息。道路左边，隔着一条盛开的格桑花带，是一望无边的金黄色稻田。这地方我以前来过，大有沧海桑田之感，芦苇滩地、大小水塘、坑坑洼洼没有了，都被平整成适合机械耕作的田块，成了闻名遐迩的2300亩规模的水稻丰产方，种植的南粳46，在2006年江苏省农科院系统优质粳稻新品种（系）食味品尝和2007年江苏省粳稻优质米食味品尝会上均获得第一名，被誉为江苏“最好吃大米”。今天的丰收节主会场就安排在丰产方中间，在这里溧阳市市长徐华勤宣布“中国溧阳第一届‘四美’丰收节开镰大丰！”

40年过去了，回到庆丰的集镇看看，我熟悉的百十米的老街、人民公社办公地、供销合作社、粮管所、粮食加工厂、农具厂、中学……每一处都有往年的温馨故事。现在这些机构都撤销了，供销社、粮管所等老建筑虽然还在，保存着旧时痕迹，但是通过“改制”换了主人，改变了用途。集镇上的一些老人在棋牌室、老年人活动室悠闲地喝茶聊天，聊不完的是难忘的昨天、幸福的今天和美好的明天。

庆丰农具厂是值得怀念的地方，它的遗址上还留存着部分厂房，仿佛还在讲着企业兴衰故事。农具厂是公社主导，几个木匠、竹匠、铁匠为了斩断资本主义单干的尾巴，走社会主义集体化道路组织兴办的。初期小打小闹，后因发展生产需要，规模日益壮大。农具厂的业务是制作修理生活用具，大小农具，小到锄头钉耙、箩箕秧篮，大到木床衣柜、脱粒机、水泵，总之一切服从农民的生产生活需要。

20世纪70年代初，农具厂设立了机械车间，添置了C6136车床以及钻床等机械设备，克服技术和原材料不足的困难，试制成功了小型轴流泵。这种小水泵用于农田灌溉，使用方便，价格便宜，深受社员欢迎，成为庆丰农具厂的拳头产品。值得一提的是，机械车间的工人几乎都是下放人员，车间主任吴有

收获的喜悦 2020 年 7 月 庆丰村委供图

义、车工董德初、钳工孟汉金都是曾在常州化工技校学习、下放到庆丰的青年。制作铁皮水管的张师傅、锻打铁管法兰的凌师傅都是溧城下放人员。

庆丰桥西面几十米处是庆丰粮管所，围墙内有光洁平整的水泥地面、整齐有序的粮食库房。粮管所建成以后，通过几次征用周边土地，扩大面积，兴建库房，增加库容，最后发展成初具规模的粮食流通单位。收获季节，收购业务繁忙，粮管所门前的河道里，满载粮食等待上缴公粮和出售的水泥船排成长队。

直到 20 世纪 80 年代，庆丰公社才通公路。当年社员的运输依赖纵横交错的河道，因此每个生产队都拥有水泥船。最常见的是 5 吨水泥船，即核载重量为 5 吨，该型号水泥船有 5 舱，首尾各有一个封闭舱，上面有一圆形铸铁盖子，用于密封空气。中间三舱可以载人运货。水泥船价廉物美，使用灵活，可撑篙也可摇橹。

粮食收购工作有季节性。那时节的粮管所工作人员格外忙碌，验货员手拿扦筒、小木砻，依次登上水泥船，查验稻谷的水分、杂质，评估出糙率，最后依据这些数据决定收购价格。如果买卖双方没有异议，社员们就用稻箩担挑着稻谷，过磅称重后，踏着库房长长的木跳板，一步一步把稻子送进粮库库房。有一年稻谷大丰收，库房存满了，粮站在水泥场上圈起几个巨大的露天囤存放稻谷。

1972年，公社指派西圩大队书记陈水保负责，每个大队抽调一人在粮管所隔壁建设粮食加工厂。抽调的人员大部分是民兵营长、团支书等，政治可靠，吃苦耐劳，他们克服重重困难，不久建成投产。加工厂安装了一套稻谷加工设备，有砻谷机、横式铁辊筒碾米机、粉碎机等。生产队在自己家门口，把社员的口粮稻加工成大米分配给社员，既便利又放心，这方面加工厂发挥了应有的作用。

20世纪80年代后，农民分田到户，生产热情空前高涨，生活习惯有了改变。自家的稻子自己做主，不用生产队集体加工稻谷，而是各家各户根据需要不定时去轧稻，私人小型轧米机械应运而生。公社加工厂的大型砻谷机不适合加工一家一户的少量稻谷，失去了生存的基础，曾经繁忙的加工厂不得不退出了历史舞台。

现在，庆丰集镇保存着很多旧建筑，成了人民公社时代的历史遗迹，真实地保存着大量历史信息。每一处旧建筑都有生动温馨的故事，留给老一辈人难以忘却的记忆。庆丰集镇的兴衰是庆丰人民生活史的一部分，足以引起人们对那个时代的回忆和追思。

铁打庆丰圩，铜浇岗志埂

讲述：奚田庚

我是土生土长的庆丰大队人，家在河东埂。我的祖上由苏北东台迁来，在庆丰居住已经有两百多年的历史。我祖上原以罱河泥为生，就是在河塘里拉淤泥，用作肥料。来溧阳谋生后，就在庆丰河的东边落了脚。说到这个庆丰河，以前村上没有路，村民要出去，就只能坐船从庆丰河出去，后来交通出行条件好了，庆丰河失去了功能，就变成了内河。当初日本侵略者到南渡的时候，村民就躲在庆丰河畔，因为这一带沟壑河道纵横，日本侵略者没有路过来。

庆丰圩，这个“圩”，庆丰本地人念“yú”，但是从苏北迁过来的人都念“wéi”。这是分别本地人和苏北移民的一个小小细节。

庆丰圩在溧阳很有名，以前我们这里有句老话：铁打庆丰圩，铜浇岗志埂。意思是说庆丰的圩堤很牢固。传说庆丰圩和岗志埂是从朱元璋时期就有的，庆丰的圩堤自古至今也没有破过，我们从小就听到这句话。传说朱元璋和刘伯温在溧阳勘察地形，要设县城，朱元璋看了庆丰这块风水宝地，觉得很好，但欠缺的是周边没有三分田地，朱元璋就跺了跺脚，土地就凹下去了三尺，凹下去的地方就成了田，外围就成了圩埂。后来，朱元璋又看中其他地方，庆丰圩就只能退而求其次，成了一块产粮区。

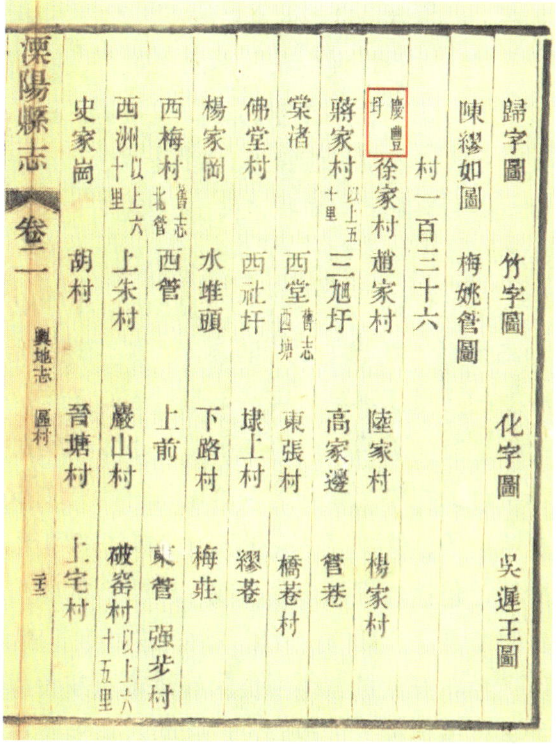
溧陽縣志 卷二 輿地志 區村

歸字圖 竹字圖 化字圖 奚遲王圖

陳繆如圖 梅姚管圖

村一百三十六

慶豐圩 徐家村 趙家村 陸家村 楊家村

蔣家村 以上五十里 三旭圩 高家邊 管巷

棠渚 西堂 西塘舊志 東張村 橋巷村

佛堂村 西社圩 埭上村 繆巷

楊家岡 水堆頭 下路村 梅莊

西梅村 舊志北管 西管 上前 東管 强步村

西洲 以上六十里 上朱村 巖山村 破窑村 以上六十五里

史家崗 胡村 晉塘村 上宅村

清嘉庆《溧阳县志》

现在的荒圩埂再也不荒了，荒圩埂成了“丰圩埂”

讲述：王扣金

我听老辈人讲，我们荒圩埂的村民其实都是苏北移民，主要是从兴化来的。我们是太祖父那一辈，乘小船逃荒到这里。那时候，我爷爷还小，小船停在庆丰河边过夜，就在荒圩埂这边。那时的荒圩埂真是名副其实，我的太祖父看到这里的荒田没有人种，全部都长着齐人高的草，就决定定居在这个地方。我们小时候一部分年轻的村民嫌弃荒圩埂这个名字不好听，想要改个名字，但是老一辈的人坚持说不能改，不能忘本，就叫荒圩埂。

过去，荒圩埂的条件真的很艰苦。我所知道的 1959 年到 1961 年时期是最苦的，田里长不出东西，收成很低，粮食很紧张。种小麦，种子要 10~15 千克一亩，收割只能收到 50 多千克一亩。好一点的稻子也就收到四五百斤，根本就不够吃。当时我也就 10 岁左右，生活非常苦，而且，我们这里的土地还长不出山芋，所以荒圩埂小村上比别的村还要苦一点。一开始，我们大队每人一年只能分到 50~100 千克稻子，不够吃，就只能靠县政府下来放救济粮。1975 年后，我当了生产队会计。那个时候生产队里的条件已经好多了，但是小麦的产量还不高，亩产不超过 150 千克，稻子却有 300~350 千克。所以那时候还有句老话："再怎么搞，小麦也突破不了 150 千克。"我在生产队里当会计的主要工作是记录每家每一年有多少人做农活、做了多少工分，如果是养猪的，就要记一头猪从小猪抓回来到卖出去有多少千克、每 50 千克要多少钱，包括每家每户多少收入，生产队里的麦子、稻子进多少、出多少，这些都是需要计算的，所以我讲的这些数据都是准确的。

改革开放后，党中央的好政策惠及农村，农民生产积极性极大提高，生产条件极大改善，我们农民的生活水平也得到大幅提高，但农民真正富裕起来是 2000 年以后。现在，我们这边的万亩丰产方内的"南粳 46"优质水稻，亩均产量达 670 千克，这在过去，真是做梦也想不到的。现在的荒圩埂再也不荒了，荒圩埂成了"丰圩埂"，真是要感谢共产党，感谢新时代的好政策。

夜色 2020 年 7 月 庆丰村委供图

农耕生活

数百年来，一代又一代的庆丰人，
植根于此，生长于兹。
在田地中寻生活，在农耕里谋未来。
他们有种稻的四部曲，他们有种田的三退缩。
凭着不怕苦的精神，
他们种出了最香甜的粮食，
收获了最香甜的幸福。

稻乡农作 2020年7月 金典/制

种稻“播、插、管、收”四部曲

讲述：罗和忠

庆丰是产粮区，自古以来，老百姓面朝黄土背朝天，靠土地养身立命。种田有种田的讲究，特别是种稻，分“播、插、管、收”四步，一点都不能怠慢。

“播”就是在播种前先浸种，选好颗粒饱满的种子，一般早稻在谷雨前后浸种，中晚稻在小满浸种。旧时，村里大户人家要先在灶阁上用酒杯装上稻种加上水，恭恭敬敬地供奉起来，祈求灶王菩萨保佑出好芽，预兆全年丰收，很讲究。

“插”就是插秧。早稻是小满插秧，中晚稻是夏至后插秧。我们这里，插秧的第一天称“开秧门”，这一天，东家要备好酒肉和香烛敬土地神，祈求保佑丰收。插秧时，我们当地还有一个风俗，会请“大表兄”（也叫大伙计，插秧能手）第一个下田，最后一个也是插秧能手，当地话叫“烧火”。

这样前后夹击的安排，可促使其他人加快插秧进度。插秧时，前面的人被后面的人赶上叫“吃馄饨”，带有点讥笑的意思，这就促使被赶上的人，咬紧牙关、拼尽力气也要往前赶。插秧最忌插“烟筒头”，就是插得秧苗根部弯曲，也不能有“巴掌秧”，就是4个指头插秧或一把抓住秧苗插“拳头秧”，这样一个速度慢，另一个秧苗难以活棵。插秧一般要有半个月时间，农忙结束时叫“关秧门”，为了好好庆祝一下，大家要好好吃一顿“满锅摊”（地方特色面食）。20世纪70年代前，还有生产队黄梅插秧结束后置办酒席聚餐的习俗。

“管”就是要做好管理。水稻培管期间主要是调节稻田用水，过去多为人工车水。龙骨水车分5人轴、7人轴等，配上长短不等的槽筒，用时因地制宜。车水时要打号子，叫作“数双”或“喊双”，由1人领号，其他人和调。一转（指槽筒里的连头）为“一双”，以此类推。20世纪60年代起，境内逐步实行机电灌溉，旧式水车逐渐淘汰。

“收”就是收割，这是老百姓又辛苦、又企盼、又快乐的辰光。早稻农历六月收割，中晚稻在农历九至十月收割，老话讲：“重阳无老少，霜降一齐倒。”秋收后，一般要做戏敬神，叫社戏，以庆贺丰收。新中国成立后，这个习俗就逐渐消失了。

20世纪80年代开始，就逐步实现农业生产机械化

讲述：张天宝

我是庆丰焦塘圩人，我有兄弟姐妹5个人，因为父亲29岁的时候摔坏了，身体一直不好，丧失了劳动力，母亲又是小脚，不能从事重体力劳动，所以我小时候就承担起养家糊口的责任。小学时，我就为生产队放牛看牛。15岁开始，正式加入生产队做劳力。刚开始只能做三分半工一天，但是到18岁的时候就是整劳力了。我干活比较肯吃苦，总是冲在前面，20多岁的时候就被选为焦塘圩生产队的队长。

我们焦塘圩生产队一共有220亩地，有40多户人家，150多人。村周边都是水塘，有门口塘、上塘、湾塘、大塘，东南西北都有池塘，整个村的地势是比较低洼的。种田有种田人的诀窍，我们这边由于地势低洼，所以排水

机插 2020 年 7 月 庆丰村委供图

尤其重要，特别是对于种小麦，排水更为重要。我们开的排水沟分为内三沟和外三沟，村民都会疏通得很好。早些年，也不像现在有很多机械，主要是靠人力，我们主要是靠水车来翻水，一台水车需要 6 个人一起工作。一天车的水可以灌溉 3 亩田左右。20 世纪 80 年代开始，就逐步实现农业生产机械化。我们焦塘圩生产队是庆丰乡的一个样板队，1980 年，还被奖励过一辆拖拉机，是全乡生产队中最早有拖拉机的。1981 年分田到户，当时已经有了 4 马力（1 马力 = 0.7354988 千瓦）的柴油机，从此生产效率就大大提高了。

分滩分田到户以后，农户的生产积极性大大地提高。1984 年，我们开始种植双季稻，后来又逐步种植一些土豆、甘蔗、西瓜来增加收入。西瓜需要鸡粪来沃田，我们这边的女人和孩子平时一有空就到外面去捡鸡粪，都很辛苦。西瓜是在清明时候开始下种，谷雨完成移栽。西瓜苗一般是 25 天时间开始做一茬。西瓜成熟时，需要在瓜田搭棚子看西瓜，一般看一两个月时间。我们这边因为水运比较便利，有自己的轮船码头，通过轮船，将西瓜运到苏

收获季节 2020 年 7 月 庆丰村委供图

州、无锡、常州和南京去卖，一亩田的西瓜，最多的时候可以产 1500 千克左右，20 世纪 80 年代，我们本地批发价格是 500 克 1 角左右，到无锡卖的话，可以卖到 500 克 4 角左右，价格就大大地上扬了，农民的收入也活络多了。

种田人的“三退缩”

讲述：张晨镛

种田人“三退缩”，是指插秧、做埂、打绳三项边干活边后退的农活。

庆丰和溧阳大多数地方一样，把插秧叫作莳田，或叫做黄梅，插秧开始叫开秧门，结束就是关秧门。初夏季节，小麦、油菜籽收获以后，水田经过犁耕或翻锄，整平、施基肥、灌水、耙平，就要开始栽秧，俗称“开秧门”。开秧门后，田间劳动特别紧张，天蒙蒙亮就得起床，天黑才收工。栽秧要先拔秧，把秧田里秧苗拔起，用竹子编织的秧篮挑着，运到大田里栽种。栽秧要站好姿势，左手抓秧苗，右手大拇指、食指、中指 3 个手指夹着几株秧苗插入水田，从左到右，插好6束秧苗，后退一小步，一排接一排，动作自然而快捷。有句农谚："三莳三送，黄梅白种。"意思是那季节往往大雨如注，季节不等人，即使大雨倾盆，也不能停止栽秧。栽秧，脸朝黄土背向天，弯腰躬背，很辛苦。插秧季最后一个程序是"满秧田"，就是把拔掉秧苗的秧田平整一下后，再插上秧苗，到这一步，该种植稻谷的水田全部插秧完毕。

过去生产队时期，"满秧田"后，生产队长就会高兴地宣布："关秧门了！"关秧门后，生产队里除留下二人管水"转田头"，其他的人全部放假一两天。一般，这天下午5时左右就宣布早息夜。傍晚，依照惯例，除超支户、"四属户"（干部、职工、教师、军人这4种人员的家属），每个男劳动力都可以从生产队会计那里预支 "洗脚铜钱"。 因为黄梅时节是农民一年中最辛苦的时段，每天在水田里劳动，从起床到睡觉都是赤着双脚，黄梅结束终于可以洗脚穿鞋走路了，所以，我们这里黄梅结束也叫作洗脚。旧时候农村帮长工，黄梅结束，主人会给帮工少量钱财，不计在一年工钱内，作为黄梅辛苦钱，称为洗脚铜钱。这个洗脚铜钱习俗就延续到生产队时期。拿到"洗脚铜钱"后，村民就会置办些油盐肉类，或者买些生活必需品，改善改善生活，犒劳一下自己和家人。

田埂是田间的道路，供人行走，又是分界，把大田分开。水田的田埂同时也有蓄水功能。栽秧前夕，田埂边缘杂草丛生，为避免影响水田边的稻棵生长，插秧前要把杂草铲除，这种农活叫作"铲埂脚"。铲埂脚是一种技术农活，铲多了，影响田埂；铲少了，杂草很快又蔓延开来。要把握适度，不多不少，恰到好处，还要保持田埂平整划一。这项农活相对轻松，一般由老弱者完成。几年连续铲埂脚，田埂变窄了，这时候，队长就会安排劳动力"做田埂"。做埂就是把田埂加宽、加高、修平整。做田埂既辛苦又需技巧，用铁锹在田埂边上挖一锹泥，把这一大块泥土齐刷刷拍到田埂边上，后退一步，再接着挖一锹，连续作业，做好了田埂的一侧，再做另一侧。田埂加宽了，田埂边下面多了一条槽，没有关系，不久会因耕田耙田把槽填平了。

农民利用农闲季节制绳，以备不时之需。制绳分搓绳和打绳，麻制的叫作麻绳，稻草制的称草绳。搓绳时单人坐着作业，两股稻草合并，拧成一根草绳；打绳要几个人合作完成，最常见的是打"稻绞绳"，把稻草去皮，用

田间 2020 年 7 月 庆丰村委供图

木榔头捶打软熟，三人每个人拧一股，再用“狮子头”（硬木制的打绳工具）三股合并成一根，执狮子头者随着绳子的延长而后退。

种田人怕拉草，念书人怕上考

讲述：徐小桃

我们这里有句老话叫：种田人怕拉草，念书人怕上考。

拉草又称跪草、爬草，水稻发棵的时候，生产队社员们在水稻田的污泥中，一字形排开，顺着稻棵的纵行爬行，两手左右开弓，清除每一棵稻根处杂草，如果没有杂草也要抓一抓、抹一抹。每人每次拉草一共要清除六条纵行的杂草：胯下两行，膝盖左右各两行。拉草对水稻的生长作用很大，水稻田里，有没有拉过草，稻棵的长势有明显的区别。拉草时节正值盛夏，天气闷热。跪在稻田的污泥中爬行，四肢并用，相当艰辛。拉草还必须穿上长袖衣服，否则两臂将被稻叶子划得全是红色划痕，火辣辣的，又痛又痒。水稻田里有水蛇，无毒，但咬人很痛。最讨厌的是蚂蟥，休息时间，到水塘里去洗一洗，有时会发现身体某处吸附着一条蚂蟥，紫色，肥大，正在吸吮着你的鲜血。这时候，不可用手去拉，必须在蚂蝗旁边轻轻地拍打，震动以后，它会自动脱落。拉草这么辛苦，难怪种田人怕拉草。念书人怕上考，是对考试的恐惧和担忧。一次考试，决定一生“穿草鞋”或者“穿皮鞋”。而种田人怕拉草，是因为拉草实在太苦了，有时候一畦爬到头，满头汗水和着污泥，胸闷，难受，人都要虚脱了。现在科学种田，种田人已经不用拉草。念书人的出路宽广了，种田人的生活也越来越有奔头了。

养鱼后，我们村的穷帽子慢慢摘掉了

讲述：潘梅仙

我是上沛东张人，1979 年嫁到水产村。听我们村里面老一辈人来说，我们村上人过去都是船户渔民，人来自四面八方，主要以苏北为主，逃荒到溧阳讨生活。由于在岸地上没有田地，老一辈只能靠船为生，以打鱼为业。四处漂泊的小船就是家，全家老少吃喝拉撒都在船上。新中国成立后政府照顾船户，就把大家集中起来上岸定居，还成立了溧阳北固桥冰库大集体，户籍隶属于水上派出所管理，称为水上供应户。后来，政府为了能够进一步做好管理，1968 年的时候，就将冰库大集体拆分为 5 个水产大队，有到庆丰的，有到上黄的，有到埭头的，有到后周的等等，正式分配土地，让每个大队转变生产方式，自力更生。

当时到庆丰来的有 68 户人家，280 多人，受县林副业局管理。为了大家生活，政府分给水产大队 220 亩地，主要是荒滩地，供大队耕种。这样，原来的船户就正式成了岸上的农民，庆丰成了我们这 280 多人的新家。

有了地就要耕种。由于上岸的有老人，也有年轻人，很多老人一辈子从事船运打鱼工作，技能被固化了，而且身体比较差，所以，考虑到实际的生活，大队里就把老人和年轻人分为了两个组，老人组又分为 5 个小队，一队是塘网队，二队是撒网组，三队是拖虾组，这 3 个队还是吃老本，负责捕鱼捉虾；四队是捉獾组，以捉獾、野兔等小动物为业；五队是一个综合组。年轻人力壮，可塑性强，他们上岸以后主要从事农业耕种。因为我们这边很多是荒滩地，年轻人首先要开荒，然后学习耕种技术，和庆丰其他队的农民一样，把农业耕种作为主业。这样，我们就从身无立锥之地的“水上飞”，变成了有固定居所、固定土地的岸上人。

因为我们村的土地主要是荒滩，改革开放以后，为了进一步地激活村庄活力，根据上级的精神，结合水产村的实际情况，我们开始开塘养鱼。当时，县林副业局很支持我们转型养鱼，还给一些投资。村上开塘养鱼之后，经济条件就开始逐步好转，在溧阳的声誉越来越好，名气越来越大。

到 20 世纪 80 年代中期，运输业蓬勃发展起来了，很多运输公司大量的缺工，我们村很多年轻人就被招工出去了，主要到镇江运输公司、常州运输公司、宜兴运输公司等地方去工作了，留下来一部分人还是从事养鱼业。

我是水产村的媳妇，嫁到水产村后，得到大队书记陈田保的培养，进大队做了会计，对村里面的事情相对比较熟悉。1987 年，在村民支持下，做了大队书记。我做了书记以后就想怎么能够带领大家共同致富。我就带队到溧阳的上黄、埭头等水产养殖比较发达的乡镇去考察、调研。通过调研发现，可以采取承包制的形式，让更多的村民来分包我们的鱼塘，激发大家的生产积极性，共同致富。回来以后我就召开村民大会讨论，我的想法得到了大多数村民的支持。当时，我们制定了一套办法，除了招工出去的年轻人及一部分年老体衰丧失劳动力的老年人，其他村民都可以通过抽签的方式来分配我们的鱼塘、水面，大家一起来包干。当时满足条件的有 20 多户农民，他们分别承包了 200 多亩水面，一下子就把生产积极性大大地激发起来，产生的经济效益大幅度地提高了。

整个水产大队开辟了数百亩地的鱼塘

讲述：奚田庚

我曾经在水产大队做了 11 年书记，当时庆丰有 6 个生产大队。以前没有电话，村上只有广播站，上级有什么指示，都在广播里讲，我们就按照指示做。大队是最基层的，工作量是最多最重的。以前村民的觉悟很高，出去都敞开着门，一是大家都很淳朴，没有坏心，二是也没有东西可偷。我在水产大队工作时，根据政策，我们水产大队一个劳动力要交600千克鱼，凭水产公司的收条到大队交账，完不成的就要罚款。后来河里没了鱼，上海有一个作家来采风，开座谈会，当时江苏省副省长也来了，我们反映了这个问题，县里就组织村上开鱼塘、农民挑土，县里付工资给我们。当时挑土方最早只有3角一立方土，后来有5角一立方土，但最多也就8角一立方土，一立方土有36担，一担有50千克，农民非常辛苦，最多的人一天能挑五六立方土。整个水产大队由此开辟了数百亩地的鱼塘。

链接：

庆丰水产村养鱼效益高

溧阳县庆丰水产村去年养鱼184亩，成鱼总产7万多千克，总产值达26万元，亩产值1413元，亩利润636元，毛利润率为45%。1986年全村成鱼总产可达8.5万~10万千克，产值在30万元以上，经济效益又将高于上年，继续居全县领先地位。他们养鱼的效益为何这么高？

一是种青养鱼，降低养鱼成本。该村种植青饲料95亩，其中八月老70亩，黑麦草15亩，红花草10亩，平均每亩水面就有半亩青饲料。他们用青料喂鱼后，使商品饵料系数由原来的4下降到2，每500克鱼的成本降低3角左右，此外，将药剂喷散在草上防治鱼病，效果较好。

二是轮捕轮放，搞活流通。过去春季放鱼种，冬季捕成鱼，上市较集中，使鱼的销售有困难，鱼价降低，近几年中，他们根据市场行情，搞轮捕轮放，均衡上市，既活跃了市场，又提高了经济效益，加速了渔场资金周转。7月份以来，他们已出售成鱼950多千克，鱼价比去年底要高近五角。他们还外出联系推销，今年已与县有关单位签订售鱼1万千克的合同。

（原载1986年8月22日《常州日报》 韦锁锦 史阿明）

切土坯

讲述：王炳根

过去，庆丰很多住房的墙壁是用土坯砌成的。土坯不同于砖坯，制作比砖坯简单得多。秋天，水稻收割以后，建房户就会选择一块离准备盖房的屋基较近的稻田，排干积水，把稻秆根贴近地面处重新割一遍，地面晾干、夯实，准备就绪，就可以在这块田里切土坯了。切土坯分两步进行，切和铲，方法原理与用犁耕田差不多。第一步切，工具是锋利的圆头“切刀”，刀架前面系绳索，后头一根横木为把手。切土坯需三人操作，两辅助人员在前面拉着绳索前进，大师傅用双手握住横木把柄，刀锋垂直于地平，切入土中约20厘米，不偏不斜，保持平衡和深度，稳步直线前进。下第一刀要依据事先在地上划的直线，切的时候，刀架上一小铁钉在地上划出与第一条线平行的第二条线，第二刀则切在第二条线上，同时，小铁钉划出了第三条平行线，依次一刀刀切下去。纵向切完以后，调至与原线垂直方向，继续切横向，最后，把稻田表面的泥土切割成一块块大小几乎相等的长方形。

第二步铲，就是把切成的长方形泥块翻过来。和切一样，两人拉，一人把握铲刀。土坯大约长 60 厘米，宽 30 厘米，厚 20 厘米。晾两三天后，就搬起来叠成几条长龙，继续晾干，遇到雨天，用稻草覆盖。

切土坯既要有技术，又非常辛苦，除供应一日三餐外，大师傅一般每千块报酬 1.6 元，两位拉绳的下手另付报酬。运输是靠扁担、“泥络只”（一种柳条筐），土坯相当笨重，每块 10~15 千克，每个男劳力每趟可挑 6 块，女劳力一般 4 块。“泥络只”是农闲时节自己制作的，成本低廉。方法是把约一米长的柳枝条攀成大半圆形，用40多厘米柳枝做横头，铁丝扎紧，成形后，用细草绳网起来，系上绳索。“泥络只”大小根据需要而定，青壮男劳动力大些，半劳动力小些。

土坯砌的墙很牢固，地震中得到了见证。1974 年 4 月溧阳地震，震中上沛一带，线砖砌的老房屋开斗墙几乎全部倒塌，土坯墙则不然，受损最严重的仅仅墙角处开裂。庆丰当年是地震重灾区，土坯墙倒是帮了老百姓的大忙。

百姓的生活是在分田到户之后才渐渐好起来的

讲述：徐建新

我小时候，一家人就住在茅草房里，条件很艰苦。我父母在生产队里种田，1958年，亩产只有100~150千克的粮食，那时种田不分昼夜，非常辛苦，可收入很低。我读小学那会，学费是2元一个学期，但是很多家长依然交不起学费，因为大人干一天活只有几角的收入，所以有些孩子就不读书了。

到了三年困难时期，生产队办的食堂里一日三餐都是稀饭，很艰苦。我只读完小学，因为初中非常难考，就不再读书了。我们一个班级有三四十人，考取初中的大概只有5人。小学毕业后我就在村上放牛，我一个人管两头牛，天蒙蒙亮就要放牛了，等牛吃饱回栏后，还要再割五六筐的草，给牛当“点心”“夜饭”。我们生产队两百多亩地，那时还没有机械化种地，全靠牛拉犁和人力钉耙来翻地，所以，对牛是绝对不能怠慢的。

放牛放了两三年，到15岁左右我就不放了，开始与父母一同到田里种地。那会儿，还是集体经济时期，几乎每天都要出工干活，如遇大雨，生产队会安排休息，但那是很难得的。我对整个生产队的经济情况是比较了解的，因为我20岁左右就做了生产队会计，我们队里当时有两百五十多亩地，男劳力做一年，能有三百多工，女劳力按男劳力打七折，一年两百工左右。好的年景，一个工收入是一元左右，一年就是三百多元。到1978年时，我便去村里当起了村会计。我们村一共有7个生产队，有700多口人，一个人一年的口粮大约是300千克。因为那时人们的生活都很贫苦，吃饭没有油水，而且人们的饭量很大，所以一年300千克的粮食也不

土坯房 历史图片

丰收仓 2020 年 7 月 庆丰村委供图

够吃，但即便如此，生活条件和之前困难时期比，已经有了很大改善。生活真正好起来是到 1981 年实行分田到户的政策以后，一下子把老百姓的生产积极性激发起来了，当时，村子里的每一块田在哪一天分给了哪户人家我还记载在册。我们村一个人可以分到两亩两分八的田，这些田成了老百姓彻底摆脱贫穷的聚宝盆，每家每户都可以自己安排种植粮食，精耕细作，产量提高了，收入增加了，生活自然随之好转。

保家卫国

庆丰人永远记得：在溧阳解放前那段黑暗的日子，是解放军用自己的血肉之躯保护了全体村民！

这份感激，深深融入庆丰人的血液之中。

是解放军用自己的血肉之躯保护了我们村民

讲述：徐建新

1949年4月，南京解放，有一支国民党残军撤退到我们村，当时大概来了一个连，有一百多人，将我们村子包围，村民只允许进不允许出，并在河滩、学校等地布设机枪，各要口都有人站岗看守。

解放军部队第二天早上追击而来，战斗很快打响。为了保护村民，解放军部队没有使用重型武器强攻，而是从周边田地中包抄，用轻型武器攻打国民党残军的据点。因为解放军部队不熟悉村里地形，在与国民党残军交战时，不幸牺牲了10个人。但这支解放军部队非常英勇，最终成功解放了我们村。

我母亲曾经和我讲过，战斗打响后，村民都非常害怕，实在不知躲到哪里去，我母亲就把一床被子顶在头上，躲在床底下。其实，解放军部队当时确实已将大炮架在距离村子十里开外的地方，但是，为了我们村民的安全，他们最后还是只使用了轻武器。战斗结束后，村民中并没有人员伤亡，可解放军牺牲了10人，可以说，是解放军用自己的血肉之躯保护了我们村民。

打赢这场战争不容易，但我感觉很光荣

讲述：李洪生

我家祖上是苏北人。旧时老家太穷太苦，我爷爷就用一根扁担挑着家当，拖家带口搬到庆丰。我们是庆丰的移民，家里很穷，我父亲靠做长工养活一家子，并生了我和几个弟弟妹妹，辛辛苦苦拉扯着我们长大，在当地扎下了根。

我家是贫农出身，根正苗红。1951年，我19岁，正是血气方刚的年龄，我剃了个光头就去参加抗美援朝战争。我所在的部队是炮兵。战士们除了学习炮兵技术，还要学通信兵的军事技能，这一点每个战士都是一样。因为战场上，如果有通信兵或者炮兵牺牲，其他人就要顶上去，技能一定要全面。

我的连长叫姚建中，河南人。新兵训练的时候，连长管教我们很严厉。但他虽然严厉，可对我们是真关心。朝鲜很冷，虽然我穿有棉袄棉裤，袜子是厚纱袜，但在战壕里仍非常冷，连长就和我说："小李啊，晚上把被子裹在身上。"这句话让我记在心里一辈子。

我们部队纪律很严，挖战壕，都要挖得笔直的，挖不直是要挨训的，但

中国人民志愿军臂章 历史图片

我很少受批评，因为我做事牢靠，能按照要求很好地完成任务。我虽然年纪不大，但打仗我不怕死，因为我知道，越畏畏缩缩，越处处被动，战场上，狭路相逢勇者胜，必须勇敢。1951年的一天，我因为表现出色，营部派我去送信。执行任务时，不巧被敌人发现了，敌人就开枪扫射。我就先在地上爬，爬出一段距离之后，我就拼命地跑，跑出了壕沟，虽然在敌人扫射中，弹片弹到我手指上，落下了三级甲等残疾，但这一次，我还是出色地完成了任务。

当时条件很艰苦，受伤也没多少药物，就用酒精涂，痛得要命，但我咬着牙关挺过去。当时食物只有压缩饼干，硬得很，咬都咬不动，除了压缩饼干还有高粱面和大米，我们都不挑食，只要能吃饱就行。喝水是喝山上的溪水，冬天下雪，我们抓起雪就放到嘴里吃。就在这样的艰苦环境下，我们都很勇敢地作战。《步兵快报》还表扬过我们，夸我们“打得好”。部队里大家都彼此关心，战场上，战友负伤了或生病了，我们就轮流照顾，喂他喝开水，吃稀饭，比在家里还好。

1953年7月27日，中美朝韩在停战协议上签字，抗美援朝取得胜利。那天，我们把中国人民志愿军的牌子挂好，所有人都欢喜得不得了，因为我们是志愿军，经过艰苦的战争，终于胜利了。

在部队的四年里，我没有回过家。我父亲在新中国成立后做了村委会主任，怕我想家，怕给我拖后腿，就没有来看我，有时候我几个月没有写信回去，家里人就担心我牺牲了，因为当时我有个邻居就牺牲了，所以家人很担心我的安全。朝鲜战争胜利后，志愿军陆续回国。根据政策，有残疾的战士要复员回家，我就退伍了。我们连队到了山东，我父亲就带着我老婆去接我，我奶奶当时还活着，也想来山东接我回家，但她是小脚，不能多走路，就没有来。在山东见面时，我们一家人都激动得哭了，打赢这场战争不容易，但我感觉

很光荣。

回国之后，我和战友还互相走动，战友中，光溧阳旧县村就有三四个，宋家村有一个。我们比亲兄弟还要亲，可时光不饶人，现在南渡镇就我一个还在世，其他的都走了，我很想念他们。我还想念我的连长，抗美援朝胜利后，他去了南京汤山当营长，我去看过他，他让我多待几天，但是我要急着回家种田，就没有多留。连长对我真是关心、爱护。当时我家境不太宽裕，临走的时候，连长虽然也不宽裕，但他还要塞钱给我救急，连长用一片真心帮助我度过困难，我真是感激得不得了。

复员之后，我一直在家务农，其间做过两年村治保主任。我老伴今年 85 岁，我俩一辈子平平凡凡，但感情很好，有三儿两女，孩子们也都六七十岁了，我也不用麻烦他们，我自己照顾自己和老伴，家里洗衣做饭都是我来，晚年生活很平静，也很幸福。

我那时真的很勇敢，什么事都要冲在前面

讲述：刘来生

我今年 89 岁。我是 1952 年 12 月参军入伍的，在常州过完阳历年后，随部队开赴前线，在丹东过的阴历年。

我一到朝鲜就开始打仗，在朝鲜一共待了一年，其间打仗打了 7 个月。我在朝鲜时打过防御战、进攻战，还当过一个月炮兵，用的武器是三七高炮。除了当过炮兵，我还当过步兵，使用的武器是三八大盖和苏联的木把冲锋枪。作战时，我身上会配 100 发子弹和 4 枚手榴弹，后方弹药供应比较充足，所以子弹是不缺的。我们缺的是衣服，那年朝鲜的冬天特别冷，我们穿的棉裤因为温度过低，小腿那一段变脆直接掉了，这里的冬天实在太冷，是对志愿军战士的大考验。

我在朝鲜时当战斗小组长，一组三个人，我那时真的很勇敢，什么事都要冲在前面。一个班 12 个人，一个都不能少，编制不全不能上战场打仗。这与学校不一样，学校一个班无论几个人都有一个人当班长，而部队一定要一个班 12 个人。当时新兵第一次上战场都有一个老兵带领，我是一个四川籍的副班长带领的。那时遇到危险都是喊："班长，我去！"大家都非常勇敢，大

家都抢着去。我记得一位领导曾经说过，去参加抗美援朝的都是英雄，因为去朝鲜打仗的志愿军战士都是不怕牺牲的人，为了保家卫国，明知道上战场会牺牲也要去，这就是血气！我去抗美援朝是自己报名去的，我不怕牺牲。我们乘火车从丹东到阳德，为了躲避敌机的轰炸，我们在朝鲜阳德从火车上下车后，直接步行开赴前线，我们跑了六天六夜才到前线。由于敌军轰炸火力很猛，有的战友没跑到前线就牺牲了。我们打仗不分白天和黑夜，逮到机会就要打。为保家卫国，大家都士气高涨，我们最后将敌军打退到平壤过去很远的海边，敌军只能投降。

战场上，我们的伙食主要是干面和馒头，打仗时分成第一梯队、第二梯队和第三梯队，第三梯队主要做准备工作，比如给第一梯队带干粮，第一梯队打仗不能没有吃的，第三梯队就会带一大包干粮给第一梯队。

我记得当时有这样一件事，一场仗打完，要包些饺子吃。北方人会包饺子，我们南方人不会包，就去打水搬柴。有两三个战友去山下挑水，我和基地两位战友到山上捡柴，一颗炮弹打下来，我的一个战友不幸牺牲了。那时雪下得很大，积雪有半人高，我和另一位战友，含着泪，咬着牙用背包带把牺牲的战友和柴火一起拖回来。那年雪很大，我们扒不到土，只好把他埋到雪里，愿他安息。

战争结束了，回到祖国后，国家派我在中国人民解放军洛阳步兵学校学习一年，我就在那时提升为排长。1966 年，当了 4 年排长后干部转业，就回家了。回乡后做了庆丰水利站站长，还兼任供电站站长，一共做了 32 年，直到退休。

朝鲜战场上，我与我的战友结下了生死情，感情好得不得了。今年 5 月 7 日，一个比我大一岁的战友去世了，我们曾经在一个战壕里打仗，今年 5 月 20 日，又一个南渡的同乡战友去世了，他在农场工作，我很想念他们。

乡村教育

崇文尚教，是庆丰的传统。

这里有小学、有初中，也曾有高中，

完善的教育资源，成为乡村中一道亮丽的风景，

绣进时代的画卷中。

多少农村子弟从这里起步，插上翅膀，放飞梦想。

我们家族有一个传统，就是重视教育

讲述：洪钧

我的曾祖洪绪是清咸丰九年(1859)的进士，官至江西广饶九南道布政使，是正四品的官员。我们家族清代时一直居住在溧阳县城内书院巷。曾祖对教育非常重视，乐于资助教育事业，每年都要资助白银300两，作为平陵书院的办学资金。从清光绪十八年（1892）开始，以5年为期，坚持资助。用现在的话讲，就是一直是在做教育公益事业。

我们祖上是徽州人，迁徙到溧阳定居。家族因为崇尚教育，比较兴旺。但是，到了抗日战争时期，因为日本侵略者的烧杀抢掠、土匪趁火打劫，百姓生活极为艰难。我们是溧阳的大户，更是成为日本侵略者和土匪重点“关照”的对象，一家人惶惶不可终日。我的爷爷奶奶被迫拖儿带女，逃到了上黄投亲靠友。但是，投亲靠友、寄居在别人屋檐下，毕竟不是长久之计，何况一家老小、多少张嘴要吃饭，经济拮据，日子艰难。可溧阳县城回不去，怎么办呢？恰好我们祖上在庆丰置有一些田地，这边离城又比较远，所以我的爷爷奶奶就决定迁居到这边来。

我们在庆丰最早落脚地是徐家村，因为我祖上乐善好施，在当地人缘非常好，所以我爷爷就在这边建了几间泥草房，很顺利地安了家。新中国成立后，政府为贫困户分房。徐家村一位贫苦村民分到了赵家村一位地主家的两间房屋，但他不肯过去，我们就把徐家村的房子与他置换，一家人就到了赵家村。可是天有不测风云，我爷爷、奶奶经受不起社会动荡，在担惊受怕中先后英年早逝。去世时，我爷爷只有41岁，奶奶只有43岁。

我们这个家族有一个传统，就是很重视教育，孩子们到适龄时期就安排读书，男女一视同仁。爷爷、奶奶去世后，留下了三女四男，一群半大孩子，这个家庭该怎么办呢？我父亲洪韬，在家里排行老三，他上面有两位姐姐，下面有三个弟弟、一个妹妹。作为家中最大的男孩，我的父亲一夜之间成了真正的男子汉，用微薄的薪水和超越他年纪的胆识，开始承担起家庭的责任，支撑起风雨中的家，并坚持让弟弟妹妹读书。

我的大姑姑叫洪敏，我的二姑姑叫洪瑛，当我爷爷去世的时候，我的大姑姑还没有出嫁，是我父亲一手主持我大姑姑的婚事，弟弟主持姐姐婚事，这在当地传为奇谈，但是我父亲安排得有模有样，让姐姐体体面面地嫁出去了。我洪敏大姑姑现在在北京工作，是北京积水潭医院的医生，我洪瑛二姑姑受到大姑姑的影响，也从事医学工作，现在是广西南宁医院的医生。我的父亲洪韬虽然只有初中文化，是光华中学毕业生，但他写得一手好字，为人非常正派，处事非常公正，得到各方面的夸奖。新中国成立后，他就一直做我们农村教师，还在钱家圩小学做过校长，为我们当地培养了不少人才，所以现在谈到我的父亲洪韬，四邻八乡都竖大拇指，对他夸奖有加。

受我父亲的影响，我几个叔叔在学习上非常勤奋，其中老六叔叔洪九如，在他10岁的时候，我的爷爷奶奶去世了，他就一直跟随着我父母亲生活，是哥哥嫂子抚养他、供他读书。我六叔从小读书非常用功、非常努力。江苏省溧阳中学毕业以后，考取了天津大学机械系，现在是高级工程师。在江苏省溧阳中学80周年校庆的时候，他作为毕业生优秀代表，受到了隆重的表彰。我七叔洪石如，爷爷奶奶去世时他只有六七岁，后来就到了北京，跟着我的大姑姑一起生活，是我大姑姑大姑父支持他在北京读书的，高中毕业以后考取了北京航空航天大学，现在也是高级工程师。我老四叔叔洪云成现在在四川内江工作，是当地的人大代表。五姑姑受到两位姐姐的影响，现在是护士。我们这个家族，虽然在抗日战争时期流离失所，几乎家破人亡，但是我们遵循祖训，始终没有放弃学习，没有忽视教育，我们都是以教育为家族的传家宝，一代一代相传，在最艰苦的时期也坚持教育的理念，坚持学习的信仰。所以，家族当中出了很多知识分子，都在各条战线上为祖国的现代化建设服务。

我的父亲洪韬非常有个性，他有三男两女，在家庭中他是绝对的权威。父亲教育我们宁可吃亏，绝不沾光，对人对事心地一定要宽。我的父亲身体并不好，但他用他的勤奋和善良，养育我们，教育我们，引领我们，是我们心中永远的榜样。

我做了二十多年的人民教师

讲述：陆阿富

改造前的庆丰小学 2020 年 7 月 庆丰村委供图

我在庆丰徐家小学读书，初中和高中在南渡中学读的，1963 年高中毕业。毕业后，我在庆丰赵家村做了 16 年的会计。1977 年，我改行到庆丰中心小学做了数学老师。1998 年我从南渡中心小学退休，共做了二十多年的人民教师。

一开始我是民办教师，没有编制，后来转正成公办老师。徐家小学以前叫“戴帽子的小学”，因为还有庆丰农业中学的学生在里面，学校外面挂着牌子，所以叫“戴帽子的小学”。我在学校里，既教小学，又教初中。

徐家小学原本在祠堂办学，后来归给庆丰中心小学管理。庆丰中心小学在大栗树东边，是新中国成立后办起来的，历史没有徐家小学久远。

徐家小学每年招收的学生有多有少，但小学生比初中生多，有七八个班。总共有三四百个人，老师最多时也只有七八个人。

1995 年左右，徐家小学撤掉，我到了南渡中心小学做老师。

徐家小学大约 1940 年就有了，当时是私立学校，只有两个班，一个班有 30 多个人。洪韬是创办人，也是里面最早的老师，他和另外一个叫薛德兴的老师一起教我们，他教我们语文，薛德兴教数学。小学我一共读了 6 年。

我后来到了南渡高中读书，我的一个老师叫钱天行，我印象很深。他后来因种种原因到了徐家小学教书，我见到他，喊他老师。他为人师表，教学水平高，他很谦虚，让我不要喊他老师，但是我说：“你永远是我的老师。”

我是一颗螺丝钉，哪里需要哪里钉

讲述：陈新

我是南渡本地人，一生主要从事教育事业，1946年参加工作，1982年退休。

1935年，我读了半年私塾后，就到赵家小学读书。1940年9~12月，我在同济中学读书。

我去同济中学读书是赵家小学的一个老师推荐我去的，同济中学是私立学校，为了省路费，我就挑着行李走到学校报名。在同济中学时间不长，之后，我又转到溧阳县中学读书，在县中读完之后，我报名参加江苏省立第五临时中学师范科。抗战时期，江苏省立第五临时中学迁至安徽绩溪太丘，我怕就随迁过去。抗战胜利之后，江苏省立第五临时中学遣散，我被分到镇江师范学校读书。镇江师范学校毕业之后，我就被溧阳教育局分配到茶亭小学工作。没过多久，南京市招收教师，为了进步和去大城市，我就去参加招聘考试，到了南京汤山小学工作。一年后，因为国共形势紧张，我就回溧阳了。当时溧阳城南小学的校长是我在江苏省立第五临时中学的同学，叫朱玉琴，我就去了城南小学，教语文和数学。新中国成立后，教育局把我派到城东第二小学做代校长，教语文。1956年我被派到戴埠小学，后来调到了溧阳县中学。1953年，县里要办5所初中，老师就从各学校中抽调，我就被抽去创建社渚中学。当时国家号召我们要学雷锋，“我是一颗螺丝钉，哪里需要哪里钉”，我就在社渚扎下了根。除了暑假，难得回家，平时一个月回来一次，家里有我老伴管，我顾不了家。社渚中学创办之初只有1个班级、四五十个人，当时学校的路和围墙都是师生自己修的，条件比较艰苦。我离开社渚中学的时候，社渚中学已经有了高中。1979年3月，为了方便照顾家庭，我回到庆丰中学，教初中政治。

三年困难时期，教师的口粮只有14千克，每月吃不饱，那时好多人有浮肿病，我也不例外。有一次社渚杀猪，社渚公社书记送给我250克猪肉，我到现在都记得。党和国家对教师还是重视的，吃不饱的时候，我们也吃稻田里的苦菜。

三句不离本行，我们培养下一代，培养我们的接班人，要培养怎么样的接班人？习近平总书记说幸福的生活是要干出来的，要撸起袖子干，但是现在的小孩都太娇惯了，捧在手里怕摔了，含在嘴里怕化了。所以我想，要培养能干、肯干的人，在思想上要忠于党、忠于国家。

还有一个问题，将来我们要培养全面发展的学生，但是真正做起来很困难，以前我们做过很多教育，但是回过来想想，都是应试教育，评价学校好不好，过去看的是学生考试成绩，现在提出要德智体美劳全面发展。我认为劳动最重要，我们要培养孩子的劳动能力，学会独立生活，这个劳动包括脑力劳动和体力劳动，千万不能培养好吃懒做的人。所以现在教育要改革，但是怎么改革，这是个难题，还有待探索。

科学家从哪里来，国家的建设者从哪里来，这些都要靠教育，一个地方要发展，需要重视教育。不光党和政府重视，家庭也需要重视孩子的教育问题，全社会一起努力，我们的教育一定会越办越好。

幸福的家园 2020 年 7 月 庆丰村委供图

庆丰地区办学历史很悠久，村民也很重视教育

讲述：奚俊

我祖上是从苏北搬过来的。庆丰村上从外地搬过来的人家主要住在河东埂，旧时，村庄上讲究姓氏血缘，外姓人不能住在村上，所以我们这些外乡人就住在河东埂。河东埂是按照地理位置取的名字，而原住民居住的村子就用姓氏命名，比如徐家村、杨家村。

1964年，溧阳搞社会主义教育运动，在庆丰公社做试点，庆丰公社又决定以我们庆丰大队为试点，之后溧阳县在庆丰公社下派了一个工作队，陈复中为队长，他以前是南渡中学的校长，认识我，我是他的学生，他提出让我到杨家村耕读小学做教师，我就这样开始了教师生涯。

在耕读小学工作的时候，我还和搞扫盲班夜校时一样积极，把耕读小学搞得热火朝天，在教学上总结了许多经验方法，我的努力得到了起初反对我做教师的校长蔡云凯的认同。1965年上半年，蔡云凯组织全公社的教师到杨家村耕读小学，听我上一堂公开课。当时的学校没有课椅，板凳都是学生自己带的。学校只有一间房子，条件很差。条件虽然简陋，但全公社一下来了60多个教师听我的课，反响很好，评价很高。1965年下半年，我就被调到庆丰中心小学做民办教师。我走之后，工作被溧阳知青易新林接替，之后他也转去公办小学教书，教学工作由徐月芳老师接替，她调走之后，杨家村耕读小学就停办了。

到了庆丰小学之后，我担任四年级的班主任，教语文和数学。第二年，我担任庆丰小学少先队总辅导员，同时负责学校的宣传工作，并督查耕读小学的教学质量。

庆丰中心小学的历史可以追溯到新中国成立前私人创办的教育班，在赵家祠堂办学，创办人叫洪韬，他是教育班的全科老师，我就是在这里念书的。那时候教育班最多只有四年级，不同年级的学生混合在一起上课，叫复式班。中华人民共和国成立之后，教育班改编为公办小学，在徐家祠堂教学，第一任校长叫李继春，洪韬则被调到钱家圩小学做教导主任、校长。

庆丰中心小学当时有两个教学辅导区，一个庆丰教学辅导区，一个西圩教学辅导区。当时庆丰地区的公办小学还有何家小学、张家角小学、坝头小

庆丰中学 2020 年 7 月 庆丰村委供图

学、张家小学、贺新小学，贺新小学在积善庵办学。民办小学有官圩小学、李家小学、北埂小学、木勺兜小学。当时的学校一般都在祠堂办学。

1954 年，庆丰乡政府在陆家村，但是一年不到就搬去了徐家村。1955 年，庆丰小学在徐家祠堂办学，西边就是乡政府，中间是操场，李济春来了之后，盖了一间房子做校舍。1957 年左右，乡政府搬到积善庵，庆丰小学也搬到了积善庵，乡政府的礼堂和三间厢房就归给了庆丰小学做了校舍，原来庆丰小学的房子用于徐家小学的教学，后来乡政府在积善庵边上盖了房子做小学，但是都不宽敞。1971 年，乡政府搬到了大栗树的河东面，庆丰小学随之搬到乡政府旁。1999 年，庆丰中学并入南渡中学，庆丰中学的房子比较宽敞，庆丰小学就用庆丰中学的楼房做校舍。

过去耕读小学教师每月有 5 元的补贴，民办教师有 7 元的补贴，补贴是教育局出钱，学生的学费就是教师的工资，过去村民生活困难，没有钱交学费，咸鸭、咸鹅也可以抵作学费。

庆丰小学在 20 世纪 50 年代时校长有两任，是李济春和汤水庚。之后 60 年代便是蔡云凯和郑海金。

1970 年下半年，公社决定创办中学。我负责创办工作。

庆丰中学创办初期，征用土地时，我跑过许多次县革委会，找了当时的革委会主任邢广真很多次，因为征用土地的流程非常烦琐，当时征用十亩地以下是溧阳县审批，征用十亩地以上要镇江地委审批。最后县革委会给我们在大栗树批了五亩六分地。为了筹办物资，我一次次地去溧阳横涧、上兴筹措，当时没有补贴，但是我是家乡观念很重的人，庆丰是我的家乡，能够在家乡为教育事业出力，我感到很光荣。

庆丰中学的前身是庆丰农业中学，庆丰农业中学前身可以追溯到国产技术学校。

1965 年，在赵家村一个石姓地主家三间空余的房子里创办起了庆丰农业中学，第一任老师是奚长松和苏志发，都是民办老师，当时创办的布告是我贴的，有几十个学生。

1966 年，教育局在秀才圩造了 12 间平房，把庆丰农业中学的规模扩大，1966 年下半年，庆丰农业中学增添了一个老师叫孟辉。“文化大革命”期间，庆丰农业中学撤销，学生和老师分到庆丰小学和西圩小学。随着办学规模的扩大，老师不够用，1972 年 9 月，我就到西圩小学教初中语文。

1973 年 9 月，庆丰中学正式开学，办在西圩小学的初二班和庆丰小学的初二班合并到了新创办的庆丰中学。当时庆丰中学的校长是郑海金，老师分别是周定光、马文娟和我，周定光和马文娟这两个人都是知青。1973 年 10 月，教育局派来了一个英语老师陈漪。1976 年，周定光和马文娟就走了。

1999 年 9 月，随着撤乡并镇，庆丰中学并入南渡中学，当时庆丰中学有两栋楼，一栋楼有两层，一栋楼有三层。我于 2003 年 1 月从南渡中学退休。

教育对庆丰地区的发展是有促进作用的，庆丰人对教育很重视，即使家里再困难，也尽力让孩子读书。把书读好了，才能改变命运，为国家做出贡献。当然，现在的教学条件、教学水平和生活水准是越来越高了，不像过去，条件比较艰苦，所以，现代的教育者更有责任把孩子们教好，培养他们成为现代化建设合格的接班人。现代的少年儿童也更加要加倍努力，加倍珍惜大好时光。

庆丰中学的老师都比较负责

讲述：张双顶

我在庆丰中学读书时，一共有6个班级，每个年级两个班，每个班级有四五十人。庆丰中学曾经办过高中部，但到我上学的时候高中部已经被取消，只剩下了初中部。高中部最多只有两个班，是读完初中后直接读上去的，没有择校的说法。庆丰中学的老师都比较负责，我记得有个教物理的老师是从清华大学毕业的，身体不太好，很消瘦，这位老师讲课很认真，深入浅出，很受欢迎。当然，名校毕业的老师毕竟是少数，庆丰中学有些老师虽然学历并不高，我听说有三分之一的老师是中专学历，大专和本科学历的老师也比较少，但这并不影响他们对学生认真负责。学校的教学水平在老师们的努力下，提高还是有目共睹的。

舌尖记忆

舌尖的记忆，最难忘的记忆。
庆丰的丰饶，体现于舌尖的美味。
炒米糕、满锅摊、油炸糍、大团子，
稻米文化在种种美食身上得到了最好的演绎，
成就了烟火人间的极致享受。

困难时期的几种食物

讲述：徐梅芳

过去经济困难，有几种美食，既普通，又不普通，是我一辈子都难以忘记的。

一种是大麦糊粥。大麦，现在农村已经很少种植，它的优势是比小麦早成熟、早收获，可以解决断炊农民的燃眉之急。大麦收获晒干扬净以后，在电灌站的小钢磨上，或者在石磨上碾成粉状，不去麦麸，就成了大麦粉。用大麦粉制成糊状，加点青菜，就是大麦糊粥。为了照顾干体力活的男人，条件许可情况下，往往在糊粥里捏几个“几把团”，有些地方称为“来块头”，种田人吃一二碗，解饿熬饥 。

一种是焦屑。是用小麦粉或者大麦粉炒熟，便于存放，可作干粮。肚子饿的时候，可以直接吃；也可以取少数用开水搅拌，不加放佐料食用，麦香很好闻，三里外就让人口水直流。

还有一种是粗粉饼。新小麦上场以后磨成粉，磨得较粗糙，不筛去麸皮。或者仅捞出少数大片状麸皮，这种面粉俗称粗粉。粗粉饼做法很简单，就是把粗粉加水、放入少量发酵粉，搅拌调成糊状，稍干，徒手抓着，烙在粥锅边上烘制，厚薄不匀，大小不一。粗粉饼不加任何佐料，不甜也不咸，外观不漂亮，味道不鲜美，人们对它的青睐是吃它“熬饥”，容易填饱肚子，是种田人常吃的。

再有一种叫豆生酱，是种田人家的调味品。年成好的时候，做酱主要原料是黄豆、小麦粉，困难时期，黄豆、面粉奇缺，人们就用豆生代替黄豆制酱，豆生就是豆粕，是黄豆榨油后留下的渣渣，比较便宜，发酵工艺流程一样，当然味道肯定不如黄豆瓣酱，但是物质稀缺的时代，豆生酱还是受到大家的追捧。

大麦糊(资料图)

难忘炒米糕

讲述：乔鱼庚

我小时候，炒米糕是大家小户必备的年货之一，观看大人做炒米糕是孩子们最开心的事情。做炒米糕，就意味着要过年了。腊月下旬，是各家各户做炒米糕的时候。做炒米糕首先要准备炒米。进入腊月，我娘就把早已经准备好的糯米淘洗干净上笼蒸熟，再将糯米饭铺在竹匾上晾晒干，在晾晒过程中要将饭团散开成颗粒状，不能结饼，做成蒸饭米。这个工序很重要，因为用蒸饭米炒的炒米比没有蒸过的酥松好吃，麻烦一点值得。等到有一天，村里左邻右舍传来消息："炒炒米佬来了！"各家各户闻风而动，带着准备好的蒸饭米去排队。炒炒米是一项技术活儿，工具很简陋：一只没有锅沿的大炒锅、一把大铁皮铲子、一个筛箩，但没点经验的师傅很难炒好。轮到我家的时候，先过秤，然后把蒸饭米倒入炒锅，用自备的干柴、黄豆箕把灶膛火烧旺，锅里加入一定量的细沙，米在炒锅里伴着细沙，被大铁铲不停地翻转。其间不能停顿，不能焦煳，不能夹生，火候一到，立刻起锅。起锅以后，用筛箩把细沙筛干净。炒米炒好以后，除每个小孩分两把外，其余全部放入塑料袋，装进瓮里，盖严实后，准备过年做炒米糕。

做炒米糕另外一种不可缺少的原料是饴糖，溧阳话称"饧糖"。熬糖采用"糖籽"更佳。"糖籽"是饴糖加工而成，白色块状。做炒米糕时，先在大铁锅里放点菜籽油，把饴糖或"糖籽"放在铁锅里熬，等熬到一定火候，糖变成半流体后放入炒米，用力搅拌均匀后，迅速铲进事先抹着食用油或猪

炒米糕制作（资料图）

油的方盘中，用擀面杖用力压平实，边角地方不能遗漏。稍微冷却以后，把方盘反过来，对着台子中间，用力拍打一下，“啪”的一声，一块方盘一样大小的炒米糕被整体反扣在台上，然后用菜刀切成一块块长约 10 厘米、宽约 5 厘米、厚约 1.5 厘米的炒米糕。炒米糕也叫炒米糖，如果加入炒熟的芝麻、花生仁、黄豆等，就可以做成芝麻糖、花生糖、黄豆糖……芝麻糖习惯用黑芝麻，寸金糖、条糖用白芝麻。我们家炒米糕做好以后，父母自己舍不得吃，仅吃很少碎片。我们分得一两块尝尝新，然后整整齐齐地排放在瓮里，上面盖上炒米，用来过年食用和待客。

近年来，随着生活条件的提高，各种休闲食品丰富了，超市里各种炒米糖、芝麻糖、花生糖……应有尽有，但炒米糕的味道还是我最美的童年回忆。

好吃不过满锅摊

讲述：沈建保

我小时候，家中口粮常常捉襟见肘。当年，面粉少见，面食自然是稀罕物。夏收夏种是农事最繁忙的时刻。那时候，家里一日三餐，仍然和往常一样，少见干货，常常是一锅稀粥。对于正长身子骨的小孩子来说，灌了一肚子粥，两泡尿一撒，很快便饥肠辘辘，更不要提整日在生产队干活的大人了。

这当口，自留地里收了新麦子后，一般人家家中便有了些白面粉，便会做满锅摊吃。先舀出一小碗面粉，倒入脸盆里，加适量盐水搅拌成面糊，再置于烧热的油锅里，拿起饭铲，不停地把面糊抹开，于锅内均匀地铺摊开来。面糊被灶膛柴火烘烤，慢慢变熟，直至紧挨着锅壁的一面变黄变脆，嗞嗞冒出香味，香喷喷的满锅摊便可起锅上桌了。如果此时家中正好还有点红砂糖的话，可以在满锅摊似熟非熟时，撒些糖在上面，即成甜的面食。过去满锅摊是上等硬货食物，吃了能扛得住饿，体力自然要充沛许多了。

特色月饼油炸糍

讲述：王炳根

在中秋到来前好几天，我们这里就开始做油炸糍了。做的油炸糍一般有两种馅，芝麻红糖馅和青菜猪肉馅。新芝麻一收上来，村上人就会洗净、晒干、炒熟，到邻居家的石臼里捣成碎末，再加红糖拌和装在密封的玻璃瓶里。青菜猪肉馅都是当天弄，剁碎的青菜和猪肉加上菜油、盐、味精等均匀拌和在一起，闻上去香香的、尝起来鲜鲜的，青菜猪肉馅就做好了。有的人家为了省钱，就只做青菜素馅的，就是在菜馅里和上剁碎的炒蛋或油煎豆腐，甚至是毛豆籽之类的，也很香，很好吃。同时，可以把早就留着的糯米洗净煮成米饭，要比平常吃的饭稍微硬一点，太软不行，也不能太硬，否则就不黏了。糯米饭盛出来，就直接摊在干净的桌子上，等凉了，在饭里掺上少许面粉，糅合，捏成一个个小团，再做成坯，放上馅，包成团，用手轻轻压成扁状的椭圆形，一个个摊放在一边备用。当油锅六七成热时，放入油锅炸。刚炸的油炸糍金黄的，香气四溢，咬上一口，又香又脆，别说是以前，就是现在，也是一道美味啊！

油炸糍（资料图）

做团子

讲述：徐才英

我们这一带，过年做团子是传统习俗，图的就是团团圆圆、和和美美。做团子讲究的是粉要糯。一般人家把糯米（有的人家还会夹点粳米）淘洗干净，再拿出大竹匾来放在河塘里洗干净，把洗干净的匾放在两张条凳上，将淘洗干净的米倒进匾里，摊开铺匀，趁着好天光晾晒好。晒干以后要磨成米粉。没有机械化之前，我们村里的米粉都是用石磨磨出来的。这种石磨由一个人操作，一手磨，一手拿一把小笤帚，把米粉归聚起来，之后，再用一面小“绷筛”筛一遍，大颗粒的，再放到石磨中磨，直到全部成为光光洁洁、细细均匀的米粉。磨米粉很花工夫，后来有了碾米粉的机器，效率又高，磨得又细，人才轻松起来。

包青团 2020 年 7 月 庆丰村委供图

蒸团子自然少不了家什，重中之重就是大蒸笼。平常，除非办酒席，蒸笼一般无用武之地，普通人家都会收好后放在阁楼上或者灶披间里，一年下来，灰尘满满。蒸团子前，都要拿到河塘里彻彻底底洗干净，放在大太阳下晒一晒备用。

我们这里做团子，有咸有甜。咸的馅心有白萝卜丝肉馅、青菜肉馅。甜的馅心一般也有两种，一种是黑芝麻馅，一种是豆沙馅。做白萝卜丝肉馅心，要将白萝卜擦成了丝，下滚水焯一焯，再用纱布包裹，把萝卜中的水挤掉，然后将事先准备好的肉馅拌入，有的还会拌上点猪油渣，再加菜油、酱油、盐、葱花等调味。青菜肉馅做法类似，把大青菜洗好，开水焯过之后，剁碎，用纱布包裹挤掉水分，但切记不能挤得太干，否则容易柴，然后加上油渣、肉末、菜油、盐之类，在大脸盆里一拌，便做成了青菜猪肉馅。做甜馅也很费工夫，比如黑芝麻馅，先把芝麻洗干净，沥干，然后把芝麻炒熟，接着放在小石臼

青团（资料图）

捣碎，要一点一点捣，很费工夫。芝麻成碎末之后，多加糖，有的人家还会稍许加些猪油，香味扑鼻，拌匀了，馅差不多就好了。

做豆沙馅就更费工夫了，要事先把赤豆洗净，浸泡到豆皮鼓胀后，把赤豆放锅里煮熟煮烂，然后捞出沥干，放进淘米箩里捣碎，去掉豆皮，然后用纱布毛巾之类，把汤水挤干，再加糖放油，放在铁锅里熬,喷香的豆沙馅就做好了。

过去做团子时，还要做青团。做青团用绿苎头染色。做团子时，把绿苎头放在水中漂洗干净，然后捣烂，用纱布或毛巾把叶子的汁水挤出来，做团子时，就把这汁水混杂在米粉中，揉成粉团,做出来的团子便是绿色的。青团一般是甜馅的,主要是芝麻馅和豆沙馅,还有一种水晶团，一块生猪油、几粒花生米、一撮糖，就是馅心，吃起来满嘴生香。

一切准备妥当之后,吃过午饭,天气暖和,家里人和请来帮忙的亲戚一起,热热乎乎地包团子。和粉的和粉，包团子的包团子，烧火的烧火，蒸团子的蒸团子，忙得不亦乐乎。

做团子是个技术活，最关键的是团子的坯子要打得好，坯子不能太厚也不能太薄。太厚了，团子不易熟，而且里边能包的馅太少，不好吃；太薄了，里边包的馅太多，容易破。团子做到一定程度，在蒸笼里铺上一层纱布，或者在团子底部贴一张小粽叶,将团子摆满蒸笼,一般摆满三四笼后,就上锅蒸。蒸团子需要旺火，火越旺越好，所以用的都是硬柴火。

新鲜的团子，滋味特别好，一家人一边蒸一边吃，开心得不得了。出锅的团子还要及时放到大晒匾上，用扇子扇风，使它快速冷却，并不断翻身，防止粘底破开，这项工作一般由小孩完成。当然，待团子全部蒸好后，小孩子们还要负责在团子上点红，象征着一年红红火火，吉吉利利。这可能是一年中最高兴、最快乐的时候。

乡村建设

在历史的演进与时代的跨越中，庆丰胸中有憧憬，眼中有希望，脚下有力量。村干部凝心聚力，带领村民，为建设美好家园而不断努力。

国家取消农业税，减轻了农民的负担

讲述：徐建新

我 1977 年参军，1980 年退伍。退伍后，我在村里担任治保主任，1987年年底担任村会计。实行联产承包制前村民都要挣工分，一个工分7角，我做治保主任，一年只有70 个工分，工资就是 49元。等我做会计的时候，工资一年也才 800 多元。我做会计的时候，在村里算定额干部，工资已经算高的了。所谓定额干部就是村支部书记、村委会主任和村会计，其他如妇女主任、治保主任、民兵营长不属于定额干部，平常劳动，大队有事情再喊他们来。当时村干部开一天的会，就记一个工。

春风常在庆丰圩 2019 年 11 月 钱鹏 / 绘

以前庆丰乡驻地就在大栗树自然村，徐家村也做过庆丰公社的办公地。我们徐姓人虽然在庆丰有很多，但并不是这儿的原住民，我们是 500 多年前从社渚周城搬过来的，我们徐家祖上在这里买了土地，搬了过来，而且庆丰的徐姓人只是周城徐姓的一个分支，并非全部，现在庆丰徐家还有完整的家谱。

庆丰的地名历史悠久，我听老人说起，徐家人搬过来时，这里不叫庆丰圩，叫白莲池埂，可能是因为当时这里长满了白色的莲花，后来不知哪一年改成了庆丰圩，具体怎么回事我不清楚。

我做村会计的时候，庆丰村有 7 个自然村，有 1200 多人，因为庆丰交通不便，村民几乎全部务农。1978 年改革开放后，庆丰公社有了自己的社办企业，最早的是化工厂，村里给这些企业提供厂房。

丰收 2020 年 7 月 庆丰村委供图

1980 年大包干分田到户，村民把粮食卖给乡粮管所。按照规定，一亩地要上缴一定量的公粮，由村民自己想办法把上缴的公粮送到粮管所，许多人都是用板车，后来也有人用拖拉机运送粮食。村民把粮食卖给粮管所之后，粮管所会给村民一定的补偿。我记得缴 50 千克粮食是 30 元，粮管所会发给村民两张券，一张蓝色的券是收据，一张红色的券是现金券。我们村干部的任务就是代收农业税和管理费，劳动力还要交劳力费。有的村民家里孩子要结婚，或者有急事要用钱，会和村委会打招呼，先少缴一部分，之后再补齐。

上缴的公粮和税额是按照村民承包的土地亩数来确定的。有的家庭孤儿寡母，种的粮食实在没办法送去粮管所，村里就想办法集中帮助他们运粮，一些家庭没有能力种田，可以让其他人帮着种，或者转包给别人家。最困难的五保户由生产队养活，庆丰村有 17 家五保户，生产队会给他们粮食，保障他们生活。

2004年，国家取消农业税，这项政策减轻了农民的负担，老百姓拍手欢迎。

庆丰村也有一些扶贫措施，对于困难家庭，过年的时候村委会给予一定补助，当时叫救济款，数量不多，根据实际情况确定，但解决了很多困难村民的燃眉之急。

现在村“两委”还经常组织我们这些退下来的人开工作经验分享会，新干部做工作汇报，把他们的工作思路和想法讲给我们老一辈人听，我们结合以前的工作方法，给年轻的干部们提一些合理化建议，起到一个传帮带的作用。

村干部在工作中有了四条经验，解决了一个又一个困难

讲述：徐招娣

我从25岁起就在村委会工作，直到2017年退休，做了整整44年妇女主任，主要负责妇女工作，也参与其他工作。现在有手机、电视可以传播政策信息，过去什么也没有，全靠我们自己上门宣讲，过去的路都是烂泥路，非常难走，逢到雨天，脚陷进去都很难拔出来。如果要去谁家做工作，我们就要一大早出发，或者晚上去人家里，因为白天人们都要干活，家里没人。

当时我们做工作，不光是想着完成任务，还想着完成得好，走在前面。比如插秧，不仅要插得好，还要插得美，我们都要用工尺测量水稻的间距，好比一米栽14棵，要达到这个水平。除此之外，每个生产队都有养蚕任务，我们去乡政府领取蚕种，再分给生产队，每天都要跟踪各队养蚕的情况，谁养得好，工分就高。

志愿者 庆丰村委供图

我们村干部在处理工作难题的过程中，总结了四条工作方法：

第一是将心比心。不断地和村民讲解政策，绝对不

和村民争吵，因为争吵不仅不能帮助政策的执行，还会加深村民和跟村委会的误会。

第二是村干部团结一心。在宣传党的好政策，落实惠民服务政策，进行乡村建设方面，有大量的工作要做，我们村干部都是心往一处想，劲往一处使，同心协力做好工作，克服了很多难题，为村民实实在在做好“服务员”。

第三是讲究方法。对不同性格的人采取不同的工作方法，绝对不能生搬硬套，方法一定要活。

第四是关心村民。我觉着，人的心都是肉做的，只有关心村民，才能得到人心。所以，我平时都把村上人的事当作自家的事，想方设法多关心，帮助他们解决困难。有时候，村民不一定马上能理解政策，配合工作，我也耐心地做好工作，用心换心。

溧阳市开展的标准圩堤达标工程是好工程，让庆丰村免遭水灾

讲述：沈建保

我今年 63 岁了，一直在南渡镇水利站工作。水利站是中华人民共和国成立之后创建的，起初不叫水利站，叫农机站，水利、农机、用电三个单位集中在一起工作。1986 年之后，这三个单位就分开了，现在的水利站有十多个工作人员。在我的工作生涯中印象最深刻的就是 1991 年发洪水和溧阳市组织的标准圩堤达标工程建设两件事。

1991 年发洪水，水位达到了 7.03 米，庆丰村大栗树的涵洞漏水很严重，情况相当危急，但是庆丰村的防洪工作做得比较好，全乡组织了两三百人到一线抗洪，最终与市里下派的技术人员一起，抢修了一天多才维修好涵洞。

1991 年和 1997 年洪水之后，溧阳市开始了标准圩堤达标工程，这项工程做得很好，这项工程完工后，圩堤宽度达到 4 米，可以在圩堤上开车，质量达到了抵御百年一遇洪水的要求。如果没有这个工程，2016 年的时候整个南渡又要遭受水灾。

为了防洪，我们水利站会记录每年汛期时圩堤出现的各种问题，在今冬明春集中解决，年年如此。窄的地方，我们就把它加宽；有漏洞的地方，我们就全部拆除，重新浇筑。

我们村干部有事一起做，有困难一起扛

讲述：陆保材

我 21 岁参军，26 岁退伍。1968 年，正好村委会缺人，我就到村委会工作。1971 年，溧阳钢铁厂招工，我就去做工人，离开村子。我在大队工作的时间不长，虽然前后只有 3 年多时间，但是我对庆丰有着很深的感情。

我年轻时，全村的生活都比较苦，想买点盐巴都很困难。但是庆丰人天性乐观豁达，人勤快，肯吃苦，也爱喝酒。过去发酒票，别的村子酒票都够用，庆丰村的酒票却不够用。我们村的老书记王太根，是中华人民共和国成立后庆丰村的第一任村支书，他工作很踏实，对村的中心工作一直抓得很紧，尤其是对村子的基础设施建设，做了很大的贡献。我们庆丰很早就用上了电灯，电灯在当时稀奇得很，周边村庄的村民都羡慕我们。

老书记对人很好，我记得他身上总是放两包烟，一包飞马牌香烟，一包勇士牌香烟，他发给别人是好香烟，自己抽的是比较差的香烟。老书记工作强度很大，但是他从不抱怨工作上的苦和累。老书记思想还很开明，在村子里搞文艺宣传队，丰富村民的精神生活。

过去我们一个村干部基本上一个人驻一个自然村，负责解决对口自然村的问题。一般的问题，我们都能独当一面。如果有特别的难题，那大家一起扛。但是我们有一个规矩，有难题一定要在开会的时候提出，放在桌面上，大家一起想办法。可以说，我们村干部心很齐，很团结。

在村医岗位上，我干了一辈子

讲述：张全福

我是 1951 年出生，在庆丰长大的，在自己的村子里上的小学。小时候家里条件不好，一家 5 口人，父母亲都是种地的。那时候没有雨靴，冬天冷，冻得吃不消，有的时候赤着脚就到学校去了，都是土路，下雨天都是一身烂泥。

我 16 岁考取初中，中间碰上“文化大革命”，那段时间就没有书读了。没办法，我就只能回家务农，但我好学，不放弃任何学习机会。20 世纪 60 年代，庆丰已经有卫生院了，我就到那里面去帮忙、学习，后来就在村里做赤脚医生。我的专业知识，都是后来到卫生院去学的，学的是全科，学了两年多，都是

边学习边工作，一般都是上午在医院学习，下午回到村卫生室工作。我刚去的时候一点基础都没有，去了医院之后学习打针、挂水，所有的医疗知识都是从头学的。在这两年多中，基本的知识都学到了。虽然庆丰医疗条件很差，但一般的乡医院还不如庆丰医院。当时我们只有十几张床位，医疗设备也有一些，X 光、验血、验尿的都有，还有一个生产生理盐水的小制药厂，可以做生理盐水和消炎药之类的。20 世纪 70 年代到医院去看病收费是很便宜的，挂一次盐水都是四五元，到 80 年代也就七八元，最多不过十元。当时庆丰村的医疗搞得算比较出色的，附近的人都到这边来看病。我在庆丰医院学了两年多之后回到村上做赤脚医生，很辛苦的，几乎要随叫随到，一般早上五六点钟就要起床，晚上最起码要到 10 点才睡觉。我们当时看病的注射器都是玻璃的，针头不是一次性的，但用完后都要高温煮沸消毒，但没有出现交叉感

卫生所 2020 年 7 月 庆丰村委供图

染的事情。当时村卫生室的条件设施一般都是2到3张床,2个医生,没有护士,打针、挂水都是医生做，我一直在那里干到今年才退休。

我印象最深的病人是我们村的老会计，他当时是感冒了，以前一般都是用青霉素，三天用下来之后效果还可以。那次一针打下去出状况了，我刚收完箱子，走了才十多步路，他就青霉素过敏了，当时这种情况要是把他简单送医院处理，危险更大。刚好庆丰医院的院长到我们村，我就和他商量，赶快从乡医院调两个医生过来现场急救，注射了抗过敏药物，过了 3 个多小时才清醒过来。而对这种紧急情况,我紧张是紧张的,但是还能够按照程序处理。

以前的流行病很少，只有麻疹、小儿麻痹症，这个比较多一点，脑炎在我们那个时候已经不多了，霍乱病基本上没有。这得益于我们防疫工作还做得比较扎实，比方说天冷了就用一些中草药防护，我会用水煮一些中草药给干活的人带到田里喝，防止肠道病。预防小儿麻痹症，一开始有的人都不肯接种疫苗,我们都会耐心地和村民做好工作,并亲自带他们去医院打预防针。对于其他传染性疾病也是这样，防微杜渐，认真服务，做好预防，我们发现苗头就会很快地报上去，所以我们这里没有发生过群体性传染性的疾病。

现在搞防疫工作比我们那个时候条件好，群众意识也更强了。我现在帮助村里做防疫宣传工作，群众都积极配合，大家对健康防疫很重视，这是时代的进步!

我父亲以前是大队书记，在我的印象里，父亲十分繁忙

讲述：张双顶

我出生于 1967 年。我所在的地方一开始叫秀才圩，后来改名为胜利村，再后来胜利村与庆丰村合并，统称为庆丰村。我父亲以前是大队书记。在我的印象里，我父亲十分繁忙，他作为大队书记连一些村民的家事都要处理，经常是在田里做完了农活就要赶去镇上开会。农村喜事讲究排场，有人家不收份子钱，请他去参加喜宴。我父亲总是藏起来，不想坏了规矩。当时有很多知青下放到我们这边，他们来后就归大队管理，不能随随便便回城，生产劳动都和村民一样。有个知青怕吃苦，想方设法想回城，就到我家送了条烟和一些糕点，在那时已经算是很好的东西了，结果被我父亲扔了出去。但我

父亲是真心对知青好，乐于帮助他们，有个来自溧阳城里的知青在下放到庆丰后，刚开始生活很不习惯，我父亲就耐心地开导他、帮助他，后来这个知青一直念着我父亲的好，我们像亲戚一般走动了几十年，到现在关系都很不错。

自强之路

唯奋进者成，唯自强者胜！
庆丰的魅力就在这里，在逐梦幸福的路上，
多少庆丰人自强不息、携手同行，奋进不止，
用行动实证『幸福是靠奋斗出来的』！

端凳子给别人坐，就是给自己坐，端碗水给别人喝，就是给自己喝

讲述：徐萍

我是徐家村人，1962年出生，7岁时，母亲因为肾病去世，为了生存，我和姐姐去镇江拉板车、卖水果、做炒货，后来一直做批发生意。

过去重男轻女，村上有人说没有儿子的家庭肯定是不行的，但是我们姐妹都很要强，自力更生，吃苦耐劳，也愿意帮助人，在村上博了一个好名声。我奶奶人很好，人际关系也好，她老人家对我们影响很大。因为我的前夫在镇江拉板车，所以我24岁时就跟着他去了镇江。24岁之前，我奶奶和我爸身体都不好，我初中没毕业，我爸就喊我回来种地，我在村上种地，拿一角三分的工钱，是村上唯一一个拿劳力工的小女孩，在我们乡里也算有点小名气，姐姐当时已经嫁到上沛。

我前夫是上门女婿，所以我承担家庭的责任。在我们徐家家谱上，我是唯一一个在家谱上留名的女性。

在我的成长过程中，对我影响最大的有三个人。一个是洪老师，也就是我姑父洪韬；还有一个人叫王书林，是大队书记，他们都帮助过我，他们身上无私奉献的精神，对我的影响很大。还有一个是我奶奶，我奶奶从小对我说："孩子，端凳子给别人坐，就是给自己坐，端碗水给别人喝，就是给自己喝。"这一点对我的影响很大。我小时候，就跟在奶奶后面到处跑，帮村里人收衣服、收马桶。我奶奶去世，就是因为她帮一家人喂猪，不小心被铁钉戳破脚掌，可能得了破伤风，74岁时走了。

清明回来，我总是先给我奶奶烧纸钱，再给我妈妈烧纸钱，最后烧我爷爷的，因为爷爷和妈妈的印象都已经模糊了，但是奶奶的一举一动我至今都印象深刻。

受我奶奶的影响，我也很愿意帮助别人。以前庆丰村圩堤破损，需要维修，村上有一些有困难的人家，我都很愿意在物质上提供帮助。村上人只要去镇江看病，找到我，我都义不容辞地帮助他们。我帮助别人都不留名，不是为了获得什么，而是希望得到我帮助的人，可以在以后去帮助更多的人。我们能够平安幸福地活着，就要感恩，奉献社会，可能做不了大事，但是尽一些

希望的田野 2020年7月 庆丰村委供图

微薄之力，也是我们的心意。

过去上学很辛苦，我在徐家小学上学，从村西到村东，要爬木头过河，当时河上一共架有三根木头，其中只有一根木头是稳的，另外两根木头是晃的，后来才造了徐家桥。我记得徐家小学的老师有陈老师、孟老师，校长姓蔡，叫蔡云凯。当时虽然不知道上学有什么意义，但是就是喜欢上学。过去家里农活重，每天都要割猪草，养羊养猪，我父亲有气管炎，我奶奶年纪又大，姐姐出嫁，我是家里唯一的顶梁柱，所以没能好好读书。

一个地方要发展，民风一定要好，要懂得感恩。庆丰的乡风还是不错的，我在这里成长，也很感恩这里，尽全力帮助家乡。

我前夫人很好，但是没什么文化。我在镇江生意最红火的时候，我前夫见我辛苦，劝我放下生意，因为当时我们有了一定的积蓄，还置了房子，他认为生活过得去就可以了。但是我认为做生意不光是为了自己，还要带动身边的亲戚朋友，而且我对我的事业很有兴趣，很有激情，面对别人的肯定我

快乐的童年 2020 年 7 月 庆丰村委供图

很高兴，所以我与前夫在价值观上有了分歧，渐行渐远。我们离婚后，我把所有家当都给了前夫，我的孩子当时愿意跟着我这个“穷妈妈”，我感到很开心。前夫问我是否输得起，我说：“当然输得起，人生都可以输，这算什么？”

我们不仅要给后代留下物质财富，更要留下一种精神。人们常说富贵，有的人虽然富，但是没有贵气，这种贵气，就是一种精神。我常教育我的孙子，做事，要一是一、二是二地做，言出必行，做好自己本分的事情。

有时我在路上散步，看到一些人拔花，我都会制止，我说：“大哥大姐，这花多少钱，我可以给你，但是你不要拔。首先，拔掉了，这里有一个坑，很难看；其次，这花不是给你带回去一个人看的，而是给大家看的。”我孙子问我：“红灯能不能闯？”我会很肯定地告诉他不可以，而且带好头，为的就是要给后辈留下正能量。孩子要有适当的劳动锻炼，像我孙子，在家要洗碗，不然不给吃饭的，我不希望孩子养成好吃懒做的习惯，以后对他人、对社会也都不好。我认为人是很渺小的，不用提什么大的人生计划和理想，我们做人的价值和品德就是从这些小事中体现的。我教育孩子没什么经验，因为自己本身没什么文化，但是我始终认为要给孩子树立榜样，榜样的力量是无穷的。

像我们做生意的人，首先不能坑人，其次要懂得感恩，学会延续与客人的缘分，不要计较小事，慢慢地就把生意做大了。我常和孩子说：“小财靠自己，大财要靠德。”我觉得德行很重要，穷的时候不要气馁，有钱的时候不要猖狂。

我喜欢折腾，而不是安于命运，小富即安。卖酒是我的拿手好戏，但是我选择不断挑战自己，一方面也为了锻炼我儿子，做我的接班人，同时为了把家乡溧阳的文化传播出去，所以我选择了改行卖茶。

我认为，人追钱是很难的，但是如果有好的品德，就能让钱追人，钱追人的时候，钱就来得很快。钱一定不是赚的，而是靠人的德行修来的。

如果允许的话，我想把我的事业一直做下去。一方面，茶与生活息息相关，柴米油盐酱醋茶，我有更多的平台可以帮助别人，另外一方面，我店里有人打理，我可以边做边玩，这是我做事的最高境界。采茶的人是很苦的，做茶叶经销可以帮助采茶人致富。茶叶可以美化环境，给人带来好的心情，何乐不为呢？

我给我大孙子取名字的时候，想起“厚德载物”四个字，便取一个“德”字，有德就有一切，就叫“德源”，小孙子取名“德含”，希望他以德立人，含蓄低调。

有一次我父亲因为生意上的琐事和我生气，我就把我父亲和所有公司员工都带到天目湖玩，哄我父亲开心。在天目湖的缆车上我和父亲约法三章：一是待人平和，二是生活体面干净，三是对待客人尊重大方，我父亲都答应了。有时候我们和老辈没有道理可讲，只能用一些方法去哄他们开心。

我的许多亲人都对我们家很好。我的阿姨、姨父人很好，每次我们去他们家，他们都很热情地招待我们，他们很喜欢我这个小辈，很可惜阿姨在我打拼的时候去世了。我还有一个表舅在赵家村，从小他到哪都带着我，可是因为意外他也去世了，我听说了就赶回来帮他把丧事办好。我姑姑待我也很好，帮我带孩子。对于这些亲人，我很感恩。

我姑父叫洪韬，做事很有方圆，很讲原则。1927年出生，光华中学毕业。日本人轰炸溧阳城时，他一家逃到庆丰。他积极参加地下党工作，和蒋秀兰、陆行等几个读书人在徐家祠堂创办了徐家小学，用老师的身份掩护自己。他后来到钱家圩小学做校长，还在别的小学做教导主任，为我们这里培养了大量人才。

中华人民共和国成立后，徐家小学变成公办学校，更名为庆丰小学。

1970 年，庆丰小学就搬到了积善庵；1975 年又搬到焦塘圩；1998 年，庆丰中学合并到南渡中学之后，庆丰小学就搬到了庆丰中学的地方。

赵家村过去有一个私塾，在一个大地主家里。我自己是在贺新小学和贺新初中读的书。当时还有贺新初中和徐家中学，徐家中学只有 1 个班。一个教室有两个班级的学生，给一年级上课时，二年级上自习，给二年级上课时，一年级上自习。

花海 2020 年 7 月 庆丰村委供图

我很感谢老师，我觉得老师的待遇再高也不过分，因为教育好下一代比什么都重要，这是我们国家兴旺的根基和希望。

我搞建筑装潢，放到现在来讲就叫“包工头”

讲述：徐来富

1969 年退伍后，我回到我们大队做了民兵营长，用的武器是半自动步枪，每十天半个月就要组织一次训练。我们会跑操，去山里打靶。每个生产队会有几支枪，但是没有子弹，子弹都在我这里保管，大概有 300 发子弹和十几支枪。

1969 年我成了家，那时候条件不好，聘礼只有 48 元。为了让小家庭生活逐步好起来，我干活不惜力，在村里有较好的口碑。1975 年左右，建筑行业开始有了起色，我抓住机会，改行到了庆丰建筑站工作。当时主要负责建筑站在梅山铁矿的工程，一共有 100 多人，我们建筑站的老师傅有十几个，

幸福的音符 2020 年 7 月 庆丰村委供图

我是现场的总负责人。

到了 20 世纪 80 年代，国家倡导发展乡镇企业，我回到庆丰，协助村里办了一家拉管厂，成立了一支设备安装队。在大家努力下，拉管厂办得很好，收益可观。后来村里根据需要，将建筑站和安装队结合起来成立建筑安装公司。我被调到庆丰建筑安装公司南京分公司工作，从此和南京结缘，并在那里待了三十余年。20 世纪 90 年代时，公司创新机制，我就下海搞建筑装潢，放到现在来讲就叫“包工头”。当时一年收入就有十几万元，还是蛮可观的。

我是改革开放的受益者，通过这些年的努力，我们的小家庭生活一步一步地好起来，现在想想，蛮欣慰的。

我们家的生产收入情况和庆丰的发展变迁是紧密相连的

讲述：闵春平

我叫闵春平，我的父亲叫闵水红，我们是土生土长的庆丰大栗树人。我们家的生产收入情况和庆丰的发展变迁是紧密相连的。

我们这边原来是庆丰乡政府所在地，“麻雀虽小，五脏俱全”，是一个非常热闹的地方，这边有粮站、水利站，还有轮船码头、食品站和文化站等等。当时出乡主要靠水路，一天有两班船经过庆丰，分别到上沛方向和溧阳城方向，船上很热闹，有卖艺的、卖小吃的，当时一包瓜子两分钱，焦塘圩一位姓蒋的妇女负责卖票。食品站主要是杀猪，供应猪肉，文化站主要是过年过节的时候搞文化活动，大家都非常开心。过去文化生活比较匮乏，放电影就像过节一样。

因为我们这边是乡政府所在地，人来人往，所以我父亲很早就开始从事餐饮业，最早是在村开的饭店里掌厨，生意非常好，后来就自己独立出来开小吃店，店名叫车站小吃店，生意很好。生意好，主要还是人气旺。庆丰这个地方工业非常发达，20 世纪 80 年代，溧阳工业企业有三朵金花，一是力强，二是庆丰化工厂，三是上上电缆。除了化工厂，我们这边还有玩具厂、水泵厂、拉丝厂、纺机厂等等。工厂很多，工人很密集，人多了以后，对吃的需求自然就大，所以我们车站小吃店的生意就一直很好。

小吃店主要由我父母两个人经营，父母亲从早到晚忙个不停，早上做早饭，父亲做油条、做馒头、做包子的手艺是一绝。中午和晚上，供应熟菜和炒菜，我父亲做的盐水鸭、酱肉是一绝，庆丰街上名气响亮得很。我父母亲两个人从早忙到晚，做的盐水鸭供不应求。

1992 年，随着庆丰并入南渡镇，我们这边有很多政府机构就逐步撤并到南渡镇上去了。庆丰就慢慢萧条下来，我们小吃的生意就大不如前了。后来我父亲说，总不能这样子坐以待毙，于是我们就想着要转型。转型做什么？我的父亲就在想，庆丰不是还有学校吗？我们这边有小学、有中学，中学还是完中，初高中俱全，这不是很好的资源吗？于是，我父母亲就转行卖学生用品，因为学生比较多，所以生意很好。可是后来庆丰中学停办，父母亲这生意就冷落下来了。

1995 年，我开始琢磨着要重新做点什么。有一天我到村委会办事，突然看到书架上陈列了一本《致富经》，当时村委会一个人就跟我开玩笑说，“养蝎子有赚头，我们一起来试试看！”这句话打动了我。而且，当时政府也鼓励农副业养殖，于是我就开始学习如何养蝎子。

我到常州跟一个专业户学习养蝎技术，一共投资了 5000 元，从常州拿了 1500 对种蝎回来。养蝎子对环境要求还是比较高的，它们喜欢阴湿的环境，我就准备了很多瓦棚、脚盆，并且做了一些防护设施，给它们安家。我的举动带动了村里 10 户人家，大家开始一起养。但可惜的是，我们这边比较低洼潮湿，不利于蝎子生长，当然在养殖技术上面还有一些地方不过关，我的这次转行没有成功，大家只好再另外想办法谋生路了。

养蝎失败之后，我就出去打工，从事过装电梯、做水利等工作，也从事过危房加固工作。2010 年，又到水泵厂、钢窗厂工作过，干的行当还是比较多，人比较辛苦。现在搞美丽乡村建设，庆丰环境改善了很多，成了网红打卡地，庆丰一下子又热闹起来。我想，人气的增加，给我们农民增收致富提供了新的机会，未来，我们在家门口可以就业，这都是托共产党的福。

不管在哪里，作为庆丰人是不能忘本的

讲述：许正福

我自己创业大概已经有十几年了，现在公司年营业收入在七八千万左右。我虽然已经搬到溧阳城里十几年了，但是我父母还住在庆丰，所以一个星期会回来几次给父母买些水果，可以说，我是看着村子一点一点变化的。我们秀才圩以前连道路都没有，要从大河堤上走到大路上去。这几年村上经济发展了，村上一些热心人就共同出资，把路给修起来了。我当时也参与了修路，但是大部分费用还是我小叔许云生捐助的。我小叔许云生就是江苏金燕房地产开发有限公司的董事长、总经理，他为家乡建设出钱出力，做了不少好事。他对村子的贡献很大，口碑很好。

我小叔属虎，他不苟言笑，说话也特别严肃，我们从小就比较怕他。但后来参加工作之后，看到他对工作的那种敬业态度，害怕就转变成了佩服。我小叔对村庄，对我们整个家庭都很关心。小时候，我在外面调皮，看见他在家后都不敢进门，平时他虽然话不多，点到为止，但是他的话是有分量的。

虽然现在我的年纪也接近50岁了，但我对他还是特别敬重。

我小叔工作特别认真，生活特别规律，早上7点半之前要到办公室，晚上10点钟还在办公室，很少给自己放假。年轻的时候基本上一天十几个小时在公司，这几年他才偶尔给自己放假休息休息。我在他公司上班时，一点特殊照顾都没有，对所有员工，他都是一视同仁，该批评的时候就会批评。我们在天目湖做工程时，有一次下雨，道路泥泞，我去的时候就把车子停在了主道路上，没有按规定停到边上。他发现后，就立马叫了安保人员来移车，安保人员说这是我的车，结果我小叔说："不管是谁的车，全部移走！"。我那个时候开的一辆吉普车，他肯定知道是我的车子，但是他就是要表示不管是谁的车，这个路上就是不准停，你一停就会堵塞施工车辆进出。我们家小辈就我一个人在他那工作，但是没有任何网开一面，都是一视同仁的。

我独立创业之后，经常和我小叔交流，每次回来都先联系我小叔，有的时候去他办公室交流谈心，汇报工作情况，有什么疑虑也会向他请教。他对我好，我对他很敬重。我能有今天，很大原因是受到小叔影响，从他的为人

越夜越美丽 2020 年 7 月 庆丰村委供图

处世中，我学到很多。他是特别低调的人，他自己不抽烟，但到庆丰村上去，口袋里总会放几包烟，不管是割草的、放羊的还是赶鹅的，不管是老人还是年轻人，只要是进村见到打招呼的，他总会把烟掏出来给人家，一点架子都没有。要是村上谁家里有困难了找到他，他一定帮助，还会留他们在城里吃了饭再送他们回家，做人非常厚道。受到小叔的影响，我也非常关心村子的建设，为村庄建设出资出力。我想，不管在哪里，作为庆丰人是不能忘本的。

很自豪的是，我参与了庆丰美丽乡村设施建设，包括道路整治、河塘清淤等。其实做自己村和做其他村的感受是不一样的，对于别的村，我会觉得这是一种工作，是政府交给你的一个工作。但是做自己村的时候就更像是自己在做一个艺术品，听到村上人的赞美，自己会觉得很有成就感和荣誉感。我在村上的人缘很好，不管男女老少，彼此都很客气，有时工作晚了，村民就留我吃饭，很亲切。那段时间，我除了出差，每天都在村上，连续做了 4 个多月，扎扎实实地做好了这个项目。南渡评比的时候，说我们村排在前几名，省里领导到我们村上看了都说有焕然一新的感觉。

从乡村医生到种田大户

讲述：王松林

小时候，我家是贫困户，父母身体不好，11岁起，我就开始帮家里做农活，自己挣学费。1995年，我从庆丰中学毕业，3年之后，庆丰中学并入南渡中学，庆丰地区就只有小学了。

在我的印象中，庆丰中学比小学大多了，有3个年级，每个年级3个班级，有9个教室。学校的基础设施都齐全，老师对学生很关心。我们上学时要边上学边干活，农忙时，老师会鼓励同学们互相帮助，一起把家里的农活做完。

中学毕业，我到溧阳市卫生进修学校学习，上了两年的乡村医生班，我去学医是为了减轻我自己父母的病痛，因为他们的身体不好。1998年我从学校毕业，1999年做了社区乡村医生，这是我的第一份工作，工作地点在南渡镇永丰村。2000年我调到庆丰村社区卫生服务站担任站长。我是全科医生，内科、外科、儿科、妇科我都看，我印象最深刻的病人是那些在大医院已经宣告死刑的患者。比如有一个患者是典型的心肺衰竭，专业术语是COPD伴心功能不全，在市医院住了28天，医生说治愈希望不大，让患者回家休养，后来患者的女儿找到我，希望我可以尽量减轻她父亲的痛苦，我去了之后，根据病人的身体情况，进行了5天的规范化治疗，他的病情有了明显的好转，现在患者已经存活了6年，但是每到夏季患者仍会发病，我都会去给他诊治。

虽然我没有接受过大学专业的医学教育，但是我在卫生进修学校学习期间非常刻苦，工作这么多年，在医德和医术两方面都得到了许多病人的认可，为庆丰当地的老百姓解决了一些病痛，用身体力行证明了"学有所用"四个字。

从医这么多年，我基本上全年无休，只要附近村民有病痛，一个电话，我就要赶过去，就像是农村地区的120。我记得每年大年三十的晚上，都有消化道急症的病人，作为医生，出于为患者着想，我必须赶过去。

后来通过养猪、种田等多种途径谋生，在经济上我宽裕了一些，为村民治病方面，我就几乎不收取费用了。

2010年，我看到老一辈农民缺乏农业规范化意识和农业技术，种田的利润非常少，所以这一年我成立了溧阳市岁丰农机专业合作社，为农民提供农事服务，包括育秧、插秧、整地、收割等农事活动，合作社相当于农民的保姆。

合作社承包了几百亩土地，通过科学化的种植，合作社承包第一年的利润就达到 30 万元，这证明了科技的力量，今后农业的发展离不开科技。

合作社遇到的问题很多，比如刚开始承包土地的时候，合作社没有烘干机，三天两头地下雨导致我们生产成本非常高，合作社投入了非常多的人力物力。

2010 年，合作社购买了一家废弃的厂房，把它改装成农业机器仓库，在里面添置了几台烘干机，节省了很多劳力成本。以前的粮食要露天晒，但是现在用机器烘干粮食，既节约时间，也避免了许多因天气而导致的粮食歉收问题。农业机械化推进以后，解决了农村劳动力匮乏的问题，为农业发展找到了捷径。

合作社的发展很快，从一开始的 5 户发展到现在的 156 户，承包土地由开始的三百多亩发展到现在的两万多亩，其中，3000 亩是合作社自己经营的，

收获 2020 年 7 月 庆丰村委供图

粒粒皆香甜 2020 年 7 月 庆丰村委供图

其余是合作社提供服务的，我们在做好社会化服务的同时，做好订单销售，帮助农民解决了卖粮难的问题。

合作社能有如此发展，主要得益于优良的品种和科学的种植技术。合作社根据市场所需，针对中央供给侧结构性改革的要求，进行了品种改良，现在合作社所种的品种叫南粳 46 号，“苏南第一方，庆丰稻花香”中的“稻花香”就是南粳 46 号的香味。

这个品种是江苏省农业科学院博士王才林的研究成果，由日本水稻良种乳玉的父系“关东 194”与武进农科院“武香粳 14”杂交而成的，这个品种体现了日本水稻的口感优势与中国水稻的高产优势，在江苏省好大米评选中多次被评为金奖，在 2019 年农业农村部组织的好品种食味评比中获得第一名。选用这个品种，体现了合作社发展理念的变化，即以前追求高产，现在追求高产与高品质兼顾。

目前，合作社是扬州大学农学院张洪程院士研究生团队的创新基地，合作社既有好品种，又有张洪程院士的好技术，为打造庆丰大米品牌奠定了良好的基础。

我们在合作社的基础上又成立了溧阳市岁丰农业科技有限公司，公司业务不光是土地流转和种植，也重视农业技术的研发，现在已有一定的技术积累和一套成熟的农业种植技术。我们还会到田间地头为老百姓的农业种植把脉开方，目的就是保障老百姓有一个好收成。

近几年农产品市场行情低迷，但是依靠高品质发展，合作社非但没有受整体农业市场的影响，反而提高了品牌竞争力。现在合作社的总销售额达3000多万元，利润150万元。

大农业离不开规模、规范和技术，这三者的执行有各自的标准，通过对标准的执行，才能保证品质。我们今后的发展目标就是和扬州大学农学院一起打造水稻优质标准法种植基地，让庆丰稻香飘遍江南。

要做一个“多功能”的老板

讲述：张双顶

庆丰的水泵产业非常发达，我曾经是溧阳市微型水泵厂的工人，1985年，我被企业保送到上海机械学院委托培养，是当时企业中为数不多的接受过大学教育的员工。

我本人人生经历还是比较曲折，但我非常好学，中学时期读书成绩非常好。我是南渡中学1980届毕业生，当时14个乡镇一共选拔了84个人，分成两个班，我在班里的成绩保持在前两名，人人都认为我考上大学没有问题。但是，很可惜，高考前夕，我突然得了比较严重的伤寒病，强撑着参加完第一场考试，人几乎虚脱，出考场后走路都没有力气，完全没有发挥好，当年高考落榜了。南渡中学校长钱选青感到很可惜，几次三番劝我复读，可我的身体没有办法适应高强度的学习，只能遗憾地放弃了。

但是读书在我心中是一个梦。所以，我在上海机械学院学习期间，我成绩非常优异，被老师指定为助教，帮助同学们一起学习。有一次老师找到我，对我说，张双顶，像你的这样的同学为什么没有考大学呢？我还是希望你继续读大学。我听到老师这么一讲，只有在心里默默地哭，脸上却苦苦一笑，把自己的情况跟老师说了。老师只有一声叹息。

由于我接受过大学教育，在技术上肯钻研，又跑过市场，所以我各项能力比较全面。1993 年乡镇企业改制，1994 年 12 月，我选择辞职，独立创办了溧阳市苏南微型水泵厂，注册品牌叫“濑江牌”。当年从诚信水泵厂调剂了一批水泵起步，后来，我租借庆丰建筑站的 2 间厂房，正式办厂。1996 年，搬迁到庆丰老乡政府办公地，又租借了 5 间房做厂房，招聘了 6 个人，我是总技术负责人加上经营管理者，生意逐步有了起色，生活有了很大改善。但天有不测风云，1997 年 6 月 1 日，我突发车祸，整个人完全昏迷，九死一生以后对生活看得很淡，很多业务就慢慢就搁置下来。

1999 年，我感觉不能坐以待毙，一切还是要重新开始，就咬紧牙关振作起来，重新回到发展企业的轨道上来。水泵做了五六年以后，市场饱和度越来越高。2008 年，我瞄准市场，转行做机电产品，公司名为溧阳市苏南电机厂，我们所做的电器产品是动力电机、直流电机，直流电机主要用于教学仪器，其中，动力电机占 30%，直流电机占 70%，直流电机的利润空间比较小，但竞争对手也少。我们主要的合作伙伴对产品的质量要求非常高。我们本着精益求精的态度，与他们保持了良好的合作，双方已经成为忠实的合作伙伴。现在我的公司发展比较稳定，基本达到了设定的目标。

我经历过九死一生，对财富看得比较开。但我觉得一个人在世上，还是要有所追求，一定要乐于学习、善于学习，做老板就要做一个“多功能”（复合型）的老板，做工人要成为一个“多功能”工人，这样的话你才能够在市场的竞争中赢得更多的主动。

奔向未来

走进新时代，庆丰信心满满。在脱贫致富的『彩虹路』上，在跨越发展的组合拳中，庆丰人正在书写美丽田园的美好画卷，字字精彩。

打造农旅项目走上脱贫致富“彩虹路”

讲述：洪骥

2018 年村里尚未开发前，村民是“靠天吃饭”，辛辛苦苦一年，一般全家每年的收入只有两三万元，收成仅够温饱，普通人家都过得紧紧巴巴，要想挣钱就只有外出打工一途。

2019 年，南渡镇党委、政府经过长时间的调研和讨论，提出以“政府领跑、企业协跑、艺术家陪跑、群众主跑”的方式，坚持党建引领，带领我们村民奔向小康幸福路。

以前，村口的那条“水泥路”，“雨天全是水，晴天全是泥”。坑坑洼洼的路面不仅影响了村容村貌，更关键的是影响了村里的经济发展。在溧阳交通部门的支持下，我们村首先完成杨家路沥青面层摊铺，并画上彩虹线，正式并入溧阳“1 号公路”路网。同时，依托“金色庆丰、艺术田野”第一期建设，丰产方稻田间改建迷你 1 号公路 2 条，长 1600 米；生态路 4 条，长 2800 米；木栈道 1 条，长 300 米。通过主干道硬化，我们村不仅解决了村民出行难的问题，还以此为契机，打造了 19 个农旅休闲体验区，华丽转身变成了“网红打卡地”。从 2019 年 10 月底庆丰村首届丰收节举办至今，吸引游客超 40 万人次。

基础设施的完善给我们村集体经济发展打下了良好的根基。南渡镇党委政府推动庆丰村因地制宜，借智借力，以谷物丰收文化为核心，以“金色庆丰、艺术田野”为愿景，倾力打造“苏南第一方，庆丰稻花香”农旅项目。2019 年 11 月，我们村先后利用休耕土地 1100 余亩，以种植油菜花作为带动全村

产业突破的第一个项目。同时，村委与当地一家炼油企业开展深度合作，企业以高于市场价的价格兜底收购油菜籽。此举解决了村民们的后顾之忧，之前持犹豫、观望态度的村民，对新的产业发展有了信心，产业发展实现了闭环管理。我初步估计，1100 亩油菜产量预计在 150 吨左右，仅农产品一项就能为村集体经济带来 60 至 70 万元的收入。这样，通过政府引导，群众共同参与，我们村先后流转 1800 多亩土地，村民们不仅能拿到每亩每年 650~800 元的土地租金，还能通过田间劳作和经营店铺等方式再获收入。

“面面俱稻”面馆前身是村民王俊家的闲置房产，随着游客的增加，面馆生意越来越好，为他一家增加了不少收入。此前一直在外工作的村民陈莉，看到了庆丰村发展的广阔前景，决定回到家乡，开办起了庆丰馒头店，带动村民一起致富。2019 年 11 月份，庆丰馒头店对外营业后，村里便聘用有一技之长的中老年妇女制作馒头，一般每人每个月能赚 3000 多元。村民以前需要外出打工增加收入，现在，在家门口也能赚到钱了。如今，随着农旅项目的不断深入，更多的村民享受到了集体经济带来的政策红利。以“庆丰田园综合体”为主体的农旅项目成为庆丰村集体经济发展的新亮点。除了“面面俱稻”面馆、庆丰馒头店，还有三月春米酒工坊、读田书斋、炒米高咖啡等店铺在成长壮大，村民的致富路径更广更多了。

与此同时，通过几年努力，我们依托优越的气候条件和地理环境，开发了“南渡万顷良田”项目，培育了“南粳 46”和“南粳 9108”食味优质水稻品种，并成功举办中国溧阳第一届“四美”丰收节，吸引了越来越多的游客到庆丰来体验“田园牧歌”生活。现在，我们村把老房子打造成美术馆，已成功引进中央美术学院、南京艺术学院在此设立写生基地、创作工作室，并达成长期合作意向。村上还搭建了实景教育自然课堂。插花班、美术班吸引孩子到乡间品味田趣；布展农用机车，建设稻草迷宫、儿童沙坑、轮胎运动场、南瓜保龄球和友好家禽园，引导儿童感受农趣；三五斗米仓，让游客了解大米的各类常识；风雨长廊，培养爱美的品位。截至目前，全村集体收入已大幅度提高，建档立卡贫困户已经全部脱贫，人民群众的幸福感和获得感得到了很大的提高。下一步，我们将聚焦精准扶贫与乡村振兴的深度融合，让村民的口袋更鼓、田园的画面更美。

老村触网新电商

讲述：蒋秀兰

我是金色庆丰微信商城的负责人，今天大家都在忙着准备昨晚接到的订单。为了保证蔬菜新鲜，每天一大早去田里摘菜，处理好就可以发货了。我们村有 60 亩菜园，“蔬心果园”生产实验基地还种了近 80 亩果蔬，都是安全、优质、无污染的纯天然绿色农产品，像庆丰的南粳 46 号优质水稻，更是获评 2019 年全国稻米金奖第一名。为了使这些产品更快更好地满足更多客户的需要，2019 年 3 月中旬，我们开通了金色庆丰微信商城，通过“互联网＋新零售”的电商形式，带动当地特色农产品走出去，打造“永不落幕的丰收节”。目前，金色庆丰微信商城吸收了 10 多位村民，人均月收入 3000 元左右。我们还招了 3 名大学生。这两天，与我们洽谈合作的企业和农户越来越多。下一步将继续丰富商品种类，满足客户的多样化需求，同时尽可能吸引更多村民参与，切实带动农户增收，实现在家门口就业致富。

创业在庆丰 2020 年 7 月 庆丰村委供图

为庆丰村打出一套盘资源、优环境、促增收的组合拳

讲述：施雪芹

庆丰村原来的集体经济收入一年只有2万多元，是溧阳的经济薄弱村、扶贫村。但2019年10月30日，溧阳第一届“四美”丰收节在庆丰的成功举办，营造了“金色庆丰，艺术田野”的独特魅力，庆丰一夜成名，成为吸引游客的网红打卡地。2019年村里实现集体经济收入200万元，不仅摘掉了贫困村帽子，而且一举创造了很多增收致富的途径。可以说，在庆丰举办的丰收节，是溧阳市委、市政府以扶贫为抓手，通过美意田园建设和农旅融合发展，助推乡村振兴的有力举措，由此还催化庆丰村成为脱贫攻坚的新示范、乡村振兴的新模式、城乡融合的新亮点。

庆丰是典型的平原圩区。过去，庆丰因“穷”而出名，近年来，庆丰坚定地走乡村振兴之路，“出名”来自两个方面。一是拥有万亩丰产方，因连续创造全省亩均最高产量而赢得“苏南第一方”美誉。2019年，丰产方内的

乐在庆丰 2020年7月 庆丰村委供图

中央美术学院牵手庆丰 2020年7月 庆丰村委供图

南粳46号优质水稻亩均产量达670千克，并获得2019年全国稻米金奖第一名。二是土地发包后，村里因收入单一而成为溧阳集体经济最薄弱的村，并被市长列为亲自挂钩的扶贫村。2019年8月，围绕丰收节的举办，南渡镇党委、政府利用庆丰村万亩丰产方独特资源优势，确立了“金色庆丰、艺术田野”节会主题，并结合溧阳“企业联村、领导挂钩、干部帮户”脱贫攻坚专项行动，调集各方力量，带领庆丰村打出一套盘资源、优环境、促增收的组合拳。

这套组合拳就是由政府领跑，让农民主跑，请企业协跑，邀艺术家陪跑。共同助力庆丰脱贫攻坚的加速度，激发庆丰乡村振兴的新能量。

政府领跑，主要是帮助改善村庄基础设施与环境，扶持了一批接地气、引人气、聚财气的增收项目。针对村里“空心化”现象，镇党委、政府指导村里采取入股、置换、租赁、集体盘活等方式，将村里闲置荒废的农房改造成民宿、商店、作坊等项目，这样既美化了村容村貌，又增加了村民与集体的收入。

在这个过程中，我们又带动“企业协跑”，得到近20家爱心企业的响应。其中，上上电缆集团认领一片菜园；江苏瑞昕、三乔智能、联盟化学、廷锴建材等南渡重点企业，捐助援建了“篱下菊苑”“廷锴玫瑰园”“田里课堂”“风雨长廊”等景点小品，这些景点的打造，让庆丰村从此端上了农旅发展的“金饭碗”。

同时，我们的诚心得到中央美术学院与南京艺术学院的认可。两所艺术学院凭借各自创意，相继建成了稻花香剧场、器乐小戏场、稻田课堂、庆丰艺廊、星天外艺术空间等充满乡村艺术文化符号的文旅项目，一起陪跑，使庆丰一举成为网红打卡地。

政府、企业和艺术家的三方助力，不仅让村民深受感动，而且激活了古板的思想。围绕农产品做文章，掌握传统手艺的村民在镇、村两级的指导下，纷纷恢复祖传作坊，竞相亮出米酒、馒头、米饼、粽子、米豆腐、炒米糕等传统美食，成为深受游客喜爱的旅游产品。融合美景、美味、美音、美人“四美”的“金色庆丰，艺术田野”，成为令人难忘的“江南乡愁”，为庆丰的可持续发展奠定了基础。

村庄的改变吸引了不少村民“回流”。原来，庆丰村的年轻人大都常年在外打工，村庄的华丽蜕变，已吸引 200 多人回乡，或发展特色农业，或参与旅游经营。更重要的是，庆丰的“一夜出名”，吸引了外界投资者的目光，资本的下乡撬动庆丰的资源增值。我们算两笔账：一是村里闲置房屋经置换改造、租赁经营后，为村集体增加经营性收入近 60 万元；二是通过对闲置土地集中流转，认养发包，上年流转 150 亩土地，为村集体经济增加 31.4 万元收入。在这场脱贫攻坚中，庆丰村的农旅融合探索，已有效地把乡村优质资源要素提供给城市，把城市游客吸引到乡村。这种良性互动，促进了城乡融合。

丰收的盛典 2020 年 7 月 庆丰村委供图

后　记

人对故乡的眷恋是与生俱来的。故乡，是充满希望的田野，是贮藏温暖的宅院，是质朴可亲的乡邻，是“林梢烟似带，村外水如环”的一座座村庄。

在寻梦乡愁的路上，村庄口述史是人们追寻记忆的一个载体。这种以搜集和使用村民口头史料来研究村庄历史的方法，近年来在全国各地兴起。村民，作为村庄事件的亲历者、当事人，无疑在村庄变迁中是最具发言权的。因此，一个个村庄的历史，绝不仅仅存在于封存的档案、资料中，更是存在于亲历者、当事人、目击者的记忆之中。如果把正史比喻成一条奔腾的大河，那么这些口述史料就是融入大河的涓涓溪流。

溧阳市委、市政府高度重视村庄口述史编纂工作，并于 2017 年将其纳入地方志研究课题，2018 年列为全市 18 项重点工程（工作）之一。同年 8 月，溧阳市地方志办公室与常州日报社常报融媒文创中心合作组建专业团队，共同推进这一工作，得到广大村民积极响应。首批采集了溧城镇礼诗圩村、戴埠镇杨家村、别桥镇塘马村、上兴镇牛马塘村、上黄镇南山后村 5 个特色田园乡村村民口述史料，合编为 40 余万字的丛书，定名为《吾村吾民》，以丛书形式分册出版。2019 年 12 月 28 日，《吾村吾民》在南山后村首发，这是江苏省首部美丽乡村口述史。溧阳市委书记徐华勤对新书的面世给予了极大的鼓励。他指出，《吾村吾民》丛书对传承发展乡村文化，滋养乡民精神家园，激发广大村民投身乡村振兴的主动性和积极性具有重要意义。溧阳将会持续推进《吾村吾民》乡村口述史采集工作，让座座美丽乡村、特色田园乡村，成为城乡百姓共同的“乡愁记忆馆”。

在各级领导和各界朋友的关心支持下，2020 年 1 月初，溧阳市再次启动《吾村吾民》丛书编纂工作，计划采集竹箦镇陆笪村、南渡镇庆丰村、社渚镇新塘村的村民口述史料。虽然突如其来的新冠肺炎疫情打破了原定的驻村采访计划，但是采编团队的工作却没有因此松懈，大家克服困难，通过电话、微信等多种形式，积极与村民隔空交流，做好前期准备工作。4月，采访工作正式按下“重启键”，在村民的大力支持下，采编团队分驻各村，走进田间地头，采拾最原真的记忆。通过半年多时间的努力，《吾村吾民》丛书之《陆笪》《庆丰》《新塘》顺利编纂完成。这次采编的三册村庄口述史，在农耕文化、“非遗”文化、乡风民俗、乡村教育、乡村治理等方面收录了更多鲜活的历史信息，留下了大量珍贵、生动、有温度的历史记忆，这对研究溧阳乡村变迁、传承乡土文化有一定的参考价值。

《吾村吾民》编纂工作自始至终得到了常州市地方志办公室、常州日报社的大力支持，相关镇村为采编团队驻村采访进行了有效组织并提供了很多便利，受访村民为采访顺利进行给予了无私配合。沈福新、卞德坤、张晨镛等同志受邀对书稿进行了认真审阅和修改。在此，谨向所有为本书编纂出版付出辛劳的单位和同志致以由衷的谢意。

收录本书的村民口述内容，我们本着“各说并存”原则，除做必要的文字改动外，尽力保持其原来面貌，以期原汁原味地呈现3个村的人文和历史，让读者一同分享我们曾经体会过的感动。限于时间仓促和能力不足，书中难免有疏漏、错讹之处，敬请读者批评指正。

编著者

2020年12月

陆笪

吾村吾民

口述

溧阳市地方志办公室　编著

方志出版社
Publishing House of Local Records

图书在版编目（CIP）数据

陆笪 / 溧阳市地方志办公室编著 . -- 北京： 方志出版社，2021.8

（吾村吾民）

ISBN 978-7-5144-4800-9

Ⅰ．①陆… Ⅱ．①溧… Ⅲ．①村史－溧阳 Ⅳ．①K295.35

中国版本图书馆 CIP 数据核字（2021）第 278420 号

吾村吾民

陆笪

编　　者： 溧阳市地方志办公室
责任编辑： 董 琳

出 版 者： 方志出版社
地址 北京市朝阳区潘家园东里 9 号（国家方志馆 4 层）
邮编 100021
网址 http://www.zgfzcb.cn
发　　行： 方志出版社图书营销中心
电话（010）67110500
经　　销： 各地新华书店
印　　刷： 常州报业传媒印务有限公司

开　　本： 787×1092　1/16
印　　张： 6.25
字　　数： 97 千字
版　　次： 2021 年 8 月第 1 版　2021 年 8 月第 1 次印刷
印　　数： 0001 ~ 2000 套

ISBN 978-7-5144-4800-9　**定价**（全 3 册）：120.00 元

· 版权所有 翻印必究 ·

序言

以吾民讲吾村，汇集的是乡民口中的“原味”，记录的是乡村变迁的“风云”，见证的是时代发展的“足迹”。这套名为《吾村吾民》的乡村口述史丛书，原汁原味地收录了村民最真实的生活记忆，既展现了乡村发展最鲜活的历史画卷，更有着“前有所稽，后有所鉴”的历史价值。

乡村“记忆”的多元，让地域文化更加多彩。每个村庄各自形成了它们独特的历史和风俗，都有着自己的记忆。乡村史志是村庄发展、变化的历史见证，是传承地域文化的重要载体。在这个乡村快速发展、日新月异的时代，为乡村立史，已是一种唤醒乡村记忆、传承乡土文化、重振乡村精神的重要方式。《吾村吾民》追溯乡村的历史渊源，全方位记录乡村历史和变化。特别是以乡民的所见所闻所感为主要内容，多角度展示乡村最真实的面貌，极大程度丰富了地域文化，具有特殊的史料价值和文化价值，也有着其他书籍不可替代的研究价值。

乡民口述的“原味”，让乡愁乡情更加浓厚。每一个村庄，都有着各自的成村缘由和发展轨迹，承载着不同历史时期人们的共同记忆，也寄托着人们质朴淳厚的乡土情谊。她是一代又一代乡民心中的“家”，她是触动着古往今来诸多游子内心柔软处的那一份“乡愁”。《吾村吾民》这套丛书，梳理了一个个普通的乡民回忆往昔的思绪，收录了村

民鲜活本真的生活记忆，展现出乡村生活最质朴、最真实、最“原味”的一面。这不仅能让读者感受记忆的温度，更能让他乡游子感触无尽的乡愁。

乡土文化的“活力”，让乡村精神更加焕发。2017 年 6 月，溧阳入选全省首批特色田园乡村建设试点地区。面对农村活力不足、日益“空心化”的问题，我们提出了“建设精神焕发的农村”的愿景。而要实现这个愿景，必须解决乡村活力的问题。《吾村吾民》聚焦全市“美意田园”行动中涌现的典型特色村落，通过对乡村文化进行系统挖掘，为乡村建设注入文化元素，让乡村的特色得以充分彰显；也通过传承发展乡村文化，不断滋养乡民精神家园，从而激发乡民投身乡村振兴的主动性和积极性；更通过记录乡村在时代发展中的变迁脉络，为乡村建设提供有益借鉴，指引着我们在推动农村精神焕发的征程中不断前行。我愿意和我的同事们一起，为实现溧阳乡村的这种美好去努力、去奋斗！

《吾村吾民》是一部深入农家院落、走进田间地头、来自乡民土语方言的乡村发展史。创作团队曾驻村采访数月，过程辛苦可见一斑。借此机会，对所有为之付出的工作人员和社会各界人士，致以衷心的感谢！

是为序。

徐华勤

2019 年 10 月

《吾村吾民》编纂委员会

名誉主任：徐华勤
主　　任：叶明华
副 主 任：张爱文　朱志军　陈　峰　唐华新
委　　员：嵇建忠　甘正富　钱　栋　朱立峰
　　　　　周文光　朱　威　马立峰　姜　卫
　　　　　颜　萍　张余亮　王鹏程　张国良
　　　　　强建方　高　洁

《吾村吾民》编纂人员

主　　编：甘正富
副 主 编：董文博　钱月航
采　　编：钱　鹏　邹永鸽　冯平平　邵建芳
　　　　　吴凌云　谢　丹　曹　煜　高　亢
　　　　　王　强　吴艰辛　刘燕涛　张天羿
编　　校：殷国富　莫　俊　袁　杰　潘鸿声
　　　　　尹少鹏
设　　计：陆念青　李琪涵

口述人员名单

姓名：杜祥金　1925 年生　抗战老兵
采访时间：2019 年 7 月 2 日
地点：杜祥金家中　采访人员：钱月航 钱鹏 冯平平 谢丹 高亢 陈铭婵

姓名：唐洪喜　1933 年生　原大队书记
采访时间：2019 年 7 月 2 日
地点：唐洪喜家中　采访人员：曹煜 谢科

姓名：陆锁链　1935 年生　原电子部基础产品发展研究中心信息研究室主任、高级工程师
采访时间：2019 年 7 月 2 日
地点：陆笪村村委办公室　采访人员：谢丹

姓名：夏荷松　1939 年生　退休老中医
采访时间：2019 年 7 月 2 日
地点：陆笪村村委办公室　采访人员：钱月航 冯平平 谢丹 陈铭婵

姓名：芮如生　1944 年生　原农具厂木匠、标牌厂厂长
采访时间：2019 年 7 月 3 日
地点：原陆笪农具厂　采访人员：曹煜

姓名：俞金跃　1947 年生　原陆笪村会计
采访时间：2019 年 7 月 1~4 日
地点：陆笪村村委办公室　采访人员：钱月航 谢丹 曹煜 高亢

姓名：陆法庚　1953 年生　陆笪文化研究会会长、陆笪村祠堂管理委员会董事长、原上海陆申公司总经理
采访时间：2019 年 7 月 1 日
地点：陆法庚家中　采访人员：冯平平 谢丹 陈铭婵

姓名：葛寿康　1954 年生　企业老板
采访时间：2019 年 7 月 9 日
地点：电话采访　采访人员：谢丹

姓名：卞德坤　1955 年生　《竹箦镇志》主撰
采访时间：2019 年 7 月 9 日
地点：资料整理　采访人员：曹煜

姓名：杨锁法　1958 年生　陆笪村党支部副书记、村委会主任
采访时间：2019 年 7 月 3 日
地点：陆笪村村委办公室　采访人员：钱月航

姓名：陆忠明　1960 年生　陆笪文化研究会秘书长

采访时间：2019 年 7 月 1~4 日

地点：陆笪村村委办公室　采访人员：钱月航

姓名：郑裕洪　1961 年生　陆笪村原民兵营长

采访时间：2019 年 7 月 4 日

地点：陆笪村村委办公室　采访人员：钱月航

姓名：林云妹　1962 年生　企业员工、陆笪村腰鼓队队长

采访时间：2019 年 7 月 3 日

地点：林云妹家中　采访人员：钱月航 张天羿

姓名：陆海龙　1964 年生　河南省文化和旅游智库专家、国家一级武术教练、河南省登封市杨家门村禅心居创始人

采访时间：2019 年 7 月 8 日

地点：电话采访　采访人员：谢丹

姓名：陶志明　1968 年生　陆笪村党总支书记

采访时间：2019 年 7 月 2 日

地点：陆笪村村委办公室　采访人员：曹煜

姓名：陆旭东　1970 年生　常州市公安局金坛分局交警大队三中队指导员
采访时间：2019 年 7 月 2 日
地点：陆笪村村委办公室　采访人员：钱鹏

姓名：陆庆庆　1974 年生　陆笪村种田大户
采访时间：2019 年 7 月 2 日
地点：陆庆庆家中　采访人员：钱月航 叶晓宇

姓名：陆建伟　1978 年生　陆笪村民兵营长
采访时间：2019 年 7 月 3 日
地点：陆笪村村委办公室　采访人员：曹煜

姓名：赵亮　1985 年生　溧阳市田园原乡公司副总经理
采访时间：2019 年 11 月 4 日
地点：陆笪村村委办公室　采访人员：钱鹏

姓名：俞文格　1993 年生　美国德克萨斯大学达拉斯分校在读研究生
采访时间：2019 年 7 月 9 日
地点：电话采访　采访人员：谢丹

1
2
3
4
5
6
7
8

1.婆河桥

2.陆氏宗祠

3.西桥

4.古井

5.山阳面馆

6.驿站

7.陆园

8.原陆笪幼儿园

陆笪村手绘图 2019 年 7 月 李琪涵 / 制图

俯瞰陆笪 2019 年 7 月 高亢 / 摄

目 录

1 村庄概况

4 村庄纪事

8 村庄源头

从单姓村到多姓村
陆笪的读书风气很盛，这跟老祖宗对读书的重视有关
家谱好像接力棒，在我爷爷等人手上一棒一棒地稳妥交接
我画了 1949 年陆笪里的平面图

14 烽火岁月

日本兵杀人不眨眼，站在左边的人全部被杀害
对日本兵的恨，恨到骨髓里
战斗一直持续到天黑
陆笪里反顽战斗

17 农耕生活

翻水时候“先高后低，先远后近”
“大跃进”时期，生活非常苦
分田到组是结合生产队的实际情况把田分到每个作业组
我对 1981 年的分田到户记忆特别深
土地确权之后，村民对土地权利的认识更加清晰了

我们村中还有一些农耕时代的老物件
机械化水平高了，确实没以前那么忙
只有我这样的老师傅才会做
红薯是省农科院专门为我们研究培育的
大部分田地都交给种田大户来种植
“陆笪牌”香薯每斤可卖 10 元钱

33 村庄建设

要在我们陆笪的历史文化上做足文章
下一步我们将结合全域旅游，大力发展乡村旅游
立足本乡本土的靓色，建好田园乡村的特色
陆笪将这样建出自己的“范”
我们希望党员能起到带头作用

46 乡村治理

村上的露天粪缸基本整治好了
我们采用因地制宜的方法进行整治
今年的经营一定会使合作社扭亏为盈

53 村中名人

我被授予了很多奖章
修撰陆氏家谱、重修陆氏祠堂，是我从小到大的梦想
村里多个孩子受我影响报考医学院，两个孩子做了中医

我们家的家风是艰苦奋斗、刻苦学习
我最珍贵最想念的关于家的记忆
希望能把我在河南杨家门村一些好的做法，借鉴到陆笪村的美丽乡村建设中来

66 民俗风情

扎肝，谐音“扎官”，紧紧地扎着功名官运
在农村，每家每户都少不了竹编制品
上梁要准备“大宝馒头”，还要“接大宝”
我 19 岁时，父亲就给我合八字准备结婚
陆笪村的婚恋习俗被完整地保留了下来
大过年的祭品中必须备上“六只眼睛”
广场舞，我们准备一直跳下去
只要腰鼓队有困难，一定会提供帮助

后记

村庄概况

陆笪，位于溧阳城区西北二十多公里，背靠瓦屋山、丫髻山、青龙山等绵绵青山。源于诸峦之中的泉流汇于村西，南下北河，再入太湖，人称“四十九条凹，凹凹洼洼归陆笪”。陆笪丘陵岗阜层次分明，在青山秀水的滋润下，桑林茶园绿意盎然，麦垄稻畦生机勃勃，茂林修竹苍翠如云，自然环境得天独厚。自南宋嘉定年间开始，陆笪就是爱国诗人陆游后人的聚居地，村庄由此得名。

追溯历史，陆笪的开村之祖为陆游之孙陆立基。南宋嘉定十一年（1218），陆游之子陆子遹赴任溧阳知县，嗣子陆立基随侍，并于嘉定十四年，与竹箦陶庄名门之后沈氏完婚。婚后，夫妇俩择陶庄三里之外的风水宝地建宅定居，育有三子，长子庆五、次子庆十五、三子庆十九。陆立基非常重视读书，创建立基书院，教化一方。后世虽子孙分衍，读书风气却始终传承。明代时，陆征、陆禹思金榜题名，创造一门两进士的辉煌。清朝时，陆氏子孙秉承家风，亦耕亦读，诗书传家，瓜瓞延绵，逐渐将古村建成溧阳西北的名村。如今，走进古村，那十多个一人抱不住的雀杆石，印证着陆笪村旧时的富裕和繁荣，

太平天国时期，太平军与清军在溧阳境内进行了残酷的拉锯战，致使生灵涂炭。太平天国运动结束后，陆笪沦为一片焦土，良田抛荒，人烟绝少。此后，在清政府征召下，苏北、江阴等地移民陆续迁徙至此开荒定居，陆笪逐渐形成陆、杨、谢、高、俞、梁、马、唐、赵、蔡、杜、张、章、陈、徐、荆等多姓氏混居的自然村。

抗日战争时期，侵华日军在陆笪进行惨绝人寰的屠杀。陆笪村民同仇敌忾，自发组织大刀会，支持新四军抗战，留下可歌可泣的故事。

中华人民共和国成立以后，陆笪村民积极投入社会主义革命和建设，开展土地改革运动，在搞好农耕的同时，创建陆笪农具厂、竹木器厂等，发展农村经济。20世纪六七十年代，陆笪大队社员参加了大山口（神女湖）筑库工程、拖板桥引水河开挖工程，解决了农田灌溉及饮用水问题。改革开放后，陆笪加大力度，落实联产承包责任制；放开手脚，创建民房建筑工程队，搞活多种经营；农村面

貌和村民生活得到大幅提升，先后通上自来水，建成“电话村”，开通村镇公交，成为老百姓安居乐业的“幸福村”。2018 年，陆笪文化活动会馆首期工程——陆氏宗祠顺利落成，成为闻名遐迩的乡村文化景点。

岁月有情，山水为证。2019 年 1 月 31 日，陆笪因较好地保存了历史风貌，入选江苏省特色田园乡村建设第三批试点，成为全市第六个省级特色田园乡村建设试点村。2019 年 2 月 28 日，陆笪特色田园乡村建设工程全面启动。陆笪，一个历史悠久、民风淳朴、能留住乡愁的特色田园乡村正渐行渐近，奔向新的时代。

村庄纪事

南宋嘉定十一年（1218）	爱国诗人陆游幼子陆子遹由山阴（今浙江绍兴）赴溧阳任知县，其嗣子陆立基随行，任承务郎。陆子遹、陆立基父子在任期间，兴利除弊、政绩卓著，史称良吏 陆立基与竹箦陶庄名门之后沈氏完婚。婚后，陆立基与夫人择陶庄三里之外之风水宝地建宅定居，是为陆笪源头
南宋嘉定十四年（1221）	陆立基在陆子遹资助下，在陆笪创办“立基书院”，为勉励子孙读书，陆子遹曾在书院吟唱《十年寒窗在书房》诗一首 定居陆笪后，陆立基生三子，长子庆五、次子庆十五、三子庆十九，子孙分居前牌、中牌、后牌，先后建成前祠、中祠、后祠，三祖祠建筑宏伟，后世尊陆立基为溧阳陆笪陆氏世祖
南宋咸淳六年（1270）	陆笪陆氏与山阴陆氏通修家乘，是为陆氏家谱第一修
明弘治年间（1488—1505）	陆征登进士榜，仕广西左参政
明崇祯年间（1628—1644）	陆禹思以明经应部试第二名，钦授进士出身，仕户部主事郎中，差管九门盐法 陆氏传扬家风，家族兴旺，枝繁叶茂。子孙以陆笪为中心，逐渐繁衍发展至贾家庄、鲍庄、南徐、储庄、江笪、来笪、后庄头、西徐、姜下店、金庄、鱼家边、上庄等地
清道光年间（1821—1850）	苏北、江阴等地移民陆续迁徙至陆笪定居，陆笪逐渐形成多姓氏混居的自然村

清咸丰年间（1851—1861）	太平天国战争爆发，陆笪人口锐减
清宣统三年（1911）	大水，陆笪冲洼田受淹严重，村民生活遭受影响
1919 年	为传扬读书风气，陆氏在中祠创办立基小学，教化当地子弟
1931 年	陆氏完成家谱第十七修
1937 年	12 月，日军侵占溧阳。为防范日军侵扰和土匪抢劫，陆笪成立自卫团和大刀会
1938 年 1 月	日军烧毁陆氏前祠、戏楼、后祠部分屋宇，以及数十间民房，将残存砖石移建蚂蚁墩碉堡
1938 年 3 月	陆一匀等组织自卫团、大刀会在陆笪一带抗击日军
1939 年春	中共陆笪支部成立
1950 年	推进土地改革，本村成立 4 个生产小组；人民政府接管陆笪小学
1951 年	6 月，村民获颁土地证；10 月，土地改革结束，实现农民土地所有权
1952 年	初级社成立

1956 年	高级社成立
1961 年 9 月	陆笪人民公社成立，驻地在陆笪村陆九公公堂。创办陆笪农具厂
1962 年 7 月	陆笪信用合作社成立，社址设在陆笪村
1965 年 10 月	陆笪村民响应号召，积极参加大山口水库（神女湖）建设。该工程至 1972 年结束
1969 年	陆笪村全村通电
20 世纪 70 年代初期	创办陆笪木工制品厂、竹木制品厂、铁匠铺
1974 年	陆笪村民再次投入劳力，开挖拖板桥至贾家庄引水河，于 1976 年 1 月竣工，该工程彻底解决了本村农业灌溉问题
1976 年	人民政府征用陆笪部分土地，创办陆笪初级中学，并附设高中班
1981 年	实行联产承包，包产到户，极大提高了村民生产积极性
1984 年	村民参加陆笪乡民房建筑工程队，增收创收
1985 年 3 月	陆笪乡敬老院在陆笪村建立
1991 年 12 月	陆笪全村通自来水

1997 年	陆笪村建成了“电话村”，电话入户率达 53%
2001 年 5 月	经市政府批准，陆笪、南徐两个行政村合并为陆笪行政村
2004 年	陆义庚发现“陆氏陆笪支第十七修宗谱”残卷，后由陆锁链、陆法庚、陆久金等 11 人发起成立续修家谱委员会。11 月，竹箦、陆笪敬老院合并为陆笪敬老院，院址在陆笪村
2005 年 9 月	积极开展清洁村庄、清洁家园、清洁河塘“三清”工作，提升村容村貌
2009 年 7 月	陆笪、东上、上庄行政村合并为新的陆笪行政村
2014 年 9 月	创办梅花伞厂，产品受到市场欢迎
2015 年 2 月	竹箦至陆笪的镇村公交开通；24 日，700 多位陆氏宗亲由全国各地汇聚陆笪，参加陆氏陆笪支第十八修宗谱颁谱大会暨宗祠奠基大典
2018 年 10 月	全国 1300 多位陆氏宗亲齐聚陆笪，参加陆氏来溧 800 周年大庆暨陆氏宗祠落成典礼
2019 年 1 月 31 日	陆笪村入选江苏省特色田园乡村建设第三批试点，成为全市第六个试点村
2019 年 2 月 28 日	陆笪特色田园乡村建设工程全面启动

村庄源头

陆笪，是陆游后裔的一个聚居地。
陆笪的老人们说，
原陆笪村就是一个小城池。
东南西北有围墙和城门，
陆笪村小河环村而流，
田园风景秀丽。

从单姓村到多姓村

讲述：陆忠明

我们这个村原来叫陆笪里，村里的陆氏都是南宋爱国诗人陆游的后人。为什么陆氏会定居溧阳呢？话要从陆游的小儿子陆子遹讲起。

南宋嘉定十一年（1218）正月底，陆子遹领旨，带着嗣子陆立基等从山阴（今绍兴）来溧阳当知县，那年他正好46岁，在溧阳知县任上一直到49岁。在溧阳任职三年里，他兴建春雨桥、清闲堂、西斋房、读书堂、书籍所、社稷坛，废“白云教”，打土匪，为民做了不少好事。陆子遹很重视念书，他在县衙的大堂上题写“读书”的匾额，在全县倡导读书风气。

南宋嘉定十四年（1221），在陆子遹主持下，嗣子陆立基与本县竹箦陶庄名门之后沈氏完婚。结婚之后，陆立基与夫人看中陶庄三里之外的一块风水宝地，造房定居。这块风水宝地就是现在的陆笪里。为了让陆氏子孙世世代代不忘读书，陆子遹自掏腰包，支持陆立基在陆笪里创办“立基书院”，书院开学这一天，陆子遹亲自带着县衙的官员到贺，并吟唱一首《十年寒窗在书房》勉励学子，这故事就被子孙后代传了下来。

在陆笪里，陆立基和沈氏共生三男二女，三个儿子分别是长子庆五、次子庆十五、三子庆十九。后来，陆氏逐步成为溧阳的大户，发展到陆笪周围许多村落，如贾家庄、鲍庄、南徐、储庄、江笪、来笪、后庄头、刘庄、金庄、鱼家边、上庄等。陆氏子孙不管是做官、经商，还是务农，都不忘陆笪这块风水宝地，大家出钱出力，在村里建陆氏宗祠，祠堂的牌位供奉着从陆游父亲陆宰开始的列祖列宗。

陆笪里原来是纯纯正正的单姓村，但后来为什么会有这么多姓氏混居呢？原因是在清朝末年，太平军与清军在溧阳打得不可开交，死伤不计其数。根据1931版的《屋山谱》统计，战争结束后，陆笪满目焦土，我们陆氏男丁中有十分之九的人死亡或失踪，受到重创。江南是国家财富的重要来源，清政府当然不能让土地荒芜下去，本地缺少劳动力，朝廷就颁旨，鼓励客民耕种荒地。后来，苏北、江阴等地移民陆续迁徙至此开荒定居，陆笪里就变成陆、杨、谢、高、俞、梁、马、唐、赵、蔡、杜、张、章、陈、徐、荆等十几个姓氏混居的自然村。

陆笪的读书风气很盛，这跟老祖宗对读书的重视有关

讲述：陆忠明

陆游像 2019年7月 高亢/摄

陆笪的读书风气很盛，为什么这么盛？这跟老祖宗对读书的重视有关。

南宋嘉定十一年（1218），陆子遹出任溧阳知县。出身书香门第的陆子遹，为官之余不忘读书，他亲自题写“读书”两字，制成匾额悬挂在县衙大堂上，提醒自己及身边人为政为官多读书，做好学问。后来，他又请良工刻版，刊印陆游《渭南词》，分发给县署官吏阅读学习，溧阳念书风气为之一新。

在溧阳期间，陆子遹嗣子陆立基得到父亲悉心教育培养，学业上大有长进，成长为风度翩翩、气质不俗的青年，并于嘉定十四年（1221）与竹箦陶庄名门之后沈氏完婚。

陆子遹在溧阳任职三年，眼看任期结束，要升迁他地。陆立基何去何从？经过深思熟虑，陆子遹决定让已经成家的嗣子留在民风淳朴、美丽富饶的溧阳，并选择陶庄三里外之风水宝地建宅定居。考虑到陆立基身在异乡，为让陆氏后人世世代代不忘家风，不忘祖训，不忘读书，陆子遹用自己的积蓄，支持陆立基在陆笪创办“立基书院”。当年八月中旬，陆子遹还亲自到书院讲课，并吟唱《十年寒窗在书房》古诗一首，勉励子孙读书。

家谱好像接力棒，在我爷爷等人手上一棒一棒地稳妥交接

讲述：陆旭东

我的爷爷叫陆宝清，是陆氏七十五世孙，他从小就随长辈进陆氏宗祠祭祖。祠堂高大雄伟，祭祖活动庄严，祠堂前后还有几人合抱的古树，一条小河绕祠堂静静流过，祠堂里的一切就像相片一样，深深刻在爷爷脑中，他老人家常常提起，一辈子也忘记不了。

《陆氏宗谱》 2019 年 7 月 高亢 / 摄

或许是有过小时候进祠堂祭祖的经历，爷爷对家族历史非常热心，留意收集相关资料。爷爷保护家谱的事，还要从1954年春天讲起。我二伯陆志云在竹箦供销社工作，有一次，他偶然发现一套《陆氏家谱》被人当废纸卖到废品收购站。二伯心里清楚，这是陆家的无价之宝，就不声不响，悄悄地将《陆氏家谱》收下后藏在了一个不起眼的地方。说来也巧，这一天，我爷爷来竹箦看儿子，二伯将此事一五一十和盘托出。

爷爷一听，又开心又着急，急忙问二伯是否可以赎买回来。二伯讲，按照公家的规矩，要花 5 元钱才可以，可二伯当时手头紧，一时凑不出这笔钱，爷爷呢，经济更加拮据。怎么办？爷爷当即掉头回家想办法。当时，爷爷和几个兄弟已迁住在金坛唐王集镇。他连走带跑，急匆匆步行几个小时，回到金坛家中，将此事原原本本告诉我堂伯陆志新。堂伯是个热心人，二话没讲，当即拿出 5 元钱，让我的爷爷去将《陆氏家谱》请回。

第二天，爷爷去收购站将《陆氏家谱》请回，存放于爷爷的同宗堂弟陆笪的陆葆林家中。从此之后，每年农历六月，爷爷都会步行到陆笪，将《陆氏家谱》晾晒一次。

“文化大革命”时期“破四旧”，家谱成了“四旧”之物，为保护《陆氏家谱》，爷爷可谓费尽心思。他将《陆氏家谱》化整为零，用旧棉被包扎，悬挂于陆葆林嗣子陆志仁家房梁上。陆志仁是烈士之后，一般情况下没人会怀疑他家还有“四旧”。当时，陆笪陆氏宗亲中尽管有人也隐约知道《陆氏家谱》的存在，但从来没有人对外透露风声，才使《陆氏家谱》安安全全逃过了“十年浩劫”。

1981 年，爷爷到老家陆笪贾家庄，将《陆氏家谱》请回到金坛唐王的家中。又过了几个月，爷爷完成了他人生中最后一次晾晒《陆氏家谱》后，将《陆氏家谱》交给他最信任的侄子陆志新，于当年 9 月与世长辞。

我的堂伯陆志新不负爷爷的嘱托，精心保护《陆氏家谱》。30 多年来，堂伯搬了五次家。每次搬家，他首先想的就是如何把家谱放到最安全的地方。看见陆氏祠堂重建，堂伯陆志新非常高兴。可惜，堂伯陆志新没有能亲眼看到将《陆氏家谱》请进陆氏宗祠的那一天，因病于 2013 年 11 月谢世了。

堂伯陆志新临终前，将保护《陆氏家谱》的使命交给了他的二儿子陆雍。陆雍将《陆氏家谱》收藏在他家中最安全的地方，继续保护着《陆氏家谱》。

如今，《陆氏家谱》能够完好无损地保存着，我的爷爷陆宝清功不可没，但也不能忘记我的二伯陆志云、堂伯陆志新以及堂兄陆雍所做的贡献，也不能忘记陆葆林、陆志仁等人的付出。《陆氏家谱》好像接力棒在他们的手上一棒一棒地稳妥交接，才让我们陆笪陆氏拥有这么一套完整的家谱。

我画了 1949 年陆笪里的平面图

讲述：夏荷松

中华人民共和国成立前，我们村叫陆笪里。中华人民共和国成立后，陆笪里改为陆笪村，我们老一辈的人已经习惯称陆笪村为陆笪里。

这两年我回家乡，溧阳市陆笪文化研究会秘书长陆忠明让我画一幅 1949 年前后陆笪里的平面图，我画了两个星期。我 13 岁离开陆笪里去上海，对陆笪里的记忆很模糊。画平面图时，我走访了很多老一辈的人，80 岁到 90 岁的老人都去请教了一遍，加上我自己的回忆，画出了平面图。

陆笪里有古迹“三祠十一公”，分为前祠、中祠、后祠三个祠堂，十一宫是指九公、央公、成四公、易阳公、露公、昂公等宅第。陆笪里的这些古迹，我现在统计到 9 个，有几个已经被历史湮没。我对村委领导说，赶紧统计，再过 50 年、100 年，这些都没有人记得了。

我画了 1949 年陆笪村里的平面图，进驻村里的乡村改造项目部负责人很感兴趣，他们很感谢我，觉得我花了不少精力，帮助他们做了一件好事情。

小时候看过成四公宅的墙面，是用一块块的大古砖砌的。那时我只有五六岁，高高的石户槛跨不过去，只好趴在上面爬过去。祠是家庙，陆家子孙发展起来后建了祠堂，高大气派，表示子孙“忠孝两全”，不忘祖宗。

1949 年的陆笪里 夏荷松 / 绘

烽火岁月

日军入侵，
陆笪村人奋起反抗，
不畏牺牲，誓死保卫家园。
民族气节和英勇无畏的英雄气概，
印刻在陆笪人记忆深处。

日本兵杀人不眨眼，站在左边的人全部被杀害

讲述：夏荷松

以前的陆氏祠堂很有钱，有很多土地，把土地租给人家收租金。他们用这个钱买了 30 支枪，陆笪里有 10 支枪，东门村有 10 支枪，另外刘庄、后庄头分了 10 支枪，专门用来防土匪（杨湾里、瓦屋山地区是土匪聚散之地）。为防土匪，我父亲参加了防土匪的冬防队。《溧阳县志》里就有冬防队记载。1941 年 4 月 27 日，我父亲在陆笪里放哨，身上背了一支枪，日本兵以为我父亲是游击队，把我父亲抓起来打得头破血流。从大山口到陶庄，一路过来一路抓了十几个人，日本兵让这十几个人蹲在一个塘里。冬天，塘会干涸，只有塘底有一点点水，日本兵就让他们蹲在塘中间，有两个日本兵站在塘上，拿着枪对着他们，不让他们乱动，其余大部队进攻塘马。

后来，日本兵把我父亲他们押到南京关了起来，做了 5 年苦力。其间，他在金坛遇见一个翻译官，那个翻译官是个汉奸，良心未泯，他对我父亲讲，待会儿日本兵来审问你时，你就说是国民党某部在上海抗战打败后退到这里来的。当时日本兵对国民党这支部队比较"尊重"。我父亲说，多亏这个翻译教他这么说，才救了他一命，不然早就惨死在日本兵手下。日本兵询问他时，他就按翻译官的话讲，日本兵让他站在右边，有些人站在左边。日本兵杀人不眨眼，站在左边的人全部被枪杀，右边的人被带到南京做苦力。

日本兵杀了陆笪里很多人，有一位名叫陆信荣的，被绑在杨树上用刺刀刺，他的儿子陆金才跪下来求日本兵不要杀害他父亲，旁边站着的日本老兵，对着陆金才的肚子一刺刀，陆金才立马晕了过去。日本兵离开后，他醒过来爬到窑墩地方，路过的人把他抬到杨湾里，他把陆笪里被屠杀的情况讲出来后，口干要喝水，喝了一碗水后就咽气了。

对日本兵的恨，恨到骨髓里

讲述：陆锁链

1938 年 2 月 14 日，日本兵再一次"清剿"陆笪里，他们不仅抢夺老百姓的粮食、家禽家畜，还放火烧毁民房 50 余间，烧毁陆氏宗祠中的后祠种德堂戏楼、

马厅、前祠崇德堂三进 19 间，并刺杀 6 名村民。当天下午 1 点至 3 点，侵略者将 6 名陆笪村民绑在立基学堂操场边的杨树上，当靶子一样，用刺刀活生生刺死。这 6 名村民分别是 32 岁的陆焕武、43 岁的陆明章、21 岁的陆国瑞、37 岁的陆福保、15 岁的陆国志，还有一位叫何洪坤，死时年龄不详。日本侵略者真是惨无人道，灭绝人性，陆笪村老百姓对日本侵略者的恨，真是恨到骨髓里。

战斗一直持续到天黑

讲述：卞德坤

1938 年 3 月 2 日，日军 100 多人宿营陆笪里。3 日清晨，陆一勺组织指挥竹箦、陆笪两地大刀会和自卫队，在陆笪、南徐、陈笪、迈笪一带抗击突围的日军。村民把锄头、铁锹当作武器，从四面八方赶来助战。战斗一直持续到天黑，日军退守陆笪。

第二天，日军继续突围，大刀会和自卫队不敌日军，被迫撤退。战斗中砍杀日军 2 人，其中，军官 1 人，缴获自行车 2 辆。大刀会成员刘锁金（上罗人）、周金保（姜下店人）牺牲。

陆笪里反顽战斗

讲述：卞德坤

1942 年 6 月，“国民党苏浙行动委员会忠义救国军”某部 10 个连，由丹阳、金坛、武进地区南窜。其中，6 个连经王母观、西岗进入竹箦地区，与新四军第 6 师 16 旅一部在陆笪里发生战斗。忠义救国军第 4 团 2 个连被歼，缴获轻机枪 1 挺和步枪等战利品。

当年 8 月，新四军 16 旅旅长钟国楚率 5 个连和溧阳警卫连共 700 余人，在陆笪里一带向移动中的“国民党苏浙行动委员会忠义救国军”第 4 团 900 余人发动攻击。激战 4 小时，毙伤忠义救国军 100 余人，俘 400 余人，残部溃逃。新四军缴获轻重机枪 10 挺，长短枪 300 余支，西药 1 担以及文件、军旗和其他军用物资。新四军牺牲副指导员 1 人、战士 1 人，伤 5 人。

农耕生活

延续千年的农耕生活正在发生巨变，
机械化悄然兴起，
化肥农药成为主要农用物资，
从种子落地到汗水劳作
再到最后的颗粒归仓，
农民从中感受最多的还是丰收的喜悦。

农田 2019年5月 高亢/摄

翻水时候“先高后低，先远后近”

讲述：唐洪喜

我经历过土地改革、初级社、高级社时期，我做过村里的会计、财务主任，最后担任大队党支部书记。

我们这里是丘陵地带，夏天栽秧，秋天种麦，种田最缺的就是水。种田都要自己用水车车水，一部水车大概有十来米长。一个人不行，要两个人才踩得动，才能把水从低处翻到高处。那时候水车还是挺常见的，差不多百来亩田就会配一部水车。但是现在水车没有了，看不到了，好像天目湖旅游景区还有一部，别的地方有没有我就不知道了。

旧社会一般有几十亩田的人家才会有水车，只有三五亩田的人家，要么自己用桶挑，要么就问那些家里有水车的人家借。村里风气好，家里有水车的人愿意借出去。

因为翻水的事情，村民之间还曾闹过矛盾。一直到中华人民共和国成立之后，县里统一进行管理，规定翻水时候按照“先高后低，先远后近”的原则进行，大家都遵守这样的规定，矛盾就少了。

后来不用水车车水了，改用水泵。再后来就有电灌站，灌溉这活越来越轻松了。到 1966 年左右，我们公社建了大山口水库，之后还挖了拖板桥引水河，村里就再也没有出现过“水荒”了。

1985 年，我大儿子结婚的时候买了一台黑白电视机。那时候只有乡里有一台 12 英寸的彩色电视机，此外就是我们家这台黑白电视机了。那时候一到晚上，周围的人就过来看电视。后来农民逐步富裕了，买电视机的人就多起来了。

那个时候白天就是干活，夏天到了晚上会在外面搭一个竹床，拿把扇子躺在外面乘凉。哪里风大就把竹床搬到哪里，等觉得不那么热了再回屋睡觉。第二天一早起来又要上工，娱乐活动很少，难得会遇上放电影，周围村的人也会赶过来看，一年也就有两三次，不多。

“大跃进”时期，生活非常苦

讲述：俞金跃

我今年 73 岁，“大跃进”时期发生的事情这辈子都忘不了。那时的生活真的非常苦。12 岁时，我小学毕业。小学里，我个子高又聪明，做了 6 年班长，每位同学放学前都要向我报告作业完成情况，有事要向我请假。我同班的两个同学非常可怜，一个叫赵书明，与我同岁，个子比我还高。有次学校组织我们去挖野菜，挖完野菜后，我们把野菜煮熟去了一遍水。赵书明正当发育，他肚子饿得发慌，拿着野菜去蘸面粉吃，一人就吃了半脸盆。吃完后口吐白沫，他中毒了。附近没有医院，老师也不在，我叫了四个长得高些的学生用门板抬着赵书明，走小路把他抬到竹篑桥卫生所才抢救过来。另一个同学是我邻居陆和生，和我一起长大，比我小一岁。陆和生饿得不行就去偷吃棉花籽，棉花籽黄豆般大小，外面的壳剥了后可以喂牛，他吃后当天就中毒身亡，十分可怜。还有一件事是关于我的母亲，她在我 18 岁时就生病大出血。1964年农历七月初七那天，天气非常热，我的叔叔伯伯抬着我母亲刚走出去没多远，她就断了气，没有给我留下一句话。那时条件艰苦，母亲的病要是放在现在肯定能治好。

我们这里的红薯可以说旱涝保收，只不过发生水灾时，水一多，红薯的口感就不好了。事实上，陆笪虽然盛产红薯，但是老百姓主要的粮食还是小麦和稻米，红薯和其他的一些作物只是辅助食材而已。红薯的产量跟山区相比肯定要低，因为丘陵地区的土质适合种植红薯。不过陆笪村合作社新推出的“香薯16号”品种口感好，产量不错。

分田到组是结合生产队的实际情况把田分到每个作业组

讲述：俞金跃

我记得小时候村里先成立了互助组，然后是初级社、高级社，最后是生产大队。改革开放后，我们村迎来了分田到组、分田到户和土地确权。

我30多岁时，陆笪开始实行分田到组政策。当时没有机械化农具，只能靠钉耙把地翻过来，钉耙很重，很费力，一块地翻下来，手上起水泡是常事。20世纪80年代，有了耕地拖拉机，村里提前组织培养了拖拉机驾驶员。整个乡一共有8台拖拉机，陆笪村分了2台。当时，我带着队里的拖拉机手吴国旗和另一位陆先生分别把2台拖拉机开回村，花了两个多小时。因为我们是样板队，2台拖拉机是乡里分配给我们队的，不需要花钱买。

分田到组时，每人分到一点自留地。生产队种植需要肥料，因此鼓励大家养猪，规定每户养肉猪可奖励一块自留地，养母猪则奖励得更多。养猪产生的肥料要交给集体沃田，我们称这种地为“猪留地”。即使如此，村里当时也没有养很多头猪。养猪需要投入的劳动力多，而当时我弟弟年纪还小，家里只有我父亲、我爱人和我是劳动力。我们一共养了3头猪，2头肉猪和1头母猪，除此以外我们家还种了八九亩地。

分田到组三四年后开始实行分田到户政策。分田到组和分田到户不一样，分田到组是结合生产队的实际情况把田分到每个作业组。作业组之间有竞争关系，每组选定组长，每个生产队分成3个组，共用2台拖拉机。地里只能种双季稻、小麦，不能种西瓜之类的经济作物。与大集体相比，分田到组调动了农民的生产积极性。大集体时期，240 亩田一年只能产 4.5 万千克粮食，分田到组后总产量达 7 万千克，增加了 2.5 万千克。当时已经有了化肥，由国家进行定时定量分配，不是你想买就能买。

大集体时期，我家的口粮标准是 235 千克。分田到组时，口粮标准是 280 千克，组与组之间有竞争，化肥完全不浪费，农民的生活水平得到提高。235 千克是大集体时期国家规定的口粮标准，分田到组后生产粮食越多口粮越多。安徽小岗村第一个实现分田到户，在小岗村实行第二年，我们县里就派人去小岗村学习分田到户政策。

我对 1981 年的分田到户记忆特别深

讲述：俞金跃

因为做会计的原因，我对 1981 年的分田到户记忆特别深。分田到户前，我们陆笪三队已经开始推进格田成方，基本上按两亩一块来划分，挑高填低，田亩格方做得相当漂亮。正因为格田成方启动得早、完成得好，上级部门就以陆笪三队为试点，当作分田到户的典型。1981 年下半年，村党支部书记唐洪喜召集村里 4 个生产队的正副队长、会计、出纳、妇女主任、社员代表等开会，宣讲政策，正式启动分田到户工作。

分田过程难度非常大。三队有 38 户农户、130 人，240 亩土地，队长陆田庆带着工作队挨家挨户搞动员，决定采取以点带面、肥瘦搭配的方式进行分配。集体的农具、耕牛，采用折价变卖的方式处理。当时队里有 4 头牛、4 张犁、2 张耙，还有水车等大件农具，都采取这种方式处理。愿者买，不愿者分钱。

农具可以采取折价买卖的方式处理，但分田地就考验真功夫了。田有近有远，有靠水源近，有离水源远，老百姓总归想要好一点的，所以分配难度大，矛盾多。怎么办呢？我们采取田块搭配的方式来处理：近田搭远田、中田搭中田、水田搭旱田，搭好了来分，最大化缓解矛盾，做到群众满意，工作顺畅。这样前前后后分了一年，终于完成了分田到户。当时，三队还有亩把田实在是条件太差，没人要，队里就收了回去，免费提供给愿意种的农户耕种，条件是一年交几担稻草给队里。因为队里有集体浴锅，供社员洗浴，稻草拿来，主要解决燃料问题。

分田到户后，由于塘少地多，灌溉又成了一个问题。队里的做法是统一灌水，按亩分摊费用，大概每亩要支付 2 元钱，统一支付给灌水工，这样队里每块田都能得到灌溉，村民间的矛盾也减少很多。

1998 年第二轮土地承包时，我们陆笪村是竹箦镇的试点村，土地分包方案制定了，就报给村委审核委员会审核，可行，村委就协助我们分田。镇里也派人来检查，检验我们的分田方案是否科学合理。

当时在陆笪，抓阄的方法不现实。因为每家原有的亩数不一样，劳动力人数也不一样。有的地方会采取抓阄的方法，那取决于村委的工作能力和土地条件。在适合进行抓阄的地方实施抓阄，也可以减少矛盾。

田分好后，审核委员会通知村民，告知他们分到的田地，征询他们的意见，将每户人家分到的田地公布上墙，干部和村民一视同仁，不能有偏差。

公布上墙后也存在一些意见，对少数有意见的村民，村委会慢慢地做工作。我们也注重妇女的利益，嫁出去的女儿，如果户口还在陆笪，也可以分到田。如果嫁进来的姑娘没有户口，但是住在村里，在村里有房子，也有土地分配给她。

那时候的土地要缴税，土地面积政府是有记录的，每个村民小组都有明确的指标。我们村民小组是 274 亩地，必须要缴公粮，缴农业税，还要缴水利费。

但是山地不是这样，山地不属于缴税范畴，不用缴税金。所以山上有的田地可种可不种。我丈母娘家就是这样的情况，他们家平地少，山地多。

土地确权之后，村民对土地权利的认识更加清晰了

讲述：俞金跃

陆笪是 1981 年开始分田到户，1998 年再二轮分田到户承包，然后是土地流转。由于种地收入低，村里的年轻人都出去打工了，村民就把土地流转给这三类人：一是外地来种树的；二是村里面有能力种地的村民，比如陆庆

庆这样的种田大户；还有一些土地村民留下来自己种。现在 90% 以上的土地都流转了，村民自己种的田只占 10%。2016 年，国家在二轮承包的政策之下进行土地承包权确认。土地确权进行了三年，到现在才基本完成。

土地确权之后，村民在土地确权证书规定的时间内拥有土地产权，也可以流转或合法征用,但是不能改变土地的使用性质,比如农业用地是农业用地，不能作其他用途。如果要改变使用性质，一定要严格按照有关规定进行审批。不能随便在土地上建房。土地确权之后，村民对土地权利的认识更加清晰了。

确权之后，村民会拿到中华人民共和国的土地证，是一个红本本。证书里面有溧阳市人民政府印章。盖章的有效期到 2028 年。从二轮承包到 2028 年，刚好 30 年的时间。

确权时，土地证明书上规定了土地的范围，都是航拍的，很精确。

镇上成立了仲裁办公室，遵照有关法律法规，负责解决土地确权的矛盾。我们村民小组曾经发生过矛盾，有一位村民有 1 亩 6 分地，后来他工作调到南京和上海，田地无人种植就荒了，村组把他的田分配给了别人家。后来他退休回来向村组要地。按确权有关规定，这块地必须要给他。于是就用仲裁的方法解决。申请书是我写的，仲裁答辩之后，有三户人家愿意还田，两家不愿意。但无论如何，我们最后还是通过协商解决，然后签字，发证。土地证书具有法律效果，不能随便更改。

我们村中还有一些农耕时代的老物件

讲述：俞金跃

现在我们村中还有一些农耕时代的老物件，我家还留着打米用的石臼、扬谷扇、插秧农具和除草用的乌头，还有一些老式的瓶瓶罐罐。乌头这一农具是上代传下来的，工艺非常讲究，一般的木工做不出来。农耕时，农民在田里抓住乌头的把子，“乌拉乌拉”地来回推，用来除草。当时没有除草剂，只能通过人工推乌头的方式除草。现在依然有人在使用乌头，有的村民不想使用现代化机器播种或者自家的亩把小田需要插秧就会用到乌头，乌头能将冒出来多余的小苗推掉，不影响稻稞生长。用的人已经很少了，1% 的人都没有。

村中老物件

2019年5月 高元/摄

古井栏

算盘

柱基石

热水壶

录音机

洋油风灯

水缸

俞全跃讲解乌头的用法 2019 年 5 月 高亢 / 摄

大集体时期，没有电机设备。稻谷收上来后，农民会把 1000~1500 千克的稻谷堆在一起，用铁锹把稻谷往天上抛，稻子中的杂质随着风被扬走了。每到农忙时，大家都在观察风向，一旦风向符合扬稻子的条件，就一起用扬谷扇把谷子扬上天。扬干净的稻谷会按照饱满度被分成三种，最饱的在最左边，其次在中间，瘪的在右边。当时的条件十分有限，稻子只能通过人工翻，再用麻袋装起来。瘪稻分为两种，好的一种可以喂牛，也可以加工后给猪吃，差的只能用来粉墙。在水泥匮乏的年代，我们把瘪稻拌和在泥巴里来粉墙和大灶内壁，这样越用越坚固。

我当会计时，我们队被评为样板队。由于队长身体不好，我被推选主抓队里的全部工作。那时，公社里经常有领导来考察样板队，我在公社大会上也发过几次言介绍经验。每个公社大概有两个样板队，我负责的生产队曾三年被评为样板队。作为样板队，各方面都要做得好，粮食多、产量高、工分值高。

机械化水平高了，确实没以前那么忙

讲述：陆庆庆

我从 2014 年开始承包种田。原先家里只有两三亩田，后来按照每年每亩 500 元钱的价格承包了 60 多亩田。最初家里有部分机械，但是种类不全，开始种田后采购机械花了近 10 万元钱。在厂里上班时我喜欢钻研机械，逐步了解机械的相关知识。承包种田后就开始把这些机械知识和技能用到种田上。

刚承包时粮食价格不稳定，有高有低。粮食销售，能收上来就卖得出去。那时候好卖，一年收入能有 5 万 ~ 6 万块钱。我承包的土地亩数从第二年开始增加，达到了 100 多亩。我现在基本上就是种植小麦和水稻，经济作物在我们这里不容易销售。平时都是自己干，最忙的时候大概下半夜三四点的样子就起床，有的时候忙到晚上九、十点钟之后。

忙的时候会雇 20 多个人帮忙，这两年雇的人少。以前每个人 100 元钱一天，现在要涨到一百七八十元钱一天了，人力成本涨得厉害。2017 年又增加了 50 亩，总共承包土地达到 157 亩。2019 年少了一点，只有 130 亩。现在种田不赚钱了，稻子、小麦价格便宜了，人工工资涨价了，化肥、农药等农资价格也涨了。

因为我们没有经销渠道，所以卖得不贵，一元三四角钱 500 克。我们的产品品种是可以的，就是没特色，卖不出那么高的价格。我们现在种的是优质稻，种子是在农资店买的，是研究人员推荐给我的好品种。和专家沟通、咨询也要钱，我们请不起专家。遇到问题时我们几个种田大户就相互联系，在一起交流。

收上来的稻子都送到烘干房里烘一下，直接在烘干房联系经销商，把它卖出。因为自己没有仓库，所以只能现收现烘现卖，现在批不到地方砌房子、砌车库。老话常说“种田忙，一直忙到稻上场”。现在肯定和传统农民不一样，机械化水平高了，确实没以前那么忙了。但有的事情机器代替不了，比如田埂上打草就不可能用机器打；田埂上漏水，只能自己去修，不可能用机器代。

种田就是看天吃饭，天让你舒服你就舒服一点，比如收割机正收着，本来挺好的，结果下雨了，你说怎么办？我们现在种田不愁销售，担心的还是价格问题。就像 2018 年小麦就卖 8 角钱 500 克，这些都是市场价格不稳定造成的。打造品牌需要实际的条件，要有打米机，这一套机器要好几万元钱，然后还要有一个机房，配套机器都要有，现在机房用地也批不下来，这些都没有，导致我们基本联系不上经销商，像我们这个地方没法网络销售，成不了气候。

如果政策允许，能够批到土地，我想砌两个车库、机房，还可能要盖个烘干房。承包的 150 亩地是基本农田，不能用来搭房子。现在年收入也就几万块，我用拖拉机给人家犁田，也能挣点钱，靠种田基本上挣不到什么。帮

农田 2019年5月 钱鹏 / 绘

别人耕地、翻地这个能挣钱，但是辛苦，不辛苦也挣不到钱。

我家祖祖辈辈都是种田的，种地没有什么秘诀，就是肥料要用得好，还有就是勤劳，从早到晚要关注着田里庄稼的长势，及时把田里的问题处理好，不能懒，有事没事就在田头转。

我家种田有分工，家里人只能帮着拔拔草，我负责使用机械设备，我爱人她不会开机器，就来配合我。我爸爸也不会，基本上我一个人开机器，有的时候来不及就请人帮忙。

小孩现在在江苏理工学院读电子机械专业，回来就帮我干活。农业是国家发展的根本，他生长在农村，对农业有感情，这一点我还是很欣慰的。

只有我这样的老师傅才会做

讲述：芮如生

我原来在后周农具厂干活当学徒，1964年出去当兵，当了5年兵。1970年回来之后到了陆笪农具厂干木工。

我刚来这个农具厂的时候这里有 200 多人，负责人叫李三保，是拖板桥那里的人。厂里主要生产床、办公桌、碗柜、橱柜等生活用品和木犁等农具。

农具厂不光有木工，还有铁匠、竹工、白铁工、农具修理工……有五六台打铁机、2 台电锯、2 台电刨，其他就没什么大机器了，主要靠小工具，自己动手操作。有修理车间，村里拖拉机坏了就会拉到我们农具厂修。

那时候农具厂忙得不得了，夏天早上 6 点到 6 点半就要去上班，一直做到中午 11 点 30 才有饭吃。到了下午 1 点继续上工，一直做到傍晚 5 点下工，200 多号人基本很少歇，木工一个月只休息 3 天，10 天放 1 天假。因为那时候是计划经济，不管什么物资都要从农具厂出去，市场上买不到，就算买个锄头把、扁担，买张床……不去农具厂就买不到。

做木犁，首先要挑材质好的木料，这样做出来的犁才耐用。我们这里都是用榉树来做木犁。砍了一大棵树，两个人拉大锯，把树锯成一块一块的木板。我干活早些时候都是自己拉大锯的，然后用小锯子锯成需要的尺寸，还要用刨子把木头面上刨光，才可以在上面画线、打眼……一步步操作下去。现在电锯是方便，“呼啦”一下就完事了。

犁上面要装犁头，这样犁可以“吃”到泥里面，还要装犁壁，这样犁头进到泥里面之后再一拖，就可以把底下的泥翻上来了。要是没装犁壁，光一个犁头在田里拖，就只能在地上划一道沟，翻不了土。最上面一个叫犁弯，靠近人的地方叫犁梢。犁梢犁弯有多长多大，尺寸都要均匀，不然犁就不好用。一个犁没多少零件，但是年纪轻一点的木匠都不

农具厂 2019 年 5 月 高亢 / 摄

会做，只有我这样的老师傅才会。我有手艺，所以每个月能拿 39 块钱，那时候钱经用，这个工资算很可以了。

挣这个钱也不容易，木工经常要用大机械，一不当心就容易伤到自己，手上经常有伤。我在农具厂里，有一次在用电锯干活时，电锯“呼呼呼”在那里转，我在机器上送料子的时候不注意，手就搭到电锯上去了，左手食指、中指就被锯掉了一截。我的手指头都受过伤，有的轻一点有的重一点。你看我手指头，指甲特别厚的指头就是那时候受过伤的。虎口这里有一个疤，那时候用刨子，“啪”一下子被刨掉的。去医院缝了几针，留下了这个疤。手臂这一块，是有一次用大锯，锯条断了，一下子飞出来，划了我的手臂，现在就经常觉得这里发麻。

1970 年是农具厂规模最大的时候，到 20 世纪 80 年代，大家都搞单干，农机厂的规模就慢慢缩小了。1998 年，农具厂的厂房全部卖掉了，我那时候也买了几间厂房，自己留下来做。一直到这两年，我才不怎么做活了。现在外面有人请到我，我偶尔才做做，老了做不动了。

农具厂除了生产农具、生活用具，还生产标牌和线路板。生产标牌只是农具厂下面的一个车间的任务，后来业务做大了，标牌车间单独分出去，1983 年在离农具厂几步路远的地方成立了一个标牌厂。厂里派我负责管理标牌厂，当厂长。标牌厂最早时候连我一共 9 个人，我们到无锡标牌厂去培训了 3 个月，回来后用土设备一点点搞起来的。我自己就是木匠，有的自己懂，就自己来做。遇到像是铁器方面的问题，我不懂，就通过别的人帮忙搞出来。后来慢慢发展才添置了机械。1983 年我离开标牌厂，一开始 9 个人的标牌厂到 1983 年已经有 50 多个人了。我走了之后标牌厂的规模还在扩大，最高峰的时候有 80 多个人。

在标牌厂，我专门负责生产，业务不用我担心，有专门的供销员。接到最大的单子也就几万元钱，但是我们单子来源广，像上海、淮阴、沈阳、四川、南京……全国各地的单子都往我们这边来。

我不光抓生产，还要管理工人，每天完成多少任务、报废率不能超过多少，都要给他们规定好。报废率高了要罚款，罚一点意思意思，毕竟大家都不是故意想要出废品的；做得好的工人也有奖励，不过不是直接发钱，不存在奖金这种东西。给做得好的工人加一点工，最后根据工来算工人的工钱。

我不喜欢吹牛、说大话，工作起来踏踏实实埋头苦干，又喜欢钻研，所以，1972—1983 年，我当厂长期间是标牌厂发展最好的时候，兴旺得不得了。

红薯是省农科院专门为我们研究培育的

讲述：陶志明

从 2016 年开始，我们村里种植了有机小香薯、金丝黄菊、绞股蓝、药材等等，还建起了葡萄、黄桃等水果的采摘基地。种地、开发新产品按照国家政策都是有补贴的，村里再为农民搞一些田里的配套设施建设，电灌站、旱涝排放等都是村里帮他们做的，农民得到了很大的实惠。

我不光是村支书，还担任村合作社的董事长。21 世纪初村里就成立了竹箦陆笪农地股份专业合作社，但一直没有运转。2016 年我做“一把手”的时候，根据外面市场情况，分析了我们村环境、土地、气候等各种因素，首先决定种植菊花，第二年种了有机小香薯、绞股蓝和五谷杂粮。

说到我们这里的特色农产品，就要说这个有机小香薯了。它种在红色的砂土上，这种土质其他地方是没有的。我们这里丘陵山区的红土好，长出来的红薯吃起来又甜又脆。不光土质好，品种也是江苏省农科院专门为我们研究培育的，叫“红薯 16 号”，只有我们这一家，市场上别的地方是买不到的。这种小香薯造型长长的，圆圆的，看着和手指很像，造型好看，很好吃。

大部分田地都交给种田大户来种植

讲述：杨锁法

进入新时代，种田早已不是农民收入的主要来源。大部分的田地都交给种田大户来种植。陆笪行政村有 43 个自然村，56 个村民小组，总共有 12 个种田大户，其中有 8 个外来种田大户，他们总共承包了 6000 多亩田。目前我们村 90% 的土地都流转给这些种田大户了，现在的农民几乎是不种田的。

种田大户种植的农产品都是普通的作物，一般是常规的稻子、麦子和油菜。大概四五个大户，他们种植的品种范围很广，搞的是多种经营，种植名贵花苗。

农业种植中最需要我们村委管理的就是秸秆焚烧。村委对村民的要求很高，不允许村民随意燃烧秸秆，因为这容易引起安全事故，造成环境污染。我们一方面进行宣讲，另一方面，国家也对农民进行补偿。规定给不烧秸秆的村民按每亩田 35 元的标准予以补偿，加上季节耕作费、休耕费、农业保险，一年我们每亩补贴给种田大户 140 元左右。

翻水站 2019 年 5 月 高亢 / 摄

我们陆笪是丘陵地区，和圩区比起来耕作情况有所不同。圩区种田怕发大水，山区种田怕缺水。水源问题渐渐成为影响陆笪地区农业发展的一个因素。我们丘陵地区的土质没有圩区的土那么肥沃，因为我们这里的地表比较浅，所以土地肥力相对较低，这些因素导致我们的产量跟其他地区相比，每亩要少 50~100 千克。圩区田块面积比较大，土地平整。丘陵区土地高低起伏很大，而且没有复耕过，田块小，所以机械化程度不高。我们陆笪土地种植起来比圩区要辛苦得多，管理起来成本也要比圩区大得多。

有一些地方因为水源问题，不适合种庄稼，只能包给外地人种种花木和一些经济作物。

我们早在 20 世纪 80 年代就搞了一些水利建设，加强了塘坝改造，对翻水站建筑等工程进行管理。因为当时是应急用的，所以建设质量并不高，包括翻水站也已年久失修。由于设备不足，导致现在水源比较紧缺了，加上村里外流的青年人多，群众的资金筹措不足。这几个矛盾共同制约，导致新的水利工程很难再组织起来，于是发展就跟圩区产生了一些差距。

圩区有电灌站，一次性可以满足千亩田的用水需求。我们陆笪则需要用翻水站，要翻七八站才能弄到水，用水的成本大。风调雨顺的年头还可以，碰到干旱就没有办法了，村委农业工作主要就是解决干旱缺水的问题。

“陆笪牌”香薯每斤可卖10元钱

讲述：陶志明

最近几年，建设银行积极帮助我们发展经济，把我们的农产品放到他们建行的平台上销售。在他们平台上销售的好处就是价格有优势，我们自己在外面市场上销售，每斤香薯要卖10元钱，但是在建行平台上卖，价格只要8元钱，少掉的2元钱建行会补给我们。农民得到的钱不会变，但是售价低了销量自然就好了。2018年，我们村经营性收入达到15万，预计2019年会突破50万。2013年农民人均年收入只有1.6万多，现在已经超过2.3万多了。经营合作社，带领农民致富，是村党支部和村委会的重要职责。

除了建行平台帮忙销售，村委也会通过个人的关系、网上的平台帮助农户销售。为了扩大销售，我们注册了“陆笪”牌商标。同时还和常州一些星级酒店签订了供货合同，也包装成礼品出售。

村庄建设

乡村，连接着历史和未来。
乡村建设并非对城市模式的简单复制，
更在于对乡村内在生命的挖掘与提升。
陆笪村将如何走出一条独具特色的建设之路。
我们拭目以待。

陆氏宗祠 2019 年 5 月 高亢 / 摄

要在我们陆笪的历史文化上做足文章

讲述：陆忠明

陆笪村文化氛围十分浓厚。2015 年，我们村上陆法庚等一些人提议，要为子孙后代留下一点记忆，准备把之前毁于战火的宗祠重建起来，还想在新时代赋予它新的意义，村中贤士无不赞同。后经有关部门批准，通过三年左右的建造，2018 年春，陆笪文化活动会馆前期工程——陆氏陆笪支宗祠正式竣工。

2017 年 10 月份左右，我们村积极申请田园乡村建设项目，省里面的领导都来调研，很看重我们这里的文化氛围，最后决定在我们这里打造特色田园乡村，并提出“以陆笪祠堂为重点，打造田园乡村”，要在我们陆笪的历史文化上做足文章，形成和其他特色田园乡村不同的陆笪特色。

在这个文化会馆里我们设想建一个忠孝阁。每层 9 间房，两层一共 18 间房。上面一层除了两间办公室以外我们准备造一间，把陆姓或者外姓的老谱、新谱都在这里陈列。还有几间房我们准备把对国家、民族有贡献的人物像都陈列在里面，讲述他们的事迹，对村民起到教育的作用。因为这些都是从忠孝出发的，所以这里叫“忠孝阁”。

底下本来打算建戏台，刚好田园乡村建设了戏台，我们就改了计划，把戏台改成了活动室，以后就可以在这里举行活动了。从 2018 年建成开始，之后的中秋、元宵等节日，就已经在上面进行戏曲表演了，有时候也会放电影。全村人都会聚在一起看戏、看电影，十分热闹。

家谱是在建文化活动会馆之前修成的。修家谱之前我们进行了一系列的准备工作，正式开始修是 2010 年，到 2015 年修完，一共花了 6 年时间。

2010 年我们开始出去寻找家谱，找第十七修的老谱。老谱 10 本一装，一共 60 本。

修家谱的过程我们要重点提到陆锁链，他今年 85 岁，小时候家里很贫困，家里没钱供他读书。祠堂里原来办过小学，祠堂曾经资助他读完书，所以他对祠堂很有感情。中华人民共和国成立前祠堂是有收入的，名下有山、有地、有店面。很多地都是我们祠堂的，可以租给人家收租金。

正式开始修谱时，我们安排工作人员搜集每一支的资料，收来资料就全部交给陆锁链，由他进行整理，整套族谱翻译成白话文都是他一个人做的。从 70 多岁开始修宗谱，在这方面他吃了很多的苦，每一代的资料都要他慢慢来找。先整理出小宗谱，弄清楚每一支有多少人，把人员写上去，分出辈分大小。小宗谱修完就着手修大宗谱，要把以前老谱上已经去世人的名字全部拿下来，光这项工作他就做了一年多。

不光投入精力，他还把所有个人积蓄都投入祠堂建设中，祠堂里两个亭子的建设资金都是他捐的；为了修宗谱他一共捐了 60 多万元。而且每次从北京到溧阳来回的机票、住宿费用都是他个人负担的，从来没有向祠堂筹委会要过一分钱。他有一儿一女在北京，都回来看过祠堂，每人都捐了钱。大家都说：没有陆锁链，第十八修的家谱是修不出来的。

在修谱过程中陆法庚的贡献也同样巨大。陆法庚开的公司在上海，叫陆申钢结构建筑有限公司，生意做得相当大。一开始我们修家谱的时候都没有联系他，后来发生资金短缺，就试着到上海去找他帮忙。他人很爽快，马上就拿出了30多万元，作为我们整理家谱的经费。同时，专门给我们配了一辆车、一位驾驶员，载着我们全国各地跑，协助我们修家谱。修家谱的整个过程中，我们拜访了4000多人，这辆车帮了大忙。

修家谱过程中我还要提到两个人，一个叫陆义庚，是陆法庚的哥哥。他在家里找到了9册残谱，于是提出重修家谱。家谱一共有60册，我们分头找了4个点，都找不全。

我记得我读高中时的校长也姓陆，一次他拿了几本我们贾家庄一支的谱，让我抄下来。这是我第一次看到谱。1981年我当兵回家时遇到一件事，保存完整家谱的那户人家的父亲和我父亲是战友，而且都姓陆。那家叫我父亲去看谱，父亲把我也带上一起去看谱。这是我第二次看到。

刚好找家谱的陆久金、陆和平来问我家谱的事，我知道去向，就和他们说了，指点他们到金坛去找。金坛那一支是74世时从贾家庄迁出去的，说起来也和我们是一支，和我们关系很好的。到那里果然找到了完整的60册家谱。但是那边有规矩，看谱之前要洗脸、洗手，还要戴上手套，不然不能看。幸亏我看过谱，又知道很多线索，不然真不知道什么时候能找到完整的族谱。

陆法庚哥哥陆义庚看家谱找到了，就提议是不是可以做个祠堂，小一点也没关系。陆法庚一听就说，“做就做个大一点的。”一下就投资了400万元。就是这样，陆笪文化活动会馆前期工程——陆氏陆笪支宗祠正式开始了修建工作。我们修宗祠一共投入1100万元左右，陆法庚一个人就捐了800多万元。所以有另一句话：没有陆法庚，祠堂是建不起来的。

我们买地、建祠堂都是合法的，环保、消防都是严格按照规定来做的。政府给了我们一份合同，把土地划拨给我们建造。政府还配套10%资金，专门用于陆氏宗祠建设。

田园乡村建设，近期主要打造6个节点，分别是陆园、陆笪景观河改造、瓦屋古驿站、原陆家祠堂环道、婆河（和）桥，都是围绕着陆氏祠堂规划建设的。之后还有比如文化墙、陆园柱子上的对联、雕像、立基私塾……这些完成之后文化方面就差不多了。这两年工作重心全放这上面了，要动不少脑筋的。

2018 年 10 月 7 日，我们举行了陆氏徙居溧阳 800 年大会，全国各地 22 个省，还有 7 个国家的陆氏后裔都赶回来了。每一位外面赶回来参加的陆氏宗亲，都可以拿到一份我们提供的纪念品，我们还包下附近酒店 180 间房供他们住宿、休息。一开始我还担心活动现场安全问题，毕竟有 1300 多人到场。向镇领导汇报之后，领导十分重视，专门开会讨论，协调 13 个单位，出动 100 多人，负责活动时的消防、医疗、安保。最后活动得以顺利举行，光明网、央视十套也帮助宣传了我们的活动。

前两天广西那边有一个陆家人得了脑梗，会长陆法庚得到消息后，以祠堂的名义捐了 5000 元送过去表示慰问。陆氏祠堂不仅对家族里生病的人会去慰问，下一步我们还要继续完善，把考取大学的年轻人名单统计上来给予奖励。还有陆氏长辈去世了，不管多少都要带点钱、带点东西上门去吊唁。

每年春节前后，我们都会把溧阳范围内 80 岁以上的陆氏老人请到祠堂喝公堂酒，最多一次一下子来了 60 多位老人。

下一步我们将结合全域旅游，大力发展乡村旅游

讲述：陶志明

陆笪自然村现在有 4 个村民小组，197 户农户，572 人。我 2013 年到村委工作的时候还没这么多人，近几年生育政策放开后，人口慢慢增加了。

我主要负责村支部、村委的全面工作。刚到村委工作的时候，村民还是种植传统的农作物，麦子、水稻，农民种田辛苦，而且收入普遍偏低。我上任后，对村委工作提出明确要求：必须配合默契、分工明确，谁的事谁去管。要是遇到不能解决的问题，再拿出来大家讨论共同解决。

工作很有成效，也取得了一点成绩。经过几年来和老百姓的沟通，农民承包的田大部分流转到村里了，再由村里发包给种田大户。我们对生产的农产品也进行了升级，农民不再单纯种植水稻、小麦，开始生产附加值高的作物。还推进农业机械化，逐步增加机械在农田耕作中占的比重，农民已经不需要再弯着腰插秧，低着头割稻了。

根据李克强总理关于四大银行要扶持农村农业发展的指示，在销售方面

我们和建行常州市分行对接，通过党建工作带动经济合作。常州市建行在今年 3 月份和我们建立了党建对接，几个月时间里他们多次组织党员到我们支部来，听老党员给新党员上党课，感受老党员身上表现出的坚定党性，接受红色教育。建行的党员也对老党员进行防诈骗安全宣传教育。我们这个村有 178 个党员，其中有一个老党员今年已经 94 岁了，曾经参加过抗日战争，得过很多奖章。他是我们村上年纪最大的党员，逢年过节我们都会组织人上门慰问看望他。他腿脚有点不方便，但是思维还是很清楚的，现在生活得很幸福。

从 2013 年开始，村里很重视道路建设，从陆笪通到其他地方的几条主路、通到田间的几条支路，都进行了硬化。

一些塘坝因为长年没有清淤，远远达不到原有的灌溉面积了。从 2017 年开始，我们又改造了陶家大坝、贾家庄大坝、游湖塘大坝、东门大坝，花了 200 多万元。经过改造，大坝的灌溉面积增加了，老百姓用水也方便了，只要经过一站，水就能到田里了。

陆笪村地理位置优越，竹煤路、一号公路、环湖路等主线环绕，连接别桥原乡、塘马湿地公园，背靠瓦屋山、丫髻山、神女湖。村里借着这次被评为特色田园乡村的机会，积极配合项目部进行村庄建设，工作需要我们到哪里我们就去哪里，我们还特地挑选两位对村子情况比较熟悉、做事情比较认真的干部到项目部上班，配合他们工作。

之前我们村委从老百姓手中流转了一些闲置土地、闲置房，之后我们准备租给人家搞经营，开民宿、办餐饮、开小卖部……鼓励村民参与到村庄的建设中来。

我们村计划把陆笪南边的张家大塘改造成山庄公园，建成民宿，让过来游玩的旅客尝一尝纯天然无公害的农副产品，住一住简朴的民宅，赏美景品美味居良宿，一举三得。

我们还将进一步强化设施配套，计划在我村集镇中心建一家大型超市，一方面能够增加就业岗位，另一方面方便老百姓和游客的购物需求。同时再建一座农副产品展示中心，配合我村农业合作社，展示优质的农产品，既方便游客购买，又能带动农民增收。

村民现在参与的积极性很高，已经有两家开始经营餐饮，两家开始建民宿，到今年年底民宿大概就可以投入运营。下一步我们将结合全域旅游，大力发展乡村旅游。坚持以旅促农、农旅结合、产村相融、景村相融的原则，大力发展休闲观光农业，拓展农民增收渠道。将来的陆笪会成为一个“春季踏青放纸鸢，夏日赏花观水潮，秋季骑行登高山，冬日踏雪寻蜡梅”的诗意乡村。

为了减少特色田园乡村建设过程中村民的不理解，村委一套班子提前进行了宣传。我们带领陆笪自然村 4 个组 90 多人出去旅游、参观，让他们亲身体会其他特色田园乡村建设给老百姓带来的生活质量提升，效果还是很明显的。参观回来的村民都希望这项工程能加快进度，早日做好，他们都变成了义务宣传员，帮村委宣传，帮村委做其他村民的思想工作。

现在我们已经流转了 1900 多亩田地，每亩补贴农户 600~800 元，流转过来之后我们再租农户的地，产生的利润再次分红，农户等于是一块地上能有两次收入，农民积极性特别高。之后要从老百姓手中多流转一些土地，特别是多流转闲置土地过来，把土地流转到村里面来，再由村里统一发包给大学生或返乡创业的退役军人，让他们在这里搞一些新型的农副产品，带动我们地方共同致富。

现在我们村上 60 岁以上的老人特别多，差不多要占 30% 以上了。目前子女都在外面的老人，其养老方式主要是靠邻帮邻、户帮户。我们就要动脑筋、想办法，建一所养老院，把老人都集中起来，集中养老，解决大家都要面对的农村老龄化和养老问题，让在外工作创业的子女可以放心。

立足本乡本土的靓色，建好田园乡村的特色

讲述：赵亮

陆笪是一块宝地，有很深的文化底蕴，陆游的儿子陆子遹、孙子陆立基，他们都在溧阳留下过深深的印迹，陆立基最后留在溧阳，留在了陆笪。他们在这里执政，建书院，让陆笪这个地方富含文化底蕴。千百年来，陆笪的陆氏支脉也有很多文化名人，出现过很多优秀的人才。陆笪的陆氏宗祠，也是

一个著名的文化印记，瓦屋山村是陆笪的另一个重要特色。“瓦屋”是指我们临靠着瓦屋山，我们想依托瓦屋山的开发，做一些旅游项目的建设。因为陆笪仍然保留原始小镇的肌理，比如，陆笪现在的石板路在其他的村庄上已经没有了，这是很难得的。在采风和调研的时候，我们还发现陆笪还留有人民公社时代的印记。瓦屋山、乡村小道和人民公社的印记，就是我们要挖掘的特色。所以我们的主题就定为“瓦屋山村”，并选择了陆笪做开发。

陆笪村目前的情况是这样的：在自然环境方面，陆笪村内自然要素丰富，村庄四周有 80 亩地形高差变化丰富的油菜花田、150 亩色相丰富的连片林木，此外村庄外围有 2000 米环村水系，共同奠定了陆笪村优良的生态环境基底；建筑方面，陆笪村庄建筑具有鲜明的地域特色，集镇建筑和村庄建筑两种风格建筑被陆笪河划分成两个组团；交通上，竹陆路沿南北向从陆笪行政村穿过，向北通往瓦屋山旅游景区，向南连接竹箦镇区。陆笪村路网体系完善，自然村之间联系较强，但对外交通联系较为薄弱；但陆笪村现状公共设施分布不均衡，集镇上有着部分满足村民基本生活的零售商业设施，文化、体育设施及规模较大的商业设施较少。

我们将立足本乡本土的特色，建好田园乡村，让瓦屋山村的品牌更加响亮。我们第一步的计划是在原有美丽乡村的标准上进行提升，其中包括生活环境的整治，比如垃圾清运、露天粪缸改造、违章搭建清理、河道清淤的工作。比如我们已经投入 60 余万元进行清淤，清淤后，一条条清水河、一个个清水塘成了我们村中一处处新景点，让人看了都赏心悦目。在环境整治完成后，我们将对乡村道路进行升级改造，并对民居院落进行统一设计、统一提升，与瓦屋山村的定位相协调。

我们有一个原则，就是立足本土，寻求特色，多方学习，力求更优。所以，在村庄的改造过程中，我们组织力量，广泛学习日本轻井泽、上海泰晤士小镇、山东坊茨小镇等文旅标杆，从中吸取营养，为我所用。

美丽乡村的建设初衷就是为了让村民的生活更加幸福，所以，我们还着力进行村庄生活设施的提升，全面推动天然气进村入户工作，大大方便了村民生活。

村景 2019 年 5 月 高亢 / 摄

“特色田园乡村”是“美丽乡村”的升级版，“特色”就特在有蓬勃发展、富有活力的产业支撑。我们对陆笪未来产业的规划还是很清晰的，以此推动陆笪可持续健康发展。比如，我们的农业就很有特色，村民广泛种植手指小香薯、金丝小黄菊、中草药等作物，经济收益比较高。下一步，我们打算进行旅游农产品的深度开发，进一步提高经济附加值，提升村民收入。

在提高这些农作物的销售量时，我们也会开设采摘园，吸引外地游客前来采摘。陆笪村民可以借此机会认清市场方向，扩大投资，促进生产。规模的扩大也会带动陆笪区域经济发展，红薯、菊花种植也会成为陆笪的支柱性产业之一。

此外我们也鼓励村民积极参与到经营活动中来。比如说我们在做和塘马差不多的“我家自留地”项目，还会建一些茶馆和面馆。现在已经有一个面馆比较成熟，叫“山阳面馆”。因为有“山南水北谓之阳，山北水南谓之阴”

一说，所以取名叫“山阳面馆”。这个面馆里有一个特色，我们公司深入村中各家各户，搜集了许多老古董，像二十世纪七八十年代的录音机、电视机、电风扇，还有以前乡下用的油壶、木犁等都有，我们希望营造出一种怀旧的气氛。

民宿经营也很重要，有一些村民也主动来谈过。这两年陆篁经济发展迅速，很多人想回来经营产业，这从侧面反映了陆篁发展的魅力。为办好精品民宿，我们有个整体的规划，每个民宿点位的打造，一定要符合我们规划的主题，其中一些比如流水、院落的绿化等，我们都会结合规划，结合我们的方案，逐步实施。会根据经营者的情况适当做一些扶持。

公司对他们提供的帮助包括环境设计和配套设施上的指导，以此提升他们的产业质量，使这些经营更符合我们整个陆篁现在的开发形势，将他们的产业有机融入陆篁开发的大环境。

陆篁村周边旅游资源丰富，南侧水西村以红色文化为核心，东侧塘马村以红色文化、硒米种植为特色，西北侧瓦屋山则以禅修、生态为卖点。陆篁村会避免与周边同质化竞争，打造独树一帜的特色。

陆篁将这样建出自己的“范”

讲述：赵亮

陆篁成为省级特色田园乡村建设试点村以来，社会各界都很关心这块宝地的建设。其实，我们的思路是很清晰的，陆篁会这样建出自己的“范”：将以民为本，以传统村落为基础，以历史文化为灵魂，以生态田园和乡村本底为载体，以文旅体验、田园生活、文化彰显为纽带，打造一个既具有人文底蕴，又具有村庄活力的瓦屋山村和诗意田园。

我们做的事情主要有这么几件。

一是做好村庄建设工作。这项工作全面改善了村内水、电、气、路等基础设施建设，清理乱堆乱放、生活污水，疏浚河塘，修缮保护老建筑，增绿补绿，增设公共服务设施和空间，全面改善村居环境、提升基础设施。同时围绕“禅心诗境、乡音真情”，融入文化，精心谋划、匠心打造禅心筑、诗境堂、乡音庐、真情屋、滩簧台、丰收仓、古道驿、山阳面馆、山阳书院这些“没辰没光、有滋有味”等特色节点，打造步步是风景，处处有故事，点点有创意的村居环境。比如讲诗境堂，这个节点将围绕陆游、陆子遹、陆征、陆禹思四大人物打造，陆游一生作诗9000余首，他的基因在其后裔身上都得到很好的传承，陆子遹在溧阳任上就写了很多诗，陆征、陆禹思是溧阳陆氏中名扬天下的进士，所以，在陆笪打造诗境堂，名副其实，也很有意义；又比如真情屋的打造，我们将建山阳公议堂，建真情朋友圈，建书香门第，这个节点的设计与建设，主要是为了使村风如春风，让老百姓敞开心扉，可得老来乐，也可拾童心趣。

第二点呢，我们主要是做好产业发展规划。其中就包括特色农产品规划，引导农民在种好稻、麦等粮食作物之外，引种经济价值较高的农作物，如手指小香芋，另外我们引种了金丝皇菊、白芍、丹参等中药材，退耕还林集中种植了樱花、海棠、红梅等苗木，使得陆笪的农业生产更加立体化，多元化，提高经济效益。同时，我们还打好特色美食产品这张牌，把“风鹅、扎肝、香薯”三朵金花做出名堂。2019年国庆假期，陆笪就成功举办美食节，村民踊跃报名参与比赛，都拿出看家本事，慕名而来的食客争相品尝，不吃不知道，一吃忘不了。现在村内开设的“山阳面馆”“馄饨店”等特色美食小店已小有名气。

第三是营造文化意境。我们感觉这一点是很重要的，如果说特色田园乡村是一幅画，那么这幅画如果仅有丰富的色彩，却没有章法、没有意境，还是不能给人以回味和感动的。我们在营造文化意境上，主要结合“禅文化、诗文化、家风传承、乡土闲情”四个方面展开。禅文化将结合“一号公路”兴旺的旅游人气，巧借瓦屋山宝藏禅寺禅修文化，用好瓦屋山的禅修资源开设“禅心筑”，让游人到了陆笪可静心、可养心；诗文化则利用好“陆氏宗祠”开设“诗境堂”，展示陆游的诗作，继承与发扬优秀诗词文化；家风传承呢，更加富有陆笪特色，是充分挖掘好溧阳陆氏八百年文脉传承、八百年家风传扬、八百年风雨共守的家史，弘扬尊老爱幼、笃行勤学、文明和睦的家风、民风、村风；我想，有了以上几点的努力，各方游人到了陆笪，沿着村子随便走走、看看，体验“家禽惊不去、熟果坠无声、老翁拄杖望、村童笑相迎”的种种乡趣，没辰没光，没忧没烦，不也成了当年的陆放翁么？

我们希望党员能起到带头作用

讲述：杨锁法

基础设施这一块我们村主要抓两方面，一个是道路硬质化，另一个是水利工程。

道路水泥浇筑，主要建设“村村道路”，就是要将村道修到每一户人家门口。我们大概修了50多千米的道路，现在还剩下10千米左右的路没有修，现正有序推进。通到农户的道路是2.5米的宽度，12厘米的浇筑厚度，通到村庄的路是3米宽，也是12厘米的浇筑厚度。水利工程方面主要是建翻水站。这块投入比较大，每一年要投入100多万元。现在共计建设了大大小小16座翻水站。还有6座代建。我们村有20多座翻水站，村委集资建设大概5万元钱就可以造一座翻水站。翻水站的造价主要取决于容量大小，功率大小。我们近两年也做一些水渠，用来防洪防涝，因为陆笪暴雨的时候，水很急，会破坏农田村庄，我们建设好之后洪涝灾害的破坏性就减小了。康宏建筑装饰材料有限公司的董事长叫葛寿康，现在已经捐助了近50万元。他很有奉献精神，每年都在做捐献。

丧葬方面，我们也大搞移风易俗，现在我们就集中规划，搞了个小型的墓园，选择了1亩地，在上面建了100座墓穴，全是小穴位，这样可以节约土地资源。

一开始有些村民不太理解，前期的工作比较难做。但是我们村党员干部积极发挥带头作用，晓之以理，动之以情，大家将心比心地做工作，化解了村民的顾虑，现在大家都比较支持工作。

特色田园乡村建设第一步是整治村庄环境，整改乱建乱搭。这个工程分为两段：一段是自然村整治，一段是集镇的整治。实施时间可能要到年底结束，明年开春可能要整治集镇环境。

环境整治，还结合一部分的设施改造，还有一些老房子要拆掉，进行改造。还有6个景点的打造比较重要，一个景点估计要到下个月才能开始。现在从规划图来看，是属于休闲的地方，游客休息歇脚的地方。还有一个是我们祠堂前面的陆园，那里大概有6亩地。

陆笪还有古驿站，是从杭州到南京的驿站，在历史上有记载，现在村中还有遗址。还有西桥，已列入了常州市一般不可移动文物。

下一步我们将建一些茶舍、酒店、民宿，让游客能停下来、留下来、住下来，为游客提供更加便捷舒适的旅游体验，深入挖掘陆笪的红色文化、忠孝文化、饮食文化、禅修文化，讲好陆笪的故事。让我们的田园乡村变成景点，农家变成酒家，农产品变成旅游产品，使我们陆笪真正成为旅游胜地，成为人们向往的经济发达的宜游地。

乡村治理

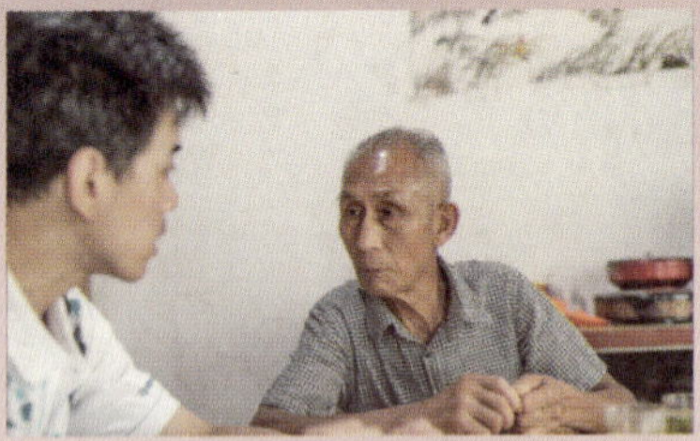

深入实施乡村振兴战略，乡村治理是重要一环。面对当前诸多难题挑战，迫切需要探索创新乡村治理方式途径，努力打造共建共治共享的乡村治理新格局。

村上的露天粪缸基本整治好了

讲述：陆建伟

我是 2016 年来村委工作的，是村里的民兵营长，主要工作是征兵、民事调解。2019 年接到一个任务，要求每个村挑选 10 名退伍军人组成应急分队，应对突发事件。挑选小队成员都有要求，必须是退伍军人，年龄在 18~35 岁，打工、干活的地方不能离村子太远，要随叫随到。

我们这里的突发事件主要还是洪涝。2017 年有一个村发大水被淹了，我们也去救灾。但是那时候还没有这个应急分队，我专门到村上企业组织人去的。今后要是再有这样的事情就不会手忙脚乱了，有专门的应急小分队来应对了。

我们还组织应急分队成员出去培训。第一次是 2019 年 5 月份时，去了两个人，培训了两天；第二次是 6 月 12 日，去了两个人到水西国防园培训了 4 天，10 个人分批去的。培训时间长短不一定，短点的 4 天就能回来，长的要在外面待 12 天。

我还负责村里环境卫生工作，经过之前的治理，白色污染在村里看不见了，现在最大的问题就是露天粪缸。

以前村里的农民没有抽水马桶，都是用的粪缸。现在抽水马桶普及了，粪缸就用不到了。但是还有很多村民就把缸放在屋子边上或者菜地里，用来积肥沃田。这样不仅气味不好闻，而且容易滋生蚊蝇，我花了大力气来说服村民，让他们同意村委用水泥把缸封住。但是有的村民就是不听，我们也没办法，只能一遍一遍做工作。一般要跑两三回，才能做通他们工作。第一次我会一个人去村民家里，劝他们把缸封掉；要是不听的话过几天我再带上这一片区的调解员，和他一起上门做工作；还是做不通工作的话我就再把村上的队长什么的叫上，三四个人一起上门劝他，这个时候基本上也肯听了。基层工作就不能急，要耐心做村民的工作，现在已经把村上的露天粪缸基本整治好了，还余下少量的要重点解决，我的工作还是很有成效的。

征兵工作也在我的职责范围里面，每年一过年没多久，我就要带着人按照镇人武部的名单，挨家挨户到适龄（年满 18 岁）年轻人家里，告诉他们小孩年纪到了，可以去服兵役了。有时候会遇到这家小孩在读书，没法去当兵，遇到这种情况我们就会把这家小孩的情况、父母工作等基本信息记下来，回到村委会之后由我们帮这个小孩把情况申报上去。

其实我们村很多适龄青年都愿意去当兵的，一方面部队是个大熔炉，年轻人可以得到很好的锻炼；另一方面，爱国主义教育，深入人心，年轻人保家卫国使命感很强，积极性很高。

我们采用因地制宜的方法进行整治

讲述：杨锁法

我是贾家庄的村民，贾家庄是经过2001年、2009年两次并村并入陆笪村的。刚并入的时候，我是副书记，在2016年换届选举的时候我当选为村委会主任。我现在主要抓行政工作，围绕上级党委政府年初下达的各项工作考核目标任务，负责“三农”服务、环境治理、水利建设、道路建设等，还有各项行政服务，包括农保、社保、意外保险、老年人身体健康等服务工作。

农民种田的收益不高，好的年头一亩地净收入500元左右，10亩地也只有5000元钱，因为现在一些农产品的价格没有涨，反而在下跌。麦子收割的时候，初收的麦子可以卖到100元一担，晒干后的小麦只能卖到几十元一担。有次我们村的种田大户陆庆庆他没有及时卖掉，没多久价格就跌到了八十几元。如果种田大户们没有国家每亩地100多元钱的补助，他们全部要亏本。成本高、收入低，导致农民种田的积极性不高，现在还出现有人把土地送给别人种，只要不让田地荒掉就行的情况。另外，收获的谷物存储问题对于种植户而言也是一大难题。农业合作社可以搭建临时的建筑用来堆放农具、储存谷物，但问题关键是这些建筑物能不能坚持使用。当种田形势好的时候，农民的积极性很高，仓库派得上用场。如果形势不好，农民不种田了，仓库却不容易拆除，所以这个方面也会产生矛盾。合作社的搭建申请村委可以批，临时建房，做仓库都可以的。但是能坚持使用多少年很重要，如果批了不使用，这就导致这方面的行政工作难以处理。

我们村30岁以下的青年几乎全部出去打工了，村里剩下的大都是老人和小孩，有时候村委想在村上做一些项目建设都找不到干活的人手。特色田园乡村中一些有关房屋建设的重要决定需要家中年轻人做主，可年轻人都在外地打工，回来一次非常不方便，要考虑车费、误工费，这就导致撤乡并镇之后，我们陆笪几乎没有搞过什么大的建设。

为解决陆笪土质差、水源不足、交通差的问题，我们采用因地制宜的方法进行整治。环境整治的工作应该说大方向是对的，目前主要问题是工作没有细化，做得太粗糙，对于村民的要求稍微苛刻了一点。农村不是不要清洁，但是农村的生活习惯一时很难改。我们前两天进行上半年的环境治理考核成绩的登记，全村 56 个组，有 1700 多户，都分布在各个自然村，有的地方车子能进，有的地方车子不能进，有的农户家庭有抽水马桶，有的家庭没有抽水马桶，情况很复杂。我们村委会只能量力而行，逐步进行环境治理。

提升农村居住环境，改变农村脏乱差现象，这是乡村振兴的重要一环。我们在去年创建文明卫生镇的基础上，今年又加大了环境整治力度，对 6 个污水网点，12 个自然村组近 400 户污水管网进行了改造，按有关要求拆除 4 家养猪场及 4 家养鸡场。对村庄道路、环境、垃圾房、公共厕所都指定人员专项管理，对全村每个村庄、每个角落都定期拍照改进管理。

畜禽养殖场问题处理原则是政府拿钱，村委协调。现在整改得比较好了，老百姓也比较欢迎。在整治之前，陆笪有十几家养殖场，七八家鸡场，分布在陆笪多个自然村，到了夏天养殖场周围气味很难闻，村民家里的窗门都不敢开，苍蝇也很多。通过治理解决了绝大部分问题，留下的一些养殖场也按照上级的要求进行改造。但还是有很多的阻力，还需要进一步治理，全面改善环境卫生。

环境保护还涉及化工厂问题，原来我们这边也有几个小化工厂，在整治后都搬迁或关闭转型了，剩余的也和养殖场一样按照政策的要求进行改造。我们在做环境保护的时候需要老百姓的支持，在处理养殖场和化工厂问题的过程中，要求党员带头在生产小组发挥作用，在他的工作单位和他的活动范围做工作。我们在强制执行的时候，很多老百姓也跑去劝当事人，说：“你不要去闹了，这是政策，这也是为大家好。”老百姓还是很支持我们工作的。

我们还建造了 120 个垃圾房，引导群众慢慢习惯垃圾进房。这方面也花了很大的功夫，治理的过程不是一帆风顺。老百姓开始不理解，通过这两年的整治，村民开始欢迎，并逐渐自觉养成了习惯，自觉将垃圾装袋，扔进垃圾房，这大大改善了我们村的居住环境，我们村委看在眼里也是非常感动。

随着陆篁旅游业的开发，今后作为一个旅游景点，村中每一户人家门口会放两个垃圾桶，天天有人去回收垃圾，早晨一次，晚上一次，专门用车子拖到转运站，在转运站进行垃圾分类。负责人天天骑小电瓶车在村上转，收到的垃圾倒在垃圾房里，转运站再来把垃圾箱拖走。这个马上就要实施了。

持续开展城乡环境卫生整治行动，这个是好事，所以群众欢迎。陆篁自然村 190 多户人家，我估计要 7 个环卫人员负责，不光负责转运，还要负责街道打扫和水塘水沟的清洁，全天候保持整洁。要保证路上干净，村庄要每天都扫，早晨扫一遍，晚上还要扫一遍。现在已经招了七八个人了。物力、人力，包括机械设备的投资是很大的。环境整治工作，村民从一开始对抗到现在主动接受，这也是一个转变。那个时候刚开始搞垃圾分类的时候，工作是很困难的，现在村民觉悟提高了不少。我们村大，最多时一年投入了 40 多万元，这些都是我们村委会自己筹钱。

我们村委注重文明村建设，提倡建设各类最美家庭，包括最孝家庭、最和谐家庭评比等。我们陆篁文明实践站马上要开始打造，等文明实践站打造完成之后会更好地宣传好人好事，让文明新风深入人心。

今年的经营一定会使合作社扭亏为盈

讲述：郑裕洪

我曾是陆篁村的民兵营长。2016 年担任陆篁农地合作社社长，带领村民种植经济作物，发家致富。合作社的管理人员两到三人，职工人数高峰期有六七十人。2017 年，我们有 130 亩流转土地，当时主要种植菊花。菊花苗来自安徽亳州，主要品种是白菊和太阳菊，但白菊不太适应陆篁的土质。我们对菊花进行加工、包装，成品用来泡茶饮用。采摘期一般在秋末接近冬天的时候，我们集中采摘 20 天左右，白天手工采摘，晚上送往加工点烘干，价格 200 元 500 克。主要售往北方，去年我们在北京就卖了 3 万元。

2018年，我们合作社转型，改种红薯。我从网上查资料，联系到江苏省农业科学院粮食作物研究所的一位专家，选择了他研究的“香薯16号”红薯品种。这个品种曾获得过金奖，有很多优势。优势在于这种红薯皮很薄，体型较小，像手指一样，所以叫“手指小香薯”。小香薯没有筋络，味道甜糯，但含糖量不高，不是很甜，我们就决定引种。为了保持这种红薯的品质，我们控制它的生长时间在90天左右，当年我们在6月28日试挖，8月2日开始全面收获。我们红薯的优势还在于苏南地区没有竞争者，我们是唯一的种植点，合作社目前已把省农科院红薯苗全部买断。现在市场零售价10元左右500克，主要销售地在江浙一带。

小香薯的劣势是储藏时间不长，储存温度要适中。消费者购买小香薯，存放期10天左右。因为不易储存，小香薯的变质问题较为严重，1500千克红薯，约有250千克红薯会在储藏过程中变质。其次，小香薯在种植过程中害怕干旱天气，而水源恰恰是陆笪地区农业种植的主要问题。

小香薯的种植管理要求很高。首先，为了避免红薯上有农药残留，我们不施肥，不打农药。如果地里的“地老虎”（一种害虫）比较多，我们就不在这块地上种植。小香薯从不留种、育苗，每年都是从江苏省农业科学院购买幼苗。一颗5角钱，一亩地要3400颗幼苗，加上运输费等，每颗红薯苗成本6角左右。其次，为了避免机器采摘造成损坏，红薯都是人工采摘。如果红薯皮有伤口，两天之内就会变质。

小香薯一年最多种植两季。环境因素对我们的生产活动影响很大，如果有早霜，也会影响红薯的产量。我们不会片面追求小香薯的产量，我们追求的是质量，质量高才能卖出好价钱。

小香薯和葡萄很像，一株红薯苗上有三四颗红薯。我们会对苗上的红薯进行整理，然后销往合作饭店，饭店的烹饪方法以蒸食为主。我们这儿的红薯本身品质较高，简单的蒸食可以保留小香薯原始的口感。

小香薯从种植到收获过程以人工为主，大部分是陆笪村五六十岁的村民参与。合作社在小香薯的种植、收获、包装、销售方面，都是以集体的形式进行。合作社进行弹性用工，现在大约是20人。招收员工时，合作社就红

小香薯丰收了 2019 年 5 月 高亢 / 摄

薯种植采摘的要点对他们进行培训。由于小香薯不易储存，采摘期也比较短，合作社的员工经常要加班加点。

今年我们试种了新的红薯品种，有口感优质的品种，有外形美观的品种。其中有一种叫“丑八怪”的品种，虽然外形奇特，但是口感很好。还有一种叫“长寿菜”的红薯品种，不吃红薯，专吃叶子，目前已经在南京上市，市场价 20 元 500 克，比较受欢迎。根据我们的估计，未来合作社的经营一定会扭亏为盈，越来越好。

村中名人

北京、南京、河南，甚至国外，
陆笪村人遍布各地。
敢于拼搏、勇往直前的陆笪
靠着一技之长创业发展，
靠着拼搏奋斗闯出了属于自己的一片天。

我被授予了很多奖章

讲述：杜祥金

杜祥金 2019 年 5 月 高亢 / 摄

我的身世很苦，4 岁时母亲去世，10 岁时父亲去世，从小在地主家放牛。1945 年我参加革命，加入新四军苏浙军区 1 纵 1 支队当通讯员，同年 6 月跟着新四军北撤，后来我团改编为华中野战军 6 纵 48 团。

1951 年 11 月我加入华东海军，在华东海后被服仓库担任过保管组副组长，后被调到军管处当排级干部。我们营长是江西人，打仗时双手双脚全部被炮火炸掉了。当时我们的命都悬着，不知道什么时候就丢了。

1952 年，我转业回乡，先后担任初级社社长、高级社组长、大队党支部书记，还当过 10 年陆笪乡医院院长，现为离休干部。

这几年，每年都有各级领导来慰问我，我被授予了很多奖章、奖杯，如中国人民抗日战争胜利 70 周年纪念章、纪念中国人民抗日战争胜利 60 周年奖章、常州市人民政府纪念抗日战争胜利 60 周年纪念杯等。

修撰陆氏家谱、重修陆氏祠堂，是我从小到大的梦想

讲述：陆法庚

1968年，陆氏祠堂被拆除。1970年，我刚满18岁，开始向陆家长辈学瓦工。我师父陆志夕对我说：陆家祠堂历史悠久，虽然全部被拆除了，但是你记好，今后有能力要重新建造陆氏祠堂。师父的话激发了我修建陆氏祠堂的心愿。

在我脑海里，陆氏祠堂特别珍贵，我对陆氏祠堂也一直保留着特殊的情感。我见过陆氏祠堂，还在里面读过3年书，祠堂是一间间隔出来的。1973年，祠堂被全部拆除后，建了公社大会堂。

陆氏后人很早就想续修家谱，由于一直没有找到老谱，新谱迟迟未修。2010年，我们开始着手修谱，重修新谱花了50万元。新谱一直记载到第85世陆氏族人，陆氏祠堂的墙上都有展示。

整个陆氏祠堂建设费用，除了族人捐助和政府拨款支援外，其他的建设费用主要由我承担。如今每年的维护费用依旧不少。陆氏的很多后人都是农民，像我二哥一辈子种地，实在赚不到多少钱，我赚得多就多付出些。原电子工业部基础产品发展研究中心信息研究室主任、高级工程师陆锁链已经85岁了，他拿出64万元的毕生积蓄修家谱、建祠堂。

2018年6月，祠堂建设完毕，正值陆氏家族来溧阳800年。2018年10月7日，溧阳陆笪陆氏研究会在新落成的陆氏宗祠中举行了陆氏来溧800年大庆暨祠堂落成典礼，上海东方礼仪策划公司担任整场活动的策划，《溧阳时报》、溧阳电视台等媒体也特意对这场活动进行了宣传报道。现场，我们全部身着汉服，在媒体的见证下进行朝拜仪式。

我认为，作为陆氏子孙，捐款修缮祠堂的行为是应该的，作为陆氏子孙后代，我们不做让谁做呢？修撰陆氏家谱、重修陆氏祠堂的想法在我脑海里根深蒂固，是我从小到大的梦想。每个人都该为社会做点贡献，要按照老祖宗的教导进行下去，将好的家风传承下去。政府把陆笪村定位为美丽乡村，如果没有人愿意留在家乡，那我们村还有什么出路？我们这代人要把家乡建设好，让年轻人都回家乡做事业，不要往外跑，衣胞之地才是真正的家，对我而言，生我养我的地方才是真正的好地方。有句老话说得好“衣胞之地不

能丢。”

我们老祖宗很有眼光，过去在荒山野岭中寻找到这片净土，开启了田园生活，就是因为我们这里好才会落户。我跑过全国各地很多地方，还是觉得我们村好，青山绿水，四季分明，能感受到每个时节带来的乐趣。比如深圳一年四季都是夏天，只需要穿一双拖鞋，我不喜欢。我认为生我养我的地方是最好的。

我现在担任陆笪文化研究会会长、陆氏宗祠管理委员会理事长，做好陆氏优秀传统文化传承，负责安排一年两次的祭祀活动。清明和冬至时，我召集陆氏后人安排庆典活动，在陆氏宗祠里举办庆典仪式，祭拜先人，启迪来者。

我们还打算建一个忠孝阁，暂定名称为忠孝阁，将全国各地的名人摆进陆氏宗祠，不仅仅有陆笪村的名人，只要在忠孝方面突出的都可以摆进忠孝阁，以此为传承中华民族优秀传统文化做点现代陆氏子孙的贡献。

村里多个孩子受我影响报考医学院，两个孩子做了中医

讲述：夏荷松

小时候，我在乡下读到四年级，当时家庭条件尚好，读书不用功，后来家庭条件艰苦，没有继续读书，帮村里人放牛。13 岁时，跟着母亲到上海生活，继续读完了小学和初中。

我从 18 岁开始学中医，从此改变了我的一生。我学中医时，是以师傅带徒弟的形式。我师父是徐葆华，上海人，主攻内科和妇科。自从到上海读书，我开始发愤图强，早上 5 点钟就起来写毛笔字，一开始我的毛笔字写得太差，师父对我说，中医很讲究书法，你要勤于练习。师父对我很好，我很感激他。

传统的中医教育采用父传子、师带徒的方法。1917 年，当时有位名医丁甘仁觉得，父传子、师带徒的学习方法太狭隘了，所以创立了上海中医专门学校，这算是教育的一次变革。1956 年，社会主义改造运动开始，私人诊所全部不准办，被收进国家医院，私人医生也全部进入医院系统成为国家工作人员。中医行业正是青黄不接的时候，学中医的人越来越少，导致中医界的人年龄差很大，老的老，小的小，老中医力不从心，又没有年轻中医补上，

所以上海卫生局招了一批学徒，跟着上海一批有名望、有资质的老中医学习。1956 年，全国陆续成立了上海中医学院、成都中医学院、北京中医学院、广州中医学院等。我是通过卫生局被招收的。卫生局在统考后，把我们招去，再分配给一位水平高的医生“师带徒”。当时规定一般的医生不能带徒弟，要保证学生学成后的医学质量，所以我们这一批学生拜的师傅都是老中医，水平都不错。我和我的老师在一起待了 6 年，后来老师生病的时候，我就对他说，我们的关系已经超过师生关系了，亲如父子。

我们学习的经费、生活费，都是由国家出。学成后，我被分派到重庆工作，在山区工作了 14 年。我跟着当地的药农学习如何辨认和培养中草药，山区工作环境虽然艰苦，但山里的药材多，让我学习到很多东西。期间，我在《上海中医药》《中医药报》《重庆日报》等报纸杂志发表过 10 多篇论文，担任《上海中医药》杂志社的通讯员，杂志社经常向我约稿。正因为我在重庆山区待过很多年，对中草药有些熟悉，使得我对中草药的研究有了坚实的基础。

我有两个成果：一是一篇文章在全国论文比赛中得到了一等奖。这篇论文主要讲了“红汗”这种罕见的病症，汗液是红色的，从毛孔里面渗出。如果只用中医治疗时间较慢，所以我采用中西医结合的治疗方式加快治疗，两个星期便可稳定病情，3 个星期就能治愈，所以我觉得中西医结合是正确的道路。我们要理性对待科学，科学只有经过实践证明，才能经得起时间的考验。还有一个成果是流行性出血热，这种病的死亡率特别高。通过中西医结合治疗，稳定患者病情。其间，治愈十几例这样的疾病，其中有一例被报道，这例治疗也给我积累了经验，让我有了写论文的动力。论文写完没多久，就顺利发表了。这个病例比较罕见，抢救病人的方法采用中西医结合。在该论文中，我把中医与西医中对该病症有效果的方面进行综合汇编，有利于学医的人熟悉了解这一病症的概念，了解这个病的来龙去脉，在此基础上我写了《流行性出血热与伤寒论的关系》。此外，好几本杂志上还刊登了我的论文，至今我还保存着这些杂志。

1979 年我调回上海市普陀区，被安排到华东纺织管理局医院上班，后来改名为上海纺织第一医院，现在这家医院改名为上海市普陀区人民医院。

我后来升到副主任中医师，带过上海中医学院、第一医学院的学生。我发现中医学徒与在校大学生有些区别，中医学徒最大的优点是背书好，中医方面的古书记得多。中医学院的学生背书差些，但理解能力比中医学徒强。

现在有些学生二十来岁考上大学后，不愿花太多时间背诵古代医书，使得他们的基础打得不扎实。我当中医学徒时，师父要求我勤于背诵中医古书，直到现在我都能背出来。所以我希望后辈应先把基础夯实，背好书上的知识再去实践。我带过很多学生，只要与他们接触几天就知道这些学生有没有学习中医的基础。

20 世纪 80 年代初，农村还比较穷，医疗条件没现在这么好。陆笪的乡亲们到上海看病都会去找我，到上海医院看病，挂号很困难。乡亲们大老远从溧阳来上海一趟不容易，我作为上海医院里的医生，能帮就帮一下他们，帮助乡亲们挂个号，介绍名医会诊。如今，我退休在家，时常会义务给村上的人看病，还有一些信得过我的老朋友，我也不收钱。大家互相帮助，没必要收钱。我有退休金，可以过上很好的生活。乡里乡亲之间互相关爱是应该的。

我在上海做中医后，村里有些孩子受我影响报考了医学院，两个孩子做了中医。

如今，我正在栽培中草药杜仲。我向村委建议，村里要发展旅游行业，可以种一些杜仲、肉苁蓉之类的中草药。栽培中草药是一个非常艰苦的过程，它不像种庄稼，中草药的种植需要特殊的培育环境，栽培非常不容易。但种植出来后药用性很强，很有意义。《重庆日报》报道过我栽培杜仲的经验，《名医词典》里也有我写的资料，《北京中医》《上海中医学》都刊登过我写的论文。

我们家的家风是艰苦奋斗、刻苦学习

讲述：俞金跃

我在我们村第一个装家庭电话，当时花了 5000 多元。我在我们村第一个盖二层楼房，我弟弟在我们村第一个买小轿车。

发家致富的事情要从我父母辈讲起，他们勤劳刻苦，为人和善，善良朴实的家风影响着我们这代人。我大伯家的两个孩子都是大学生，非常有出息。

改革开放后，为了办好乡镇企业，溧阳县县长王家富让我堂哥俞金学调回溧阳工作，并给他在溧阳城里分了一套大房子，又把他家人的户口全部转成了非农业户口。回乡后，俞金学担任溧阳建筑工程公司工程师、副经理。与此同时，我们公社在1978年左右准备成立建筑工程公司，公社领导找到我堂哥，让他主要负责陆笪建筑公司驻南京建筑站的工作。

当时，接到的第一个工程是南京汽轮厂项目，我堂哥把我弟弟调去工作。我弟弟叫俞金坤，1953年生，属蛇，比我小6岁，当时他年纪小，才18岁左右，是作为学徒的名义去的。三年后，由于我弟弟工作表现出色，手艺精湛，就在建筑站里担任瓦工班班长。其间，他出色地完成了项目任务，且全部达到了优良等级，也是当时评的最高等级，受到了建筑公司领导和建设单位的表彰。我弟弟成绩优秀，思想比较好，各方面都不错，被培养入了党。入党后，加上公司规模慢慢发展壮大，他被任命为公司的副经理，兼任南京办事处的主任，正式入了编。当时，他带了100多人，为乡里创造了很多财富。

由于乡镇企业持续发展能力不稳定，加上乡政府里面换了领导等各种因素，企业开始独立核算，公司的总经理把我堂哥派到上海去开拓业务了。到后来，整个企业分为上海的一部分，南京的一部分，两地负责人各做各的，不团结，经常出事故，赔了很多钱，导致整个陆笪建筑公司走向垮台的边缘。

陆笪建筑公司之前已经注册过，需要一系列的手续才能“关门”，后来被合并到陆笪乡工业公司。之前陆笪建筑公司的名称还在，但公司里的工人、业务全部归陆笪乡工业公司管理，整个公司成了空壳，很多账目无法结清。

由于我弟弟在做项目上有了一定的经验，也积累了不少人脉。他离开陆笪建筑公司后，在南京创办了江苏星宇建筑工程公司，三级资质，做钢结构业务。一步步摸爬滚打后，我弟弟的公司业务越做越大。他看我务农很辛苦，还有两个孩子需要上学，让我去南京一同发展。

一开始，我看父亲一人种田很不容易，就没去南京。等到两个孩子慢慢长大，读书要花很多钱，我在家种田的收入不足以供孩子读书，我弟弟又提出让我去南京工作。我思考了很久，我想还是到南京去吧，不然孩子念不起书。我当时还没有表态，这时陆法庚找到我，让我到常州去他的公司当会计，他是我的表兄不好意思推托。当时他给我1500元一个月，其实工资已经不错了，但是我两个孩子读书要钱，盖房子也要钱，赚的钱根本不够。当会计三年后，1991年我下定决心去了南京，承包我弟弟负责的工程队里的业务，比方说100万元的工程，给我二三十万元，我主要负责土建，抓砌房、做场地、修房子等项目。我把老家跟着我干的五六十人都带到了南京。

1996年，我接手第一个项目，南京某商场的职工宿舍楼，造价800万。我承包工程时，用的是我弟弟公司的资质，我们俩签了协议，比如要缴纳利润1.6%。安全事故如果是自己造成的，就自己负责，如果发生自然灾害就一起商量如何解决。但我负责的项目从来没有发生过安全事故。我们签订的是通用条款，在土建方面的条款都按照这个安排。质量管理、安全事故处理、超过工期奖罚制度等都是按照国家规定来制定。我弟弟主要负责接业务，还要负责总运营管理，各方面都要花钱。比如200万元的工程，我要交给他3.2万元，这也是应该的。

这个工程做了一年多，从1995年8月开始，到1996年8月结束。甲方非常好，给我们提供房子住，还不要我们出钱，吃住都在那里，还有办公室、资料室等配备。开始施工时，我给瓦工队、木工队、钢筋队、脚手架队、机修队各自分配了负责人，例如钢筋队有5个人干活，我就在5个人中安排一个班长，钢筋多长，什么形状，由班长负责。我主要负责工程质量、工程安全还有工程材料，其中包括土建材料、钢结构材料。我还请了专门的技术人员验货收货，技术人员必须要有资格证书，要经得起南京建工局检查，才能上岗。待遇方面，我承诺他们工资14元钱一天，平时生活费2元钱一天，这些工人都是我在村里当瓦工时跟着我干的。建筑工人数不固定，得根据业务具体安排。接业务时，我只能在节假日，比如端午节、中秋节、清明节时才能休息。家里有重要的事情，比如孩子上大学开学需要送，才会休息。但是每个人都有一定的自由，做得太累需要回家休息几天，回家看望家人的，也都是被允许的，这样的日子我们坚持了整整一年。

2002年下半年，我接手南京某学院的工程，2003年2月正式开工。当时，其实我不想做这个工程。第一，工期太紧，这么大的工程需要在180天内干完，我觉得完不成。虽然我很想做这个工程，但感觉力不从心，180 天内要投入的东西太多，压力太大，如果交不了房，还要被罚款。第二，做工程要垫资，还要垫付 60% 的押金，整个项目价值 3700 万元，我要垫资 2000 多万元，就算把我的骨头磨成粉也没有那么多。

我弟弟和我说，这个工程不是你一个人在垫资，是大家一起垫，我们借点钱一起垫算是投资。我弟弟很有魄力，做事认真负责，很多企事业单位都愿意把活交给他承包。

南京某学院承包工程后，我的决心很坚定。不管多么困难，我保证按时完工。因为我的决心，我也得到甲方的帮助，赚到了二三十万元。2003 年以后，我的身体不如从前，工程在垫资方面也有问题，两个孩子已经结婚了，于是我就回老家了。

后来，我大儿子出去打拼事业，后来一直在做工程，我就回老家养老了。我用挣的钱在南京新街口给儿子们买了房。现在大儿子的两个子女在国外留学。小儿子在江苏公安学院学习，毕业后分配到溧阳公安局工作，事业有成，我也感到很欣慰。

我和弟弟的事业、两个儿子的生活，都得益于我们的家风：艰苦奋斗、刻苦学习。长辈为晚辈树立了好的榜样，晚辈们也都很有出息。

我最珍贵最想念的关于家的记忆

讲述：俞文格

我现在是美国德克萨斯大学达拉斯分校在读研究生，老家在溧阳陆笪村。每年寒暑假，我都会回陆笪看望爷爷奶奶。每次回家，奶奶都会问我一些问题："猜猜前面那片小苗苗是什么？"我回答："小麦？"奶奶乐开了花："哈哈，又猜错啦，是韭菜。"然后和我讲她小时候的事情。

下了高速，回奶奶家的小路上，路两旁总有独属于那个季节的蓬勃生机，爸爸也总会一遍遍地教我和弟弟分辨地里的瓜果蔬菜，说起他小时候的乡间野趣。车缓缓越过一个接一个的小坡，路过一个接一个熟悉又陌生的村庄，终于转过了最后一个街角，心里的激动和欢喜怦然多了几分，要到家啦！打开车窗，深吸一口气，泥土的气息混合着菜籽油坊里飘出的香味，这就是陆筲里的味道了。开过青石桥，远远就能看到院门早早敞开在迎接我们，爷爷奶奶听到声音也都缓缓地从屋里走出来，看到两个老人家，我的嘴角也不自觉地上扬。无论是小时候每次回奶奶家过周末过寒暑假，还是出国八年来每年回来探亲，回家路上的期待，快到家时的激动和到家后的欢喜都是一模一样的。

刚下车，首先听到的一定是爷爷爽朗的笑声，见到我们满眼欢喜的老爷子，连脸上的皱纹都充满了慈爱。从小到大，我眼中的爷爷总是乐呵呵的，妈妈说我的乐观豁达多半是受爷爷的影响，老爷子充满感染力的哈哈一笑让人觉得什么烦恼都没了。爷爷爱好丰富，也是我们家最有文艺细胞的，拉得一手好二胡，闲来无事架上老花镜，翻开谱子，放首戏曲跟着拉上一段儿，自娱自乐，陶醉在小曲儿里。二胡拉累了，喝一口搪瓷茶缸里的茶，接着换个项目——编竹篮。这门小时候学的手艺，这几年被爷爷重新捡起，一双粗糙有力的大手翻腾着一根根细巧柔软的竹篾。凭借自己刻苦钻研的精神，从起初总被奶奶笑只有结实这一个优点，到现在越做越有样儿，还研究出了竹匾和茶篓的做法，也给亲朋好友们送去了得意之作。花花草草也是老爷子的心头好，院子里种满了各种花花草草，紫薇、月季、银杏、蜡梅，一年四季在爷爷的院子里交相辉映。

除了爷爷的小花园，我最爱的地方就是奶奶的厨房了，这个全家最“落后”的小屋子也是最让人安心的地方。在奶奶家，似乎吃饭是全部重心，我们还没回来，老太太就开始计划准备点儿什么好吃的，提前做好的酱油豆，腌好的各色小菜，隔壁大伯钓到的大青鱼，舅公抓来的黄鳝，爷爷徒弟网到的河虾，还有地里各种时兴的新鲜蔬菜，每顿吃什么早早都安排好了。妈妈和婶婶是奶奶的得力助手，爸爸和叔叔帮忙择菜，爷爷负责卫生善后工作，我们几个小朋友也会主动请缨，剥剥蒜打打蛋，一家人围在厨房里聊聊家常说说笑笑，大概就是最幸福的时光了。快过年时，奶奶的厨房更加热闹，家里人数多，要备下的年货也总是格外丰盛，奶奶一个人可就忙不过来啦，热心麻利的邻居们都会齐聚在老太太的厨房里，包馄饨，包团子，扎扎肝，天再冷，热气腾腾的小厨房里也都暖暖和和的。年轻时，做过村里红白喜事大厨的奶奶做起菜来一点儿都不含糊，小小的身体在厨房里有条不紊地大展身手。菜怎么切好看，油盐酱醋按什么比例菜做出来最好吃，怎么合理安排做菜顺序节省时间。在小厨房里，从小就爱看奶奶做菜的我，不知不觉之间得到了一些“真传”，想家的时候也能给自己做几道家乡菜解一解乡愁。

“准备吃饭啦！”每次奶奶一声令下，我就能吃到各式各样溧阳的特色美食了。涌入雾气缭绕的小厨房，热腾腾的饭菜围在灶台边等着一个个被端上桌，扑鼻的香味勾起旺盛的食欲，远处传来爷爷爽朗的笑声，此时此刻就是我最珍贵最想念的关于家的记忆。

希望能把我在河南杨家门村一些好的做法，借鉴到陆笪村的美丽乡村建设中来

讲述：陆海龙

我是土生土长的陆笪人。七八岁时，我跟着义舅学了几套拳路，从此与功夫结下了不解之缘。1979 年，我在上海巧遇武术名家竺庭跃。在竺师父的指导下，我学会了查拳、醉拳、醉八仙，打下了较好的基础。遗憾的是，1981 年，竺师父不幸遭遇车祸去世。痛失恩师，我伤心不已，感到了从未有过的失落。后来，在旁人指点下，我决定赴少林寺拜师学艺。在少林寺山门前，我一跪便是 10 多日，最终，我虔诚求学的精神感动了释行书大师，被收为关门弟子，成为少林功夫的三十三代传人。在大师的悉心指点下，我认真学习少林大洪拳、达摩杖、少林十三刀……让我在武术上开阔了眼界，进步很快，曾被少林武术协会评为“少林十八罗汉”。

1996 年，我接管少林寺水库武校（少林寺达摩院前身）。办校期间，可谓历尽艰辛，但我做事有一股韧劲，认准了，即便吃再大的苦，我也要圆心中的愿。通过十余年努力，达摩院已经成为享誉一方、德才双修的功夫名校。我曾多次带队随团出访国内外进行教学及演出，多次荣获国家、省市少林传统拳比赛金奖，以最大的热心和诚心为传播中华武术文化奉献一份力量。

其间，一个机缘巧合，河南的杨家门村吸引了我。在村里住了一段时间后，

我发现村里人饮水很不方便，孩子们的教育条件很差，因此年轻人也不愿待在村里，村子的发展一直没有起色。为此，我发愿去帮村民做些实实在在的好事,帮助改善他们的生活,特别是要让本村的孩子们有一个较好的学习环境，帮助孩子们成长。改造工作从2011年开始起步，刚开始，难度还是很大的，到2016年，我有缘结识了中国乡建设计规划专家孙君和他的团队。双方接触后，有了弘扬禅文化、打造禅心居项目的想法。在我们的构想中禅心居将依托杨家门村特有人文及生态环境，开创集静修、养生、体验等于一体的国际文化研发基地，成为嵩山心灵养护港湾、魅力登封城市新名片。以此真正带动贫穷落后的杨家门村改变面貌。这一想法得到了当地政府主管部门的支持，在各方面的帮助下，通过数年时间的努力，禅心居项目已完成观云、德欣斋、德和堂、静心园及随心园等多处院落建筑修复工作，项目整体初具规模。此外，素食餐厅、民宿酒店等也应运而生，陶吧、梦祥银工坊、木工坊、文创商店等也在此落地，村民在家门口也有了很好的工作机会，不少外出打工的村民重新回到村中工作创业。同时，我们还创建了崇山书院，这是以弘扬中国传统文化与现代教育相结合的新型书院，授课内容有少林传统武术、传统国学音乐、绘画、书法、手工、古典摄影、自然教育等，初衷是为了让孩子们在懂礼明德的同时，在大自然中感受生命的力量、多彩与奇妙。杨家门村的教育环境因此也得到了很好的改善，这也是我当初发心改造杨家门村的主要目的之一。

我生在陆笪，长在陆笪，是陆氏的第78世孙。我是个家乡观念很重的人，心中深深地爱着自己老家。虽然我十多岁就外出学武，但我时时关注着家乡的发展。每次回老家，看到陆笪发翻天覆地的变化，我的心中都非常高兴。现在，溧阳市在美丽乡村建设上走在全国前列，对于陆笪村历史文化的挖掘和村庄的改造也是可圈可点，这让我这个在外的游子感到非常高兴，也愿意为陆笪的美丽乡村建设更好地尽一份力。我在河南这些年，在杨家门村的改造中，积累了一些心得，特别是在弘扬禅文化、打造禅心居、建设崇山书院等特色项目上，有了一定的经验，也取得了一些成绩。溧阳市建设局的领导很关心我在河南杨家门村的实践，曾多次与我探讨该项目，希望能把我在河

禅心居 2019年5月 高亢/摄

南杨家门村一些好的做法借鉴到陆笪村的美丽乡村建设中来。我感觉这个想法很好，也愿意为家乡建设出力。目前，我正在积极与陆笪村委对接，探讨将禅心居项目带到家乡的可能性。我想，我们陆笪有悠久的人文历史、良好的自然环境、淳朴的村风民俗，只要各方一起努力，陆笪的美丽乡村建设一定会十分出彩，我们陆笪的村民也一定会生活得越来越好。

民俗风情

上梁、婚俗、供菩萨等风俗习惯，
在陆笪村依旧保留，
进入这个版块，
带您体验不一样的民俗风情。

扎肝，谐音“扎官”，紧紧地扎着功名官运

讲述：陆锁链

我祖上有一位能人，名征，字时休，号止庵，生于明景泰七年（1456），是陆氏始祖元候 64 世孙，属于溧阳陆笪支中祠昂公支，下宅里人，我们后人都尊敬地叫他征公。

征公性格淳厚，孤傲不群，小时候博览群书，年少时即进入县学读书。在 18 岁时应乡试，成绩优异，考中“补廪”，进入国子监深造。明弘治三年（1490），赴京赶考。临行前夕，他母亲陶氏（后封孺人）用猪小肠将五花肉、猪肝、油豆腐扎起来，再加上酒、姜片、葱盐、酱油、糖等佐料，做了一道菜，取名扎肝，给征公吃。扎肝，乡音里的谐音“扎官”，紧紧地扎着功名官运，是一道取好兆头的佳肴。

扎肝（资料图）

后来，征公金榜题名，高中进士。此事成为佳话，在乡间流传开来。以后凡是有考功名的，扎肝成了必吃的一道菜。

还有一位禹思公，字元锡，号会候，别号蒹葭。生于明万历三十一年（1603），是陆氏始祖元候67世孙，属于溧阳陆笪支前祠宴公支分价公系，陆笪里人。

陆禹思16岁进入县学，18岁考中“补廪”，继而三试科场，一登副榜成为贡生，后因长辈去世在家守孝九年。明崇祯十二年（1639），禹思公37岁出贡，赴京参加殿试，他的母亲汤氏照例烧了扎肝给儿子饯行。她在扎猪肝时想，我陆家有先贤做官，我家儿子日后也要做官，这叫官上加官，不如在猪肝中再加一块笋干，荤中有素，肝上加干，取个好兆头！结果禹思果然高中一甲赐进士第二名（榜眼），授户部主事，差管九门盐法。

一道菜，跨越150年，实现了两位母亲对儿子的祝福，溧阳陆笪支又添了两位进士。于是扎肝逐渐在竹箦桥、前马一带流传开来，现在是溧阳人家过年时桌上必摆的一道“过年菜”。

起源于我们陆家媳妇陶孺人的发明，扎肝至今已传承了500多年。经过多代人的传承，已是溧阳地地道道的一道地方菜，与酱剥子、红烧肉圆一起被称为“溧阳三宝”。

20世纪90年代，上海出版的《中国名菜大全》，就收录了扎肝这道菜；2010年被评为“中国名菜”；2011年被列入溧阳市级“非遗”保护名录。几百年来，它在溧阳地区流传，是我们溧阳陆氏所做的贡献之一。

在农村，每家每户都少不了竹编制品

讲述：俞金跃

算起来，我家在陆笪落户已经有100多年历史了。太平天国运动以后，我的太公（曾祖父）俞佃文带着我太太（曾祖母）、爷爷，挑着稻箩担，从江阴石庄一路逃荒到溧阳，在陆笪落了脚。刚来的时候，一家人没依没靠，租住在地主家的楼筒子里，靠帮地主做长工过活，生活过得很苦。但是，我太公太婆有骨气，有一手竹编的好手艺，蛮受欢迎的，带着我爷爷拼命做，

俞金跃的竹编制品 2019 年 5 月 高亢 / 摄

慢慢在陆笪立住了脚。

爷爷手里，家里经济情况改观，陆陆续续买了一部分田地，还在竹箦集镇上置了房子，方便做生意。中华人民共和国成立以后一段时期，全家还住在集镇上，因此，我们家没有参加互助组、也没参加初级社、高级社。但是，1961 年陆笪成立人民公社，我们一家又回到了陆笪。我是 1958 年“大跃进”时期失的学，小学毕业后，家里就没让我读书，而是叫我继承手艺，学个竹匠。家里算过一笔账，陆笪这地方，一般农民做一个工有四五角钱收入，但竹编手艺人一个工有 1.6 元收入，按照规定，要交给队里 8 角，自己还能收入 8 角，比纯粹种田强。而且，搞竹编之余还能种田，收入还能多一份。就这样，我 16 岁开始正式子承父业，直到 1971 年担任大队会计。我的爷爷、父亲、伯父、叔父都会竹编，被称为篾匠，我 16 岁开始跟着他们学手艺。

竹编是一种根据用户需要进行放样、选材、选质，然后进行工艺编制。没有图纸，所有样品款式、大小都是根据用户所说的在脑中成型后操作。竹编虽不是什么宝贵的手艺，但在农村每家每户都少不了竹编制品，比如凉席、竹篓、米篓、细筛、淘米篮、稻箩、黄箩、采茶箩、扒箕、蒸台、铜锣匾、针线匾、桑篮、摇篮等，这些物品各具特色，各有用途。从粗糙到一般精致再到特别精致，再做花，还可以编出“忠”“孝”等字样，对于整根竹子，用竹刀破成篾很有讲究，都是根据所编制的物品来确定篾的宽度、厚度、光洁度，还有竹子的好坏。箩筐、竹筐为粗糙物品，一般用竹子的第1~2层。篾的宽度、厚度要达到物品成型的效果，必须要有工具来配合才能编制。砍竹子的刀叫篾刀，和其他砍刀不一样，篾刀的刀身厚，而且篾刀是一面平，另一面凹进去的，这样用起来才顺手。锯竹子也有专门的锯，这种锯是细齿。木工锯的锯齿就太大，不好用。

劈好的毛竹表面不光滑，就用推刨在面上推几下，把毛刺全部推干净，加工的时候就不会扎手了。有的竹篾要求竹片表面有一个弧度，就要用刮刀把竹片再加工一遍。刮刀是一个粗的竹筒头上插了块刀片。竹筒上面掏了一个缺口，这样可以把刮刀固定在凳子上，方便干活。前头的刀有两种刀片，一边是普通刀片，是平的，另外一边刀片的刀口上有5个深浅不一样的“坑”，先用“刮布”压着竹片在平的刀口上从上拉到下，把竹片修平整，竹青、毛刺什么的就没了，然后在另一边弧形的刀上拉一遍，原来平整的一面就有弧度了，就不刺手了。

我不光会做东西，竹器坏了我也会修。修也要用到专门的工具螺丝针，像螺丝一样，是穿东西、扎口子用的。用这个穿过去，扎一个口子，再穿进来，是修这个匾箩的时候用到的。还有一个叫两头扁，有的竹编的东西坏了，就要用这个从破的地方挑进去，把修补用的竹片引过来修。

这些工具现在溧阳都没有了，因为这里的铁匠都不会做了。有的看着很简单，比如这个监刀，是用来刨竹片的工具，就是两个铁片竖在一起，但是这两个铁片中间的角度特别有讲究，差了一点点都会导致竹片在刨的时候朝一边歪，这样竹片就算废了。

我当学徒到20岁，结婚以后就不想做了，我觉得竹编不适合年轻人干，太烦琐，使不上劲，挣钱也少，手艺不是那么精，就改成了瓦工。直到65岁后从外地打工回来，想找点事情做做也当锻炼身体，才开始慢慢做一些竹品。这项手艺在我们村上乃至方圆十里，只有我和我一个师弟会做，我们都已经六七十岁了。

上梁要准备“大宝馒头”，还要“接大宝”

讲述：俞金跃

上梁是我们当地风俗习惯中的重头戏。

上梁前，要准备大圆包子，我们这里叫作“大宝馒头”。以前会在里面包银圆，现在都是包1块钱的硬币。有的人家包36个硬币在馒头里，有的人家会放更多。加工馒头时，钱要提前给加工馒头的地方，加工师傅把钱一一放到实心馒头中，如果钱多了摆不进去，比如160元钱，可以用100元纸币加上其他数量的零钱。

馒头里包多少钱完全是按照贺喜人的心意，包多少钱不固定。大宝馒头做好后，先把小馒头、小糕、苹果、梨、橙子等其他物品放到面盆里，再把大宝馒头放在上面后一并放进箩筐，这是重要的礼节。大宝馒头由来贺喜的人家准备，例如家中的姐夫、妹夫或是舅老爷，收到大宝馒头的数量与家中的亲戚数量有关。大宝馒头一般和脸盆差不多大，还一定要用担子挑到主人家，具体怎么挑也有讲究。挑担子时不能越过主家大门的门槛，前来贺喜的人肩头挑着箩筐，还未到大门口，主人家就要出来迎接，这是为了取“发财、接宝”的好兆头。

瓦工首先到场，木工紧随其后。然后木工将木头摆出来，瓦工负责贴横幅——像“吉星高照”“福禄寿喜”“荣华富贵”这些字眼的祝福语都可以。如果横幅上写的是“吉星高照”，在四个大字旁再一边贴一个大“福”字。准备就绪后，木工和瓦工分列左右两侧，手里都攥紧家属编好的红色粗麻绳。然后，瓦工抓着麻绳的一头先上梁，木工后上。这时，底下人在房屋的最下面一层开始放鞭炮，瓦工高声吟诵道：“爆竹一声震天响，黄道吉日上大梁。上梁上到半当中，歪歪扭扭像金龙。要问金龙何处去，就落本府紫金宫。”值得一提的是，主人要提前备好三五百元的红包、柏枝、万年青等物，恭候瓦工、木工的到来。

箩筐担子进入正厅后，由瓦工和木工开始放炮上梁。“接大宝”开始前，每个梁上要挂上两条喜帐，一头各一条。随后，瓦工向东南西北四个方向抛馒头，边抛馒头边说好话：“东方馒头抛到东，代代要坐朝南宫。西方馒头

上梁 2020年5月 李琪涵/绘

抛到西，子孙代代做皇帝。南方馒头抛到南，生意做到南天门。北方馒头抛到北，代代公主招驸马。”接大宝的仪式正式开始。“一接宝，一接夫人来当朝，生下儿子要把状元考；二接宝，二龙来戏珠，一对鲤鱼龙门跳；三接宝，三生有幸，一代更比一代好；双接宝，事事如意开开心心，带来万世永荣华；五接宝，五子登科福气好；六接宝，六六大顺财神到，平安发财身体好；七接宝，妻子团圆力量大，个个都开宝马车；八接宝，八仙过海神通大，五湖四海都通达；九接宝，九节鞭在空中摇，再砌大厦冲云霄：十接宝，问主人要富要贵，富贵双全一起到！”

我 19 岁时，父亲就给我合八字准备结婚

讲述：俞金跃

二十世纪五六十年代，不同于现在的婚姻自由，结婚都是由父母做主。我母亲去世后，家中没有女人照料，在我 19 岁时，父亲就给我合八字准备找对象结婚。后来，相中了一位姑娘，也就是我现在的夫人，算命先生把我们两人的生辰八字写在纸上，放在老灶头门口的洞里摆上八天，取出来之后给算命先生过目，如果算命先生说可以，那这门婚事就成了。最终经过这一系列流程，我和我夫人结了婚，夫人比我大两岁。

按照古时候的说法，结婚前，要先确定双方的结婚条件。那时，每家每户没有瓦房，只有草房。我父亲去高淳花 20 元钱买了一张老古床，上面有很多雕花，非常精美。我们有“养儿贴床”的说法，结婚时屋里的东西必须要男方买，还要打家具，打完家具后便开始选好日子。选日子也有说法。把黄道吉日写在红色的三折纸上，红纸内容如下：今詹于农历某年某月某日某时贵府令爱某某某与我长子（或次子）举行完婚之喜。与现在相同的是，当时结婚一定要请媒人，男方和女方各找一个，经过双方协商同意后即成为双方的媒人。

20 世纪 60 年代我结婚时，彩礼金大概有 36、66、96 元三个档次，当时我们还称它为聘金，我结婚时出了 96 元聘金。女方给男方的父母从头到脚买新装，包括帽子、上衣、裤子、袜子、鞋子之类，客气大方的女方也会给男方的弟弟妹妹买。除了彩礼外，还会买一些糖果、香烟。结婚当日，新郎请亲朋好友接亲，用独轮车推新娘。独轮车的一边是女方家的陪嫁，另一边坐着新娘。即使是结婚当天，新郎也不能去女方家，否则就不分礼仪。我当时只有 19 岁，不懂事，结婚前两人只合过八字没见过面，所以我心里也害怕她是一个丑姑娘。包办婚姻大概到二十世纪五六十年代还存在，20 世纪 70 年代逐渐开始自由恋爱，20 世纪 90 年代基本上是自由恋爱。我这个年纪的人离婚很少，因为离婚不易，要离婚首先要大队出证明，再到县政府批，最后才能到民政局办离婚手续。

结婚后，家里如果有两个兄弟的，都会分家。我结婚后，就由舅舅出面主持和弟弟俞金坤分了家。在当时的农村，这样的情况很普遍，房子一般都是一人分一半，父母跟着小儿子过。

陆笪村的婚恋习俗被完整地保留了下来

讲述：俞金跃

陆笪村的婚恋习俗，除了自由恋爱取代了过去的“父母之命，媒妁之言”的包办婚姻制度，其余的都完整地保留了下来。

二十世纪八九十年代，结婚前需要准备彩礼。彩礼是根据每家家庭条件的不同，给不同的数额，再适当添一些大米、被子作为补充。

男方需要为女方送上“肚痛肉”和“还娘席”。“肚痛肉”意味着妈妈养育女儿非常不容易，在生育时会肚子疼。“肚痛肉”由六根肋骨组成，总重量在 7.5~10 千克。“还娘席”就是还娘家的凉席，意味着女儿的爸爸妈妈在养育她时非常不容易，把席子都压坏了。这两样东西是必不可少的，现在也可以用毛毯等代替“还娘席”。

女方必须给男方送“节节高”。“节节高”是一对毛竹，上面一定要有对齐的八个“节疤”。此外，女方结婚当天需制作好盖茶，并将其送给男方家。所谓“盖茶”，是装在一个方盘中的 16 个茶杯，里面装有大米、红糖、茶叶。制作步骤的最后，茶杯的上面要盖一张红纸，“盖茶”便由此而得名。结婚当天要准备两个方盘，一个方盘放“盖茶”，另一个放上蜜枣、红枣、红糖、桂圆和小糕等吃的。

结婚的风俗习惯在陆笪村也有很多体现。比如“抱轿”的传统，女孩由自己的亲兄弟或堂兄弟抱到轿上。出于礼节,男方需要给抱轿人一笔所谓的“抱轿钱”，现在抱轿钱大概在几千元不等，最起码要包 1860 元的红包，寓意主人家要发，六六大顺。姑娘出嫁前，要请家里的嫂子或者其他人梳头，一般是出 360 元的梳头钱，而以前出 3 元 6 元就可以。还有一个就是给“开门钱”。具体，可以分为“大开门”钱和“小开门”钱。大开门是指男方要给女方家门口所有的亲戚朋友发红包，每个红包里的金额在 5 元到 10 元之间，而小开门的钱则是给女方的父母，三五千元不等。

正所谓礼尚往来，既然男方送了女方“还娘席”，那么女方也要送男方一顶帐子，名曰“喜帐”。“喜帐”由女方做好，取“双喜临门”之意，陪嫁被子最少要 8 床。女方家需要派一名未婚的年轻女孩扛着“喜帐”去男方家，男方家在铺床时按照算命先生算的忌讳生肖，排除该生肖在铺床现场。

发喜糖也是结婚时必不可少的一个环节，村上人家必须全部送到。还有一样东西叫“子孙桶”，一个小男孩拎着一个小马桶，到男方家后，需要往马桶里尿一泡尿。我们村的习俗除了有“子孙桶”，还要提前准备“子孙蛋”，染得通红，不仅要放在被子里，还要放在八个“盖碗”里、“子孙桶”里。

生了孩子后，要办满月酒、百天酒、周岁酒、10 岁酒、20 岁酒、30 岁酒。村中如果有小孩子年满 10 岁，婆婆家就需要为其“做十岁”。在陆笪，小孩 18 岁成人时不设酒宴，但是 20 岁、30 岁时都要由外婆家过生日。男方的爷爷奶奶也要有所表示，最起码要带一条猪腿、面包等点心，猪大腿代表“肥”，面包代表“发”，象征“两家一家亲”。比如说你挑过来的馒头、点心，有的人家不发给邻居，有人家不全部发，有的只给个别几个邻居发。这不同于发喜糖，喜糖是要全村发。女方亲戚来送礼，要带衣服、面条、玩具等礼物，男方给女方回礼时要准备担子，里面装着的要么是猪大腿，要么是点心之类的东西。

外婆到外孙家来，挑的担子里会放上天竹叶、柏枝、万年青等，寓意与天同寿、子孙世世代代传承。男方回礼时一定要回万年青，即使男、女方搬到镇上或城市里去生活，这种风俗依然保持不变。

大过年的祭品中必须备上“六只眼睛”

讲述：俞金跃

每年清明、七月半、冬至、除夕，这四个节点祭祖不可少。祭祖时一般有鸡、鱼、肉、豆腐、荷包蛋、青菜、豆芽、芹菜、百叶 9 道菜，有的少些。每户人家的实际情况不同，有的人家要摆两桌。我们家祭祖时只有一桌，桌上摆 10 个酒盅，追思到太公这一辈。盛饭的碗使用的是小一点的茶碗，大约 2 号碗的尺寸。

过年时，每家每户会买上一个猪头，放在家里的四方桌上供奉。大过年的祭品中必须备上“六只眼睛”，即猪头的两只眼睛、鲤鱼的一对眼睛和公鸡的一对眼睛。其中，作为祭品的鲤鱼要求既不能刮鳞，也不能烧得太熟，含有“鲤鱼跳龙门”的吉祥之意；公鸡要有两头毛，尾巴上的毛要留有三根，头上毛的根数则不等。这三样祭品的摆放位置十分讲究——猪头连着猪爪居中，公鸡在左，鲤鱼在右。

除夕之夜，全家团圆。吃年夜饭前，我们会在一个灶台里放三个盆，三个盆里面放有三个芝麻红糖心的团子，摆着小香炉，里面插有三根香。供奉祭品结束后，大家朝着灶台磕响头，然后开始放鞭炮。

广场舞，我们准备一直跳下去

讲述：林云妹

我们腰鼓队是2018年春节期间才组建的，由企业老板葛寿康赞助的腰鼓和音响等必备物品，我们村委陶书记赞助我们5000元买了服装，王小强老板赞助我们1000元。

我们腰鼓队一共有12个人，其中，腰鼓舞由10个人组成，扇子舞由9个人组成。我们中有的已经退休了，有的是在职员工，平均年龄58岁。组成腰鼓队之前，我们跳广场舞已有5年。一开始，我们去过溧阳、金坛的一些村落演出，钱都是自己掏，包括车费、服装费等费用。后来团队慢慢壮大起来，逐渐有老板赞助我们。

王艳芬是我们的舞蹈教练，也是我们的队员。她专门负责教我们跳舞，为我们彩排。我们舞蹈团的队员都是自愿报名，随时可以加入。

现在，我们腰鼓队的人数扩大了，以前只有十几个人，现在有二三十个，服装一共有24套。还没拿到服装的队员，等到再有老板愿意赞助我们时会买。

每年，我们都会外出表演五六十场。基本每天都要练习舞蹈，除了下雨天，大家都在一起练习。有时从早上6点多开始，练到将近8点结束。我们秉承不扰民的原则，有小孩上学，我们练到7点多就结束。

我们有时会在一起聚会，唱歌。2018年的正月十五，竹箦桥邀请过我们去表演。春节时，村里有活动也邀请我们去表演。

村里的娱乐活动是从我们跳广场舞以后重又兴起的。这里的街镇小，有的人觉得跳舞难为情，其实跳舞有利于健康，所以我经常开导那些觉得难为情的人，告诉她们跳舞也是锻炼身体。先学会跳广场舞的是王艳芬，她是跟着网上的视频学会的。一开始，她在电视上看视频面对面学，学会了以后就开始跳。身边的人都很惊讶她会跳舞。后来有几个人想学，她就把音响放在她家门口，带着我们每天一起练习。

一开始，我们也会被别人议论，但我们觉得对身体好，就坚持了下来。现在，大家的思想都开放了不少。村里的广场舞也是我起的头，她们一开始不肯跳，我说没有学不会的，只有不肯学的，慢慢地大家都学会了。现在，我们队伍已有二三十人。我丈夫一开始反对我跳舞，他说我一天到晚东跑西跑，在家门口跳跳就行，不要去远的地方跳。我今天中午还和他说，你不支持我，最起码别反对我。

现在，我们不管在村里，还是去城里，都是想跳就跳。我们女同胞跳广场舞一方面是为了身体健康，更重要的是为了让自己开心。我们队有两个患糖尿病的队员，在我们的带动下开始跳舞，现在腿都不疼了，一听到音乐，就感觉心情舒畅。我们队里还有人说："我就喜欢跳舞，跟丈夫闹矛盾了，只要一跳舞，什么烦恼都没有了，"就像歌词上说的怎么开心怎么活。

我们也不想出名，但是我们准备一直跳下去，跳到跳不动为止。我们跳舞的决心很强，以前都是队员集资买音响、灯具、衣服等，现在有企业赞助，我们更有信心了。我们队的名字叫陆笪姐妹花广场舞。

最近，有个年近 80 岁的老太太想加入我们团队，我们队员也表示欢迎她的加入。跳舞不分年龄，不分男女，只要你想来，可以从 3 岁跳到 90 岁。有时，其他村叫我们去演出，一开始的车费、伙食费等费用都是自己出，后来才有本地热心企业家赞助我们，大概有六七千元。只要我们开口，本地热心的企业家就会赞助我们，但我们不好意思总让企业家赞助。我们每个人有两套衣服，还有其他一些行头及设备。

美丽乡村建设落到我们村，村里的文娱活动也会慢慢多起来，比如唱戏、打球。村里老领导讲，马上要办"天天乐"，我们队到其他村去跳舞，其他村来我们村跳，营造出一种天天快乐的感觉。我们队年龄最大的有 78 岁，最小的有 45 岁。78 岁的那个老太太，以前是镇上的小学老师，喜欢文艺活动。

团队里有普通职工，有农民，有的住在镇上上班。我们希望村里能建个大舞台，让我们一直跳下去。

只要腰鼓队有困难，一定会提供帮助

讲述：葛寿康

我是江苏康宏新材料有限公司的负责人，企业办在陆笪村上。每年，我们企业都会拿出3万~5万元给陆笪村村委会，捐献给村上的贫困家庭。每到过年过节，我们企业也会给村民送点日常生活所需的东西。

这几年，陆笪村成立了一支腰鼓队，成员由中老年妇女组成，作为村民们休闲娱乐的一种方式，我觉得挺有意义的。这支队伍经常在村上跳舞，有时也会去其他村表演，还去金坛表演过。

听闻腰鼓队在资金方面有些紧张，我就和村委的工作人员说，我愿意赞助腰鼓队，需要买什么，直接告诉我。给腰鼓队捐助的钱其实没有多少，总共1万多元，但是对于腰鼓队的人来说，可以拿着这些钱为每位队员买两套舞蹈服、两双舞蹈鞋，还有扇子、音响设备这些必需品。我和腰鼓队的队员说，你们如果有困难就给我打电话，或者直接来找我，我一定会提供赞助。

企业现在由我女儿管理，我基本处于退休状况。她也很支持腰鼓队，只要腰鼓队有困难，一定会提供帮助。

后　记

人对故乡的眷恋是与生俱来的。故乡，是充满希望的田野，是贮藏温暖的宅院，是质朴可亲的乡邻，是“林梢烟似带，村外水如环”的一座座村庄。

在寻梦乡愁的路上，村庄口述史是人们追寻记忆的一个载体。这种以搜集和使用村民口头史料来研究村庄历史的方法，近年来在全国各地兴起。村民，作为村庄事件的亲历者、当事人，无疑在村庄变迁中是最具发言权的。因此，一个个村庄的历史，绝不仅仅存在于封存的档案、资料中，更是存在于亲历者、当事人、目击者的记忆之中。如果把正史比喻成一条奔腾的大河，那么这些口述史料就是融入大河的涓涓溪流。

溧阳市委、市政府高度重视村庄口述史编纂工作，并于2017年将其纳入地方志研究课题，2018年列为全市18项重点工程（工作）之一。同年8月，溧阳市地方志办公室与常州日报社常报融媒文创中心合作组建专业团队，共同推进这一工作，得到广大村民积极响应。首批采集了溧城镇礼诗圩村、戴埠镇杨家村、别桥镇塘马村、上兴镇牛马塘村、上黄镇南山后村5个特色田园乡村村民口述史料，合编为40余万字的丛书，定名为《吾村吾民》，以丛书形式分册出版。2019年12月28日，《吾村吾民》在南山后村首发，这是江苏省首部美丽乡村口述史。溧阳市委书记徐华勤对新书的面世给予了极大的鼓励。他指出，《吾村吾民》丛书对传承发展乡村文化，滋养乡民精神家园，激发广大村民投身乡村振兴的主动性和积极性具有重要意义。溧阳将会持续推进《吾村吾民》乡村口述史采集工作，让座座美丽乡村、特色田园乡村，成为城乡百姓共同的“乡愁记忆馆”。

在各级领导和各界朋友的关心支持下，2020年1月初，溧阳市再次启动《吾村吾民》丛书编纂工作，计划采集竹箦镇陆笪村、南渡镇庆丰村、社渚镇新塘村的村民口述史料。虽然突如其来的新冠肺炎疫情打破了原定的驻村采访计划，但是采编团队的工作却没有因此松懈，大家克服困难，通过电话、微信等多种形式，积极与村民隔空交流，做好前期准备工作。4月，采访工作正式按下“重启键”，在村民的大力支持下，采编团队分驻各村，走进田间地头，采拾最原真的记忆。通过半年多时间的努力，《吾村吾民》丛书之《陆笪》《庆丰》《新塘》顺利编纂完成。这次采编的三册村庄口述史，在农耕文化、“非遗”文化、乡风民俗、乡村教育、乡村治理等方面收录了更多鲜活的历史信息，留下了大量珍贵、生动、有温度的历史记忆，这对研究溧阳乡村变迁、传承乡土文化有一定的参考价值。

《吾村吾民》编纂工作自始至终得到了常州市地方志办公室、常州日报社的大力支持，相关镇村为采编团队驻村采访进行了有效组织并提供了很多便利，受访村民为采访顺利进行给予了无私配合。沈福新、卞德坤、张晨镛等同志受邀对书稿进行了认真审阅和修改。在此，谨向所有为本书编纂出版付出辛劳的单位和同志致以由衷的谢意。

收录本书的村民口述内容，我们本着“各说并存”原则，除做必要的文字改动外，尽力保持其原来面貌，以期原汁原味地呈现3个村的人文和历史，让读者一同分享我们曾经体会过的感动。限于时间仓促和能力不足，书中难免有疏漏、错讹之处，敬请读者批评指正。

编著者

2020年12月

新塘

吾村吾民

口述

溧阳市地方志办公室 编著

方志出版社
Publishing House of Local Records

图书在版编目（CIP）数据

新塘 / 溧阳市地方志办公室编著 . -- 北京 ： 方志出版社，2021.8

（吾村吾民）

ISBN 978-7-5144-4800-9

Ⅰ．①新… Ⅱ．①溧… Ⅲ．①村史 - 溧阳 Ⅳ．① K295.35

中国版本图书馆 CIP 数据核字（2021）第 278422 号

吾村吾民

新塘

编　　者：溧阳市地方志办公室
责任编辑：董 琳

出 版 者：方志出版社
地址 北京市朝阳区潘家园东里 9 号（国家方志馆 4 层）
邮编 100021
网址 http://www.zgfzcb.cn
发　　行：方志出版社图书营销中心
电话（010）67110500
经　　销：各地新华书店
印　　刷：常州报业传媒印务有限公司

开　　本：787×1092　1/16
印　　张：7
字　　数：112 千字
版　　次：2021 年 8 月第 1 版　2021 年 8 月第 1 次印刷
印　　数：0001 ~ 2000 套

ISBN 978-7 - 5144 - 4800-9　　**定价**（全 3 册）：120.00 元

· 版权所有 翻印必究 ·

序言

以吾民讲吾村，汇集的是乡民口中的“原味”，记录的是乡村变迁的“风云”，见证的是时代发展的“足迹”。这套名为《吾村吾民》的乡村口述史丛书，原汁原味地收录了村民最真实的生活记忆，既展现了乡村发展最鲜活的历史画卷，更有着“前有所稽，后有所鉴”的历史价值。

乡村“记忆”的多元，让地域文化更加多彩。每个村庄各自形成了它们独特的历史和风俗，都有着自己的记忆。乡村史志是村庄发展、变化的历史见证，是传承地域文化的重要载体。在这个乡村快速发展、日新月异的时代，为乡村立史，已是一种唤醒乡村记忆、传承乡土文化、重振乡村精神的重要方式。《吾村吾民》追溯乡村的历史渊源，全方位记录乡村历史和变化。特别是以乡民的所见所闻所感为主要内容，多角度展示乡村最真实的面貌，极大程度丰富了地域文化，具有特殊的史料价值和文化价值，也有着其他书籍不可替代的研究价值。

乡民口述的“原味”，让乡愁乡情更加浓厚。每一个村庄，都有着各自的成村缘由和发展轨迹，承载着不同历史时期人们的共同记忆，也寄托着人们质朴淳厚的乡土情谊。她是一代又一代乡民心中的“家”，她是触动着古往今来诸多游子内心柔软处的那一份“乡愁”。《吾村吾民》这套丛书，梳理了一个个普通的乡民回忆往昔的思绪，收录了村

民鲜活本真的生活记忆，展现出乡村生活最质朴、最真实、最“原味”的一面。这不仅能让读者感受记忆的温度，更能让他乡游子感触无尽的乡愁。

乡土文化的“活力”，让乡村精神更加焕发。2017 年 6 月，溧阳入选全省首批特色田园乡村建设试点地区。面对农村活力不足、日益“空心化”的问题，我们提出了“建设精神焕发的农村”的愿景。而要实现这个愿景，必须解决乡村活力的问题。《吾村吾民》聚焦全市“美意田园”行动中涌现的典型特色村落，通过对乡村文化进行系统挖掘，为乡村建设注入文化元素，让乡村的特色得以充分彰显；也通过传承发展乡村文化，不断滋养乡民精神家园，从而激发乡民投身乡村振兴的主动性和积极性；更通过记录乡村在时代发展中的变迁脉络，为乡村建设提供有益借鉴，指引着我们在推动农村精神焕发的征程中不断前行。我愿意和我的同事们一起，为实现溧阳乡村的这种美好去努力、去奋斗！

《吾村吾民》是一部深入农家院落、走进田间地头、来自乡民土语方言的乡村发展史。创作团队曾驻村采访数月，过程辛苦可见一斑。借此机会，对所有为之付出的工作人员和社会各界人士，致以衷心的感谢！

是为序。

徐华勤

2019 年 10 月

《吾村吾民》编纂委员会

名誉主任：徐华勤
主　　任：叶明华
副 主 任：张爱文　朱志军　陈　峰　唐华新
委　　员：嵇建忠　甘正富　钱　栋　朱立峰
　　　　　周文光　朱　威　马立峰　姜　卫
　　　　　颜　萍　张余亮　王鹏程　张国良
　　　　　强建方　高　洁

《吾村吾民》编纂人员

主　　编：甘正富
副 主 编：董文博　钱月航
采　　编：钱　鹏　邹永鸽　冯平平　邵建芳
　　　　　吴凌云　谢　丹　曹　煜　高　亢
　　　　　王　强　吴艰辛　刘燕涛　张天羿
编　　校：殷国富　莫　俊　袁　杰　潘鸿声
　　　　　尹少鹏
设　　计：陆念青　李琪涵

口述人员名单

姓名：程瑞云　1920 年生　务农
采访时间：2020 年 5 月
地点：程瑞云家中　采访人员：谢丹 高亢

姓名：罗秀英　1931 年生　军烈属
采访时间：2020 年 5 月
地点：新塘村村委会办公室　采访人员：钱鹏

姓名：刘明龙　1934 年生　抗美援朝老兵
采访时间：2020 年 5 月
地点：刘明龙家里　采访人员：钱鹏

姓名：刘华珍　1936 年生　务农
采访时间：2020 年 5 月
地点：刘华珍家里　采访人员：钱鹏

姓名：潘先荣　1937 年生　务农
采访时间：2020 年 5 月
地点：新塘村村委会办公室　采访人员：钱鹏

姓名：刘介彬　1937 年生　“新塘跳观音”非物质文化代表性传承人
采访时间：2020 年 5 月
地点：刘介彬家中　采访人员：钱鹏

姓名：杨锁德　1943 年生　退休教师
采访时间：2020 年 5 月
地点：杨锁德家中　采访人员：高亢

姓名：吴信贵　1946 年生　抗美援朝老兵
采访时间：2020 年 5 月
地点：吴信贵家中　采访人员：高亢

姓名：肖大连　1946 年生　篾匠
采访时间：2020 年 5 月
地点：肖大连家门口　采访人员：谢丹　高亢

姓名：彭红根　1946 年生　务农
采访时间：2020 年 5 月
地点：新塘村村委会办公室　采访人员：钱鹏

姓名：林锁顺　1946 年生　务农
采访时间：2020 年 5 月
地点：新塘村村委会办公室　采访人员：钱鹏

姓名：刘小法　1947 年生　木匠
采访时间：2020 年 5 月
地点：刘小法家里　采访人员：钱鹏　高亢

姓名：刘保荣　1948 年生　“新塘跳观音”非物质文化代表性传承人
采访时间：2020 年 5 月
地点：新塘观音庙　采访人员：钱鹏

姓名：杨富生　1950 年生　务农
采访时间：2020 年 5 月
地点：杨富生家中　采访人员：钱鹏

姓名：刘小田　1951 年生　务农
采访时间：2020 年 5 月
地点：新塘观音庙、刘华珍家中　采访人员：钱鹏

姓名：刘小呆　1952 年生　务农
采访时间：2020 年 5 月
地点：阳达小店　采访人员：钱鹏

姓名：刘和平　1955 年生　石匠
采访时间：2020 年 5 月
地点：刘和平家中　采访人员：谢丹

姓名：刘国富　1956 年生　“新塘跳观音”非物质文化代表性传承人
采访时间：2020 年 5 月
地点：新塘观音庙　采访人员：钱鹏

姓名：项九娣　1956 年生　务农
采访时间：2020 年 5 月
地点：新塘村村委会办公室　采访人员：钱鹏

姓名：洑玲玢　1958 年生　务农
采访时间：2020 年 5 月
地点：新塘村村委会办公室　采访人员：钱鹏

姓名：刘友富　1963 年生　建筑业包工头
采访时间：2020 年 5 月
地点：刘华珍家中　采访人员：钱鹏

姓名：刘爱国　1964 年生　青虾养殖专业户
采访时间：2020 年 5 月
地点：刘爱国农场　采访人员：高亢

姓名：周慕梅　1966 年生　务农
采访时间：2020 年 5 月
地点：阳达小店　采访人员：钱鹏　高亢

姓名：鲁福根　1966 年生　养殖业从业者
采访时间：2020 年 5 月
地点：鲁福根家中　采访人员：谢丹

姓名：王顺芳　1966 年生　新塘村退休妇女主任
采访时间：2020 年 5 月
地点：新塘村村委会办公室　采访人员：谢丹　高亢

姓名：潘清保　1966 年生　建筑业从业者
采访时间：2020 年 5 月
地点：潘清保家中　采访人员：谢丹

姓名：杨光明　1966 年生　木匠、青虾养殖专业户
采访时间：2020 年 5 月
地点：杨光明虾场　采访人员：钱鹏

姓名：刘红元　1968 年生　油漆工
采访时间：2020 年 5 月
地点：刘红元家中　采访人员：谢丹

姓名：刘国新　1969 年生　泥瓦工
采访时间：2020 年 5 月
地点：新塘村村委会办公室　采访人员：钱鹏

姓名：吴荷琴　1970 年生　阳达小店店主
采访时间：2020 年 5 月
地点：阳达小店　采访人员：钱鹏　高亢

姓名：方新伢　1975 年生　青虾养殖专业户
采访时间：2020 年 5 月
地点：青虾养殖场　采访人员：钱鹏

姓名：熊成荣　1975 年生　果蔬专业合作社负责人
采访时间：2020 年 5 月
地点：熊成荣果园　采访人员：谢丹　高亢

姓名：刘军华　1977 年生　新塘村玻璃厂老板
采访时间：2020 年 5 月
地点：刘军华厂里　采访人员：谢丹　高亢

姓名：林克　1980 年生　新塘村党支部书记
采访时间：2020 年 5 月
地点：新塘村村委会办公室　采访人员：钱鹏

姓名：陈敏　1985年生　退伍军人、村干部

采访时间：2020年5月

地点：新塘村村委会办公室　采访人员：谢丹　高亢

田冲龙埂
2
6

1.土地庙

2.新塘小学旧址

3.观音庙

4.古井

5.虾塘圆堂屋

6.圆堂屋

新塘古村手绘图 2020年6月 李琪涵/制图

俯瞰新塘 2019 年 5 月 高亢 / 摄

目　录

1　村庄概况

6　村庄纪事

8　村庄源头

新塘刘氏渊源
我的爷爷和奶奶
我们村庄传说曾有999根烟囱
刘氏祠堂真辉煌
刘家新祠堂很精致，光雕匠就做了三年，油漆匠做了一年
“客民”到了新塘，就扎下了根
家神牌位

18　民俗风情

新塘“跳观音”
新塘观音赛本戏
新塘人“吃鸡里外里”
“猪八碗”与“三名件”
新塘人不管走到天南海北，咸货永远是一个心头好
新塘过年最热闹
清明祭祖不马虎
四月初八吃乌米饭
剥壳
结婚大事最讲究

建房习俗
哭嫁

38 传说故事
观音保平安
刘伯温新塘看风水
有虎山无狼山，有金山无银山
金龙抱柱圆堂屋
货郎进村，三转两转就摸不到墙门出村
吴龙使阴功断龙脉

45 烽火岁月
新四军记忆
凶残的日本侵略者

48 农耕生活
我满心眼里是欢喜和开心
现在还有“客乡人”的后代记着我父亲的好
我出生的时候正好大田分小田，叔叔就给我起名“小田”
这几十年的变化真是太快了
我的一辈子就和田地紧紧地结合在一起
我虽务农，但读书是我一辈子的爱好
我做了不少工作，但都围着村子转
只要有志气，人勤快，生活总归会有奔头

60 前行路上

我做了一辈子的老师
希望这个生我养我的地方越来越好
“有困难，还是找老刘”
咬紧牙关也要干
我一边种田，一边做竹器皿补贴家用
我当“农场主”6年多时间，虽苦犹甜
我相信一代总归比一代好
看看这几十年来走的路，现在我感觉很满意
1984年开始，我们新塘村的条件开始改善了
过去农村上造房子，要到山里面去扛毛竹
我们新塘村的青虾养殖搞得很好
养虾很辛苦，一定要管理好
青虾一年才出一季，品质很高

83 乡村治理

我当了20年妇女主任
通过工作实践，如今做起村民工作已经驾轻就熟了
新塘的明天一定会越来越美好

后记

村庄概况

新塘行政村位于溧阳市社渚镇集镇东，239省道、360省道、在建的溧宁高速公路贯穿南北，规划的456省道也将穿村而过，交通极为便利。新塘山清水秀，具有独特的自然禀赋。辖区面积4.8平方公里，耕地面积4400亩，下辖新塘、路北、花岗等14个自然村，18个村民小组，村民安居乐业。

新塘行政村因新塘自然村而得名。清康熙六年（1667）《溧阳县志》中已有“新塘村”的记载，该村也称为大新塘，位于行政村村域中部，村基是一片高冈地，名曰背底山，海拔有25米左右。民间传说，背底山像一把太师椅，风水极好。大新塘原住民为刘氏，历史可以追溯到元末明初，由江西迁徙而来。新塘刘氏的一世祖刘矩，字仲则，福建莆田城关北门街人。南宋淳熙八年（1181）进士，曾任浙江嵊县（今嵊州市）知县、朝奉郎、江东安抚使、建康知府、工部尚书等官职。刘矩勤政爱民，克己奉公。据南宋景定《建康志》记载：“嘉定癸酉六年正月十日，中奉大夫宝文阁待制刘矩知府事兼江淮制置使，十四日，转中大夫。”“甲戌七年十月二十八日，矩转太中大夫。”“矩居官倦倦，无一年不在于国。……”清嘉庆十八年《溧阳县志》记载：“刘矩，溧阳候钦裔孙，嘉定间知建康府，寓居社渚新塘。”元末明初，刘矩的子孙为什么辗转从江西迁徙至新塘？由于文字资料有限，我们今天暂时无从查证。但历史又给了我们一个答案，六百多年来，刘氏子孙在新塘这片乐土上繁衍生息，瓜瓞绵延，最鼎盛时期，村中曾有999根烟囱，人丁极为兴旺。这里的好风水、好风物、好乡里，或许是吸引刘氏扎根落户的最好磁石。

除了大新塘，其他自然村的村名也很有讲究。

桃园自然村，旧时，村周围曾种有许多桃树，桃花开时，蔚然如霞，故称桃园。

大山芥自然村，原址在西山芥，1959 年建设前宋水库，村民搬迁至新塘，为了让子孙后代永远不忘自己的祖居地，村名依旧。

新西自然村，位处大新塘西边，又称西新塘、小新塘，简称新西。

花岗自然村，村依小山冈而建，过去山冈上多花，春夏之际，尤其绚烂多彩，这座小山冈就被称为花岗，村以山冈名。

下湾自然村，坐落在花岗下边弯道处，叫下湾。

新花自然村，村址在花山脚下，为与花山村之名有别，起名新花。

红卫自然村，1966年名为后河生产队，“文化大革命”期间更名红卫，具有鲜明的时代特征。

花山自然村，村在花山脚下，村因山名。

路北里自然村，村庄在社渚到周城大路的北边，所以很形象化地起此名。

桥上自然村，村前原有座桥，20世纪70年代，此桥在农田基本建设“格田成方”时被拆除，但村人对桥有感情，还是延续着“桥上”之名。

下田舍自然村，从前这里是一片荒地，后来，陆续有移民到此搭舍耕种，由此得名。

山西管自然村，原叫山西涧村，后改今名。

……

这些自然村，有的因地形而命名，有的因风光而命名，有的刻满历史的沧桑印痕，有的则带有明显的时代特征。所以，新塘行政村是一本厚厚的书，三天三夜也说不完。

这里是共融发展的幸福家园。

清咸丰三年（1853），太平军攻克南京，溧阳是南京门户，战事尤为惨烈。至清同治三年（1864），江南被清军收复。在太平军与清军十余年的拉锯战中，溧阳老百姓处于水深火热中，人口损失严重，呈断崖式下降。新塘也不例外，昔日繁华热闹的古村，基本上被破坏殆尽，战后逃难归来的，不过区区 4 户人家。由于江南地区战后普遍人丁不兴，荒田难垦。清廷于同治五年（1866）谕令各省招垦荒田，苏、浙、皖三省各州县先后设立“劝农局”“招垦局”“开垦局”等机构，负责招垦事宜，积极鼓励外省、外府县农民前来就垦。正是在这种大背景下，一场长达半个世纪的大移民运动在苏南、徽南、浙北的大地上展开了。据《近代苏浙皖交界地区人口迁徙研究（1853~1911）》等资料记载，截至清宣统三年（1911），溧阳、金坛等苏南七县，安徽宁国府、广德州、浙江湖州府等苏浙皖三省交界地区共迁入移民 233 万多人，占当时本区人口的 58%，成为当地人口的主体。也是在这样的背景下，新塘村一带接纳了广大河南、湖北等地移民，成为一个客籍文化与土著文化交融、多姓氏携手发展的新村落。

这里是“非遗”文化的传承宝地。

大新塘村东现有一座观音庙，坐西朝东，由刘氏宗祠演化而来，这里是溧阳市非物质文化遗产保护项目“新塘跳观音”的传承和保护基地。新塘跳观音，是一种民间祭祀仪式演变而来的传统傩舞，起始于明洪武十一年（1378），传承至今已有 600 多年的历史。新塘跳观音表达的主题是知恩图报、改恶从善，舞姿庄重、情节生动，在当地有“新塘观音赛本戏”的赞誉。每到观音出会的时候，新塘村民走村串巷，为大家带来精彩的演出，深受广大群众喜爱。

这里是物产丰饶的农耕乐土。

新塘土地肥沃，农业物产丰富，尤其以新花的葡萄，路北里的大棚蔬菜和花木，大新塘、花山的青虾养殖等为特色。新花种植五十多亩成规模的新品种葡萄，葡萄色鲜味美，远近闻名；路北里蔬菜大棚一年四季盛产绿色无公害蔬菜，蔬菜品种丰富，正源源不断供给当地百姓，而且外销本市其他乡镇；新塘的花山，山虽不高，却四季常青。花山旁有花山村、花山庙、花岗村等，相映成趣。遥想从前，这一大片区域应该是长满了鲜花，异常鲜艳和壮观。如今，花山边却是别致的农家小屋和成片的青虾养殖区，有一些麦田和果园穿插其中，三五个农民正在田间劳作，成群的鸟儿从头顶飞过，真是一派安居乐业的风光景象。近年来，相继建成了锦天苑生态园、宣和休闲农庄等，山清水秀、空气清新，游客络绎不绝。

这里是幸福宜居的美意田园。

2019 年，新塘行政村投资 120 万元为 6 个自然村浇筑了水泥道路。至此，新塘全村范围内实现了水泥道路户户通。2020 年，村委计划为花岗至新塘的主干道装上路灯，总投资 400 余万元进行田冲村美意田园建设。目前已完成环境整治、道路浇筑出新、围墙翻建、公厕建造、生态化提升、天然气管网排设等工作。新塘村通过整治生活垃圾、乱堆乱放、乱贴乱画和禁止焚烧秸秆等措施，积极探索村民参与和自主管理村庄环境长效治理的有效途径。

新塘村民有句口头禅：“上有天堂，下有新塘。”这句话充满了对村庄的热爱，对生活的自信。着眼未来，新塘将融入社渚镇区，统一规划，协同发展，新塘的交通优势、区位优势、资源优势、历史人文优势将进一步放大，成为推动新塘发展的强大动力。相信，新塘的明天将更加美好，一座名副其实的美意“天堂”将在溧阳大地上书写新的篇章！

村庄纪事

元朝末年	江西刘矩一族后裔为躲避战乱辗转迁徙至溧阳桂寿乡东（社渚镇），在此繁衍生息，聚族而居成自然村落
明洪武十一年（1378）	为劝导刘氏族人知恩图报、行善积德，护佑族人福泽绵延，本村“跳观音”傩戏始传，每年农历二月十九、六月十九、九月十九日为观音庙会，热闹非凡
明嘉靖年间（1522—1566）	为纪念先祖，刘氏族人在村东建一座三间三进的刘氏宗祠
清康熙六年（1667）	村落已成相当规模，《溧阳县志》有“从山乡村，县西南，新塘”的记载
清乾隆年间	相传村中有一千根烟囱，人丁兴旺
清咸丰三年（1853）	太平军攻克南京，溧阳城亦被太平军占领，受战争影响，新塘受到毁灭性打击
清同治五年（1866）	清廷谕令各省招垦荒田，各州县先后设立“劝农局”“招垦局”“开垦局”等机构，负责招垦事宜。来自河南信阳罗山、光山等地的移民渐次来到新塘村安居，新塘成为本地文化与客家文化交融发展的村庄
1938 年	新四军军部迁移到皖南，在社渚镇设立第五兵站(城桥兵站)，新塘多位村民参加物资转运
1938—1943 年	日军多次对社渚镇进行了惨无人道的狂轰滥炸，烧杀抢掠，新塘村再遭劫难
1949 年 5 月 7 日	溧阳县人民政府成立，设社渚区，下辖新塘乡等 12 乡，新塘村成为新塘乡驻地
1956 年	撤小乡建大乡，将新塘、於坝、城桥、山丘、社渚合为社渚乡，归社渚区管辖
1958 年	设社渚人民公社，新塘建村级高级社，农户入社，土地归集体所有。是年，胡社公路建成通车，便利新塘村民城乡交流

1959 年	前宋水库启动建设，新塘村民响应号召，全村出动做水利。水库建成后，水面总面积 2500 亩，为溧阳市第三大水库，灌溉面积达到数万亩，极大改变了新塘农田缺水易旱的面貌，逐渐开始种植白芹等需水量大的作物
20 世纪 70 年代	前宋水库西大坝至新开港的灌溉水渠动工修建，便利村民引水灌田
1981 年	推行联产承包责任制，极大调动村民生产积极性
1994 年 7－8 月	溧阳发生旱情，社渚尤甚。新塘村民在政府带领下积极抗旱，保障农业生产
1997 年	S239 一级公路启动建设，公路紧邻新塘村，为村民出行提供极大方便
2001 年	新塘、路北里、花岗三个村合并为新塘行政村；新塘特色农业生产进一步发展，尤其以新花的葡萄、路北里的大棚蔬菜和花木为特色
2003 年	锦天苑生态园租用新塘村部分土地，启动建设
2005 年	溧阳正式启动对民俗民间文化的保护工作，大规模开展民俗民间文化普查工作，新塘村极具特色的跳观音傩戏遗存逐渐得到重视
2008 年	开始养殖青虾，进一步发展农副产业
2011 年	新塘跳观音入选溧阳市非物质文化遗产保护项目名录
2016 年	刘国富被溧阳市文化广电体育局确定为溧阳市非物质文化遗产保护项目新塘跳观音代表性传承人
2019 年	溧宁高速社渚互通在新塘村东侧破土动工

村庄源头

燕归来，归燕识故巢。
古老的村落，写满了沧桑，载满了故事。
那是心灵的故巢，乡愁的归处。
探究村庄源头，在历史的长河中，
去摘一片来处的云，为心灵筑巢。

新塘古韵 2020 年 5 月 钱鹏 / 绘

新塘刘氏渊源

讲述：刘介彬

唐玄宗时期，泉州别驾刘韶去世后，他的儿子刘友扶柩归籍。途经莆田时正值“安史之乱”，因道路阻塞，于是择葬于莆田三山（今西天尾镇三山），并定居于涵江沙坂（今涵江保尾）。这支刘氏就尊刘韶为入莆一世祖，其后裔称“涵江刘”。刘韶的第 18 代孙刘矩，官居工部尚书，是莆田城关北门人。南宋淳熙八年（1181），刘矩中进士，官任浙江嵊县县令。当时，江浙大旱，刘矩拨义仓米赈济灾民，得到宋孝宗嘉许，因政绩较好，应召入京，升为朝奉郎。他一生仕途大部分都在地方任上度过。他和他的父亲都曾在漳州当官，廉政行为令漳州人感念。他关心百姓，体恤民情，为国分忧。他不仅是著名的政治家、文学家，而且还是杰出的书法家。死后，追谥为“忠肃”。

元末明初，天下大乱，为了躲避战乱，刘矩的一支后裔辗转由江西迁徙至溧阳社渚。社渚镇坐落于苏皖交界处，天目山余脉的西北端，古老的胥河穿过镇境，素有“三省通衢”之称。刘氏族人遍相社渚之地，最后选中背底山作为安居乐业之地。背底山海拔 25 米，面朝东方，像一把太师椅立于社渚，山西南 1 千米有虎山，向东 3 千米有金山，背底山前有花红塘环绕，风水绝佳。刘氏自此落户，聚族而居，逐渐形成一个规模可观的大村庄。这个村庄什么时候叫新塘的，最早的源头已经无从查找，但清康熙《溧阳县志》已有“从山乡村，县西南，新塘”的记载。可见新塘之名，早在 300 多年前就有了。

新塘村与周边其他村庄不同。一是建筑不同，村中房屋一律依背底山山

新塘村景 2020 年 5 月 高亢 / 摄

势而建，坐西朝东，房屋和房屋间有走马廊道相连，下雨天可使村民不走雨路，大晴天不晒太阳，很讲究；村中还铺设了下水道，废水统一引出村外，非常干净。二是村庄周围建了很高的夯土墙，像一道巨大的城墙保护村庄，全村只有三个门进出，村门白天开，晚上关，比较安全。三是村民观音信仰浓厚，村中有刘氏宗祠，宗祠的第二进供奉观音菩萨，也叫观音堂。第三进供奉刘氏先祖排位，从明洪武年间（1368—1398）开始就有跳观音的习俗，流传至今。

凤凰台

宋 刘矩

凤台何亭亭，迥与雨华对。
凭高一登眺，秋事渺无际。
鹭洲赏心前，牛首秦淮外。
万叠云稼横，百缆风樯会。
睠言簿书隙，载酒邀华旆。
翰林诗百篇，生公法三昧。
皮肤虽不似，妙趣总相类。

怀古睇平芜，可但高李辈。
忆昔耿与韩，造膝陈大计。
高光课厥成，一语不相戾。
江淮今清晏，河路尚腥秽。
蛇豕相噬吞，天已厌戎裔。
箕敛民弗堪，恶稔将自毙。
愤激闻鸡舞，慷慨中流誓。
尺捶仗皇灵，喋血笞其背。
燕然彼有石，深刻诏来世。
兵强在食足，万灶馀廪廥。
叶奏鄮侯功，接武文石陛。

我的爷爷和奶奶

讲述：刘华珍

我的爷爷叫刘南庚，他是个能人，在太平天国运动时，参加过战争，曾带人到安徽前凤山九条岗（音）打过仗。当时兵荒马乱，他们这支部队战败了，逃亡回来的时候，看见路边有一个被遗弃的小姑娘，非常可怜，我爷爷就把小姑娘带回到新塘，与她相依为命。这个小姑娘后来就成了我的奶奶，我的爷爷和奶奶相差 15 岁，但是他们俩的感情非常好。一方面我的爷爷对奶奶有救命之恩，另一方面我爷爷肯吃苦，他回来以后就拼命种地，维持着一个家庭的生计。当时我们新塘这边已经几乎被夷为平地，回来的时候只有 4 户人家。我奶奶经常说，我们回来以后啊，是“筛箩吃饭”。我刚开始不懂，什么叫“筛箩吃饭”呢？后来明白了，就是家里没有桌子，吃饭的时候就把稻箩反罩在地上，上面放一个竹匾当桌子，菜碗就放在竹匾上，这就是“筛箩吃饭”，可见当时的条件多差，家里连一张像样的桌子都没有。

我们刘家祠堂非常恢宏气派，在这一带是有名的。祠堂一共有三进九间，大门一共有两层，一层是平门，一层是雕花门。最后一进院子中种着天竹、牡丹，还有柏枝树。树很高大，站在周城街上哪里都可以看得见。我们的祠堂平时不开放，到四时八节祭祀的时候才开。平时有一个方斋公住在里面负

新塘观音庙 2020 年 5 月 高亢 / 摄

责日常管理。他的工作就是打扫卫生、开门、维持祠堂的安全。祠堂里有三亩公堂田，是给方斋公种的，他自种自吃。我们的祠堂修建时非常考究，我听老一辈的人说，光油漆就做了半年时间，里面雕梁画栋，当中的观音堂，高大轩敞。

刘家人自太平天国运动时返回新塘的 4 户人家，到中华人民共和国初期发展到七八十个人。我们虽然人不多，但是非常重视教育。中华人民共和国初期，祠堂改为学校，叫新塘小学。当时我的父亲刘云福担任老师，做老师的还有丁建堂、朱和庆、张成武、“小羊子”。当时的学校只设一到四年级，由于没有幼儿园，小孩就读“半年级”（每日只上半天学），我们都是从这个学校读出来的。

我们村庄传说曾有 999 根烟囱

讲述：刘小田

我叫刘小田，我今天和大家讲一讲我们先祖的故事。大约六七百年前，我们的祖先从江西辗转迁徙而来，为什么会选择社渚新塘这个地方呢？因为这里的风水非常好，村的后面背靠背底山，就像一把太师椅，村的前面是花红塘，后有靠山前有水路，风生水起。

我们村以前的房子依丘陵山势而造，层层叠叠，坐向朝东，非常气派。当时的房子都是木结构的，大门一律是朝东的，因为这是根据我们村背靠背底山、前有花红塘的地势结构选择的，这和其他地方房子朝南是不一样的。

我们的村子在当年繁华到什么程度呢？老人家传说有 999 根烟囱，村子之间每户人家都有骑马楼相串联，下雨天不用走雨道，村子里面还有下水道，设计得非常科学合理。

老一辈人说卖货的货郎进了村子都是走不出去的，一定要人带队才能走出去，像迷宫一样。但一场突发的大火，让古村化为了灰烬。今天走进村子，你还可以看到很多残砖断瓦，这可能就是当年留下来的。大火之后，我们逃出来的村民有一部分逃到了河口的碑廊（音），他们那边是从我们这边繁衍出去的。现在，当我讲这段历史的时候心里都很沉重。这本是一个可以避免的悲剧，是旧社会大家族争强好胜的心态作怪，只要大家都谦让一点，就不会发生这个事。所以我们现在社会提倡文明和谐，老百姓也能安居乐业。我现在教育后辈：凡事都要为别人多想一点，善待他人就是善待自己。

刘氏祠堂真辉煌

讲述：刘小田

刘家祠堂真辉煌，一共有三进，和其他地方不同的是，我们的祠堂是大门朝东的，在祠堂的北面生长着一棵非常大的榉树，榉树很粗，三人抱都抱不过来。榉树下边有一口老井，水非常清，非常甜。第二进，雕梁画栋，全部是花格门窗，月梁上还雕着观音送子、麒麟送祥等图案，这进是观音堂，供奉着观音，在这一进两侧，还悬挂着一副长联，上联是“教子孙两条正路，惟读惟耕，百事音知”，下联是“守祖宗一脉真传，曰忠曰孝，万事备以。”

俯瞰新塘 2020 年 5 月 高亢 / 摄

这副联被我们这边的人记了下来，所以我们现在的观音堂里还是悬挂的老联文，走过第二进，就到了第三进。第三进里面靠院子的北面是一棵大柏树，这柏树大到什么样子呢？据说当年站在周城街上面就可以看到，要知道周城街离我们这里有 7.5 千米，站在周城街上可以看到，那树真是太高了。在院子的南面种了一棵牡丹树，树龄也很长了，每当花开季节，红纱一般覆盖在院子里面，漂亮极了。第三进是我们的祖宗堂，供奉着列祖列宗的牌位，这是祭祀祖宗的地方。

刘家新祠堂很精致，光雕匠就做了三年，油漆匠做了一年

讲述：刘小法

刘家祠堂分为新祠堂和老祠堂两处，老祠堂只有一进，进深比较短，但面阔十余间，后院还有戏楼。新祠堂紧靠老祠堂，在老祠堂北侧，一共有三进，每一进之间都有走马廊相连接，刘家新祠堂做起来以后，光雕匠就做了三年，油漆匠做了一年，做工非常精致，漂亮得很。民国后期，新祠堂改成了学校。我在新塘小学读的书，老师是姚磊、张成武，当时的桌子是祠堂里的条台，凳子都是自己带的。

石础 2020 年 5 月 李琪涵 / 摄

“客民”到了新塘，就扎下了根

讲述：刘明龙

我们新塘村村民主要讲两种话，一种是溧阳本地话，一种是河南“客家话”，多数人两种语言都能使用，自由转换。

实际上，河南“客家话”是社渚的第二大方言。为什么溧阳人会讲河南话呢？原因还要从清朝末年的大移民讲起。太平天国运动中，溧阳作为南京的门户，太平军和清朝军队多次发生拉锯战，导致溧阳人口锐减，十村有九村荒。原来新塘村号称有 999 根烟囱，人丁兴旺得很。当年，刘华珍爷爷从外逃回来的时候，村上只有零零散散 4 户人家。你想想，当时荒到什么程度。话讲回来，晚清朝廷为了维持统治，就推出移民政策，后来就有大量的“客家人”到新塘来落户，他们都是来自河南光山县、罗山县等地的移民。当然，

社渚还有流通范围小的其他方言，如江北（苏北）话、湖北话、温州话等。

河南“客民”到了溧阳，到了社渚，到了新塘，就扎根在这个地方。他们吃苦耐劳，心灵手巧，通过一百多年的发展，子孙兴旺，成了地地道道的本乡人。但是，千里迢迢迁徙而来的历史，还是深深印在一代又一代人的心中。“客民”有一句老话“宁卖祖宗田，不丢祖宗言”，老祖宗讲的话不能丢，他们都是通过“口口相传”的方式保留了原有的方言，一代一代传下来。现在“客民”都能熟练地运用两种话交流，一种是本地方言，一种就是“客家话”。现在，在河南后裔家中，依旧可以看到堂屋正厅有供桌供祖宗，这是中国古老的文化传统。

客民到了新塘后，不仅语言没丢，重耕重读的传统美德也没丢，很多人家都遵循着“耕读传家”的祖训，家里再困难，也要支持小孩读书，出现了很多优秀典型，涌现了一大批成功人士。

家神牌位

讲述：刘明龙

我们这里讲河南话的比较多，主要是清末民国初期迁移过来的。河南人走到哪里都不忘根，所以，在新塘只要家里有“家神牌位”的，就一定是河南人家。

家神牌位是在屋子中堂中间贴一宽幅，纵书“祖宗昭穆神位”或“天地君亲师位”，左右各有一行纵书小字，左为“东厨司命”，右为“本宅土地”或“福禄财神”。“祖宗昭穆神位”是指列位祖宗依照辈分秩序就座，左为昭，

家神牌位 2020年5月 李琪涵／摄

右为穆；父为昭，子为穆。“东厨司命”指灶神，即灶王爷。“本宅土地”指土地神，“福禄财神”指福、禄、财三神，也称为“三星”。宽幅两边还配有一副对联，联的内容各有不同，有的是“宝鼎呈祥，香烟结彩；银台报喜，烛焰生花”；有的是“天赐鸿恩，福禄寿喜；家垂燕翼，礼乐诗书”之类。不忘本源是中华民族久远的孝道，可说是对祖宗事业的继承和发展；供奉“四神”是对未来美好生活的向往和期盼。

民俗风情

一方水土养一方人。
吴头楚尾间，
青山绿水中，
一代又一代的村民，
传承着、接力着、成就着、
享受着独特的民俗，
那是流进血脉里的生活，
嵌入基因里的惬意。

新塘“跳观音”

讲述：刘国富

我是溧阳市非物质文化遗产“新塘跳观音”的代表性传承人。从2009年开始，我们新塘村就开始挖掘跳观音传统文化，十多年来坚持不懈，群众基础好，社会反响也好。

古村盛典跳观音 2020年5月 钱鹏/绘

新塘跳观音，过去叫刘家跳观音。老话讲，“刘家观音王家人跳”，就是本村人是不跳观音的，是让其他村的人来跳的，但我们本村人会敲锣打鼓报信，这是过去的老话。因为经历过特殊年代，跳观音文化有过中断。改革开放以后，溧阳的非物质文化遗产挖掘保护工作开始逐步推进。当时我们还心有顾虑，没有及时挖掘，直至到2009年，我们感觉老祖宗留下的宝贵财富再不挖掘就会面临失传的危险，于是我们几个热心人就合计着对跳观音历史文化进行挖掘，但是从何做起呢？刘家跳观音老一辈传人都已经不在世了。我们最后打听到在社渚街上还住了一个姓秦的老人，他当时年纪很大了，小时候曾参与过刘家跳观音，曾扮演小生，有过见识，知道怎么跳，于是我们就向他请教。后来我们再结合老人的口口相传，把跳观音的文化给挖掘出来了。2009年的时候，本村的刘小宝牵头，我们举行了第一次跳观音活动，到2011年，有一个老木匠，他会做传统的轿子，听说刘家跳观音恢复了，就主动做了一顶轿子送给我们。

他说，四邻八乡会做轿子的人已经很少很少了。如果我不做，可能就没有人会做轿子了。老木匠说，晚上做了一个梦，是观音托梦给他的，说观音出会不能没有轿子，让他为我们这副班子做一顶轿子，老人家心很诚，就做了轿子送过来。刘家跳观音的影响大得很，每年闰月跳观音的时候，四邻八乡有很多人都会赶过来，祈求观音送福。我们跳观音的排场很大，会有一两百号人参加，这些人全部是自愿来参加的，我们不付给任何报酬，我们有22位村民扮演22位大神，分别是：开路神、老头将军、天蓬元帅、二郎真君、哪吒、黄金榜、家神、土地神、判官、鹌哥、弹神、铁索神，还有十身执令兵。诸神分别佩戴各自的木雕面具，头饰红黄绒球，身上穿铠袍。我们每一身大菩萨都会配一杆旗、一面黄盖伞和一面锣，轿子是八个人抬，两个人护，再加上鼓手四人，喇叭六人，还有两顶锣鼓家什；另外还有维持秩序的若干人，所以队伍浩浩荡荡、非常庞大。我们曾经到周城跳观音，那正好是过年期间，大家觉得非常热闹。当时真是人山人海，大人带着小孩，小孩牵着大人，大家都很开心，称赞跳得好。

跳观音 2020 年 5 月 高亢 / 摄

小憩 2020 年 5 月 高亢 / 摄

我们还曾到溧阳市政府广场、燕山公园等地跳观音，反响也非常好。

新塘跳观音有九个场名。首先是铜磬合击“咣咣咣”的音乐节奏，名叫野鸡出巢。第一场叫“先锋开路”：开路神手执板斧，率领十位执令兵呼喊奔腾冲进场地，“三收三放”，团团绕场一周。第二场叫“观音坐中”：八人抬轿，轿中端坐观音像，慢慢进场，绕场行走。老头将军、天蓬元帅、二郎神、哪吒、黄金榜、家神按序尾随入场，坐轿观音面南坐定场中央，六位神并列其后。第三场叫“判官判读”：判官逐一呼唤六位神的姓名，六位神依序向观音恭敬施礼。第四场叫“六神威仪”：老头将军、天蓬元帅、二郎真君、哪吒、黄金榜、家神，相继上场，有的独舞，有的对舞，有的合舞。第五场曰“弹神收鹌哥”：鹌哥糟蹋粮食，新塘村民无奈，观音得知，委派弹神前来击射。鹌哥知罪，立地成神，守护田园。第六场叫“鹌哥除害”：鹌哥神巡察田园，发现野山羊吃麦苗，奋力追赶驱逐。第七场叫“年年有余”：家神上场，手里拿好鲤鱼，鱼一会飞腾，一会潜水。第八场叫“铁索收场”：铁索神手持一根长长的铁链，铁链拖地扫荡，绕场转圈，意为消除一切灾难，来年平安吉祥。九场环环相扣，情节生动，寓意又好，所以有“新塘观音赛本戏”的讲法。

新塘跳观音的历史很长，推算起来是从明洪武十一年（1378）开始的，到现在已经有六百多年历史，2011 年入选溧阳市级“非遗”保护项目。为什么会有这个传统呢？我们村上有一个传说。明朝的时候，新塘村有一个刘员外，家财无数，人称刘百万。有一年，刘百万到江西买木材，放排归来，途经长江，风高浪急。刘百万心里默默祷告：“大慈大悲观世音，保佑我平安回新塘，我一定行义行善报恩德。”当即，木排前浮出一段木头。这段木头劈开巨浪，牵引木排平稳前行回到新塘。刘百万认为这是神助，于是把这段木头虔诚请上岸，择吉日请当地最好的工匠雕成一尊观音像。后来，刘员外在新塘择吉地，将运回的木材全部用来建起前后三进的刘氏宗祠，二进厅堂供奉木雕观音像，就从这一年开始，刘员外召集四乡八邻，兴起祭观音仪式。几百年来，这个传统就一直传承下来，每年农历二月十九、六月十九庙会，九月十九“出会”，也就是“跳观音”。

传统文化的魅力就是强，大家都非常心诚。在跳观音前一个星期，工作人员是不能吃荤的，包括搞清洁的工作人员，都不吃荤，这是有规矩的。原来叫“刘家观音王家人跳”，现在，跳观音以我们本村人为主。由于平时村里年轻人外出务工求学的比较多，所以跳观音的时间有所调整，主要集中在过年期间，因为跳观音需要大量的人手，我们平时学生上学、年轻人打工，大家很难聚到一起，只有过年的时候才会热闹一番。这个时候跳观音的团队有很多年轻人参加，我们村上的后生都积极参与，所以这让我们感觉很欣慰。年轻人对“非遗”文化也是非常热心的。我们新塘跳观音会做得这么好，这是因为我们的管理模式非常好。我们成立了新塘跳观音协会，有一套系统的管理模式，每个人职责分工非常清晰，管理架构非常的到位。比如说我们的会长，他负责全面工作，但是对于采办、财务等工作，他全权交由专人负责，所以各方面的事情做得非常到位，公开透明。我们还本着自觉自愿的原则，从不到外面去拉赞助，活动经费全部是村民自觉自愿的捐助，所有人都是自愿参加的，所以我们都很和谐。

新塘观音赛本戏

讲述：刘保荣

在我们这一方，有一句老话叫“新塘观音赛本戏”。这是什么意思呢？原来是指新塘观音出会的时候，人多，家什多，队伍长，锣鼓震天，声势浩大。而且我们的装束非常齐整、华丽，情节生动、好看，特别是情节，我们新塘跳观音，实际上是讲一个积德行善、惩恶扬善、为民祈福的故事。我们跳得非常有特色，老百姓都爱看。我还记得新塘跳观音恢复后，第一年在周城集镇出会的时候，观众把街上围得水泄不通，老百姓像过节一样涌过来，都说，好看！好看！当时，我们准备的红色绒球都不够送，受欢迎得不得了。所以就有“新塘观音赛本戏”这样的说法，这话讲得不虚！

新塘人“吃鸡里外里”

讲述：刘小田

我们新塘人有很多民谚，很有意思，也成了新塘的文化。比如说“新塘人吃鸡里外里”，什么意思呢？原来是过去新塘人非常热情好客，到了过年的时候，外甥总是要先向娘舅拜年。外甥过来嘛，娘舅总是最热情的，要把家里最好的菜都拿出来，满满一桌子。有一年，一户刘姓人家的外甥来了，娘舅忙前忙后烧了一桌子菜，但是看一看还少了一盘鸡，怎么办呢？

由于新塘的人家住得非常密集，娘舅就到邻居家里去借了一碗鸡放在桌子上面，恰巧调皮的外甥看到了这一幕。心想，娘舅还去借鸡来给我们吃。那么我们今天就要把这碗鸡真的吃掉。吃饭的时候，他们就拼命地去吃鸡，娘舅再怎么使眼色也不行，其他的菜不吃就吃鸡，要把鸡吃完，这是调皮外甥使出来的把戏。娘舅没办法，只能说，吃吧，吃吧，你们全部吃掉，里外里了。这就是“新塘人吃鸡里外里”的来源。这句话用到现在，意思就不再与“鸡”有任何关系了，指的是，新塘人做事情胆子大，有时候会不管不顾地去做，“里外里”，就是要做得彻底。

“猪八碗”与“三名件”

讲述：刘小田

我是 1972 年结婚，当时的酒水还是不错的。我们新塘人家有猪八碗的说法，就是主菜一定要有扣肉、肉圆、红烧肉，以及猪肝、猪肚、猪头、大肠、小肠烧成的 8 碗大菜。另外还要有鸡、鹅、鸭等菜肴，加上蔬菜若干，最讨彩的还有一碗八宝饭，所以当时的酒水还是相当不错的。

我们新塘人热情好客，做事情挺要面子的，不管日子过得穷富，亲戚登门总要好酒好菜招待。过去，物质条件贫乏，但逢到婚丧喜事，家里再穷，也要取好兆头，把亲戚招待好。新塘人也聪明，食材不多，猪肉、猪肚、猪肝、大肠、小肠就唱大戏，配成“猪八碗”，油水足，味道好，这样，客人来了，既能吃好又能吃饱！“猪八碗”的材料总归是那几样，但做成什么样的八碗菜，就要看掌厨师傅八仙过海，各显神通了。比较多见的有：红烧肉、糖醋排骨、红烧肉圆、糖蹄、干菜扣肉、大煮扎肝、青椒笋片炒腰花、冷切肚片。还有炒猪肝或者是酱猪肝，子饺（蛋饺）、白煨蹄髈，换着花样来。猪耳朵、猪鼻头、猪舌头还会做成冷盘。当然，那个时代，猪尾巴、猪脚爪、猪头肉（除掉猪耳、猪鼻、猪舌头后剩下的部分）算是下等菜，一般上不了台面。虽然将“猪八碗”做成了一桌席，但客气的人家，鸡鸭鱼照样唱戏。比如讲，肉

农家筵席 2020 年 7 月 钱鹏 / 绘

圆会和着“整子”（剥壳的煮鸡蛋）烧，烧出来就是现在溧阳的名菜“肉圆酱剥子”。

除了办红白喜事的“猪八碗”，我们新塘还有“三名件”的说法。什么是“三名件”呢？就是扎肝、整子和肉圆。“三名件”出现在物质更加匮乏的五六十年代，是新塘人家逢年过节招待客人的基本配置，虽然不如办大事用的“猪八碗”丰盛，但还是盛满了主人家的心意。我小时候，有的人家实在穷，连“三名件”都置办不起，怎么办呢？就到邻居家去借用。客人呢，对主家的经济情况心知肚明，绝不会去主动动一筷“三名件”，只是吃点其他菜。等客人吃完饭离开了，主家再将“三名件”送还回去。所以亲戚登门，大家心里都有数，吃菜比较克制的。特别是到过年过节，但凡到条件不好的人家，亲戚一般是不会随便吃的，约定俗成，就有了“看菜”的习惯，好菜、肉菜只看不吃，只扒两碗饭，吃一点普通家常菜。另外，过年时，桌子上的

农家“名件”（资料图）

鱼菜，客人一般也是不会去吃的，表示主人家“连年有余”，这道菜不能动。当然，这永远属于历史了，改革开放之后就不存在这种情况了。现在，条件更是好得没话讲，猪肉成了家常食材，也用不着红白喜事、逢年过节才能好好吃一顿。但是，“猪八碗”“三名件”还是那个时代老百姓心目中最好的美味，我一辈子都不会忘记。

链接：

扎肝

扎肝是一道用猪小肠、切成长条的油豆腐、带皮猪肉、水发笋干、猪肝按顺序捆扎、红烧而成的菜肴。扎肝荤素搭配，将不同性质的食材捆绑在一起，再经卤水调和，通过长时间的焖烧，最终将猪肉之肥、水笋之爽、猪肝之香、小肠之韧充分叠加糅合，口感鲜香丰美，醇厚雄浑，乃下饭佐酒之佳肴。

整子

溧阳话里的“子”，有多种含义。鸡子、鸭子，不是指鸡和鸭，而是指鸡蛋、鸭蛋。整子是溧阳的一道家常菜，也是一道名菜。做法很简单，先用白水煮鸡蛋，蛋熟后，剥去壳子，把剥壳后的鸡蛋，放入肉圆中一起烧煮，待入味上色后，肉圆整子就成功了，这道菜也称为酱剥子。

新塘人不管走到天南海北，咸货永远是一个心头好

讲述：罗秀英

新塘人不管走到天南海北，咸货永远是一个心头好。以前条件艰苦，难得吃上肉，但到了腊月，日子再难，每家每户也要腌上一点肉，备着过年招待亲戚用。条件好一点的人家，还会腌上几只鸡和鹅，或者再腌点咸鱼，当然，能灌点香肠，那就再好不过了。

腌咸货要选日子，一般每年立冬、小雪节气，村里就要忙开来了，到社渚集镇上割一点肉，最好是前腿肉，或者将养了一年的鸡、鹅宰杀，去毛清洗干净，再用粗盐将肉、鸡、鹅涂抹均匀，放在咸货缸中，用一块石头压紧，

腊味（资料图）

大约半个月就可以出缸暴晒，然后挂在通风阴凉处自然风干。腌咸货讲起来简单，实际上还是有一定诀窍的。腌咸肉时，新鲜猪肉腌渍前不能沾水，清洗后一定要晾干；腌咸鱼用的一般是草鱼或青鱼，不管是哪一种鱼，一定不可去鱼鳞，也不能用水洗，否则，不但味道不好，而且咸货腌的过程中还容易变质；腌咸鹅时，要将粗盐均匀涂抹在去毛洗净沥干水分的鹅身上，反复揉搓，这一点讲起来容易，做起来还是要点功夫的。用多少盐，要靠经验来定，多则太咸太齁，进不了口；少则容易变质发臭，肯定也没办法吃。用粗盐处理好后的鹅同样是放入大缸里腌制，半个月后即可出缸晾晒。

除了肉类，我们小时候家家户户会腌咸菜。咸菜分水咸菜，还有一种老菜，是干的。水咸菜腌制前，要把高梗白菜洗净，晾干，然后放进缸里，一层菜一层盐。人站上去，赤脚不停地踩，要踩得有力、均匀，踩到有菜汁渗出来才好。只有踩实了，才能继续铺下一层。因为如果不踩严实，放久了就会变质腐烂了。等把整个缸都装满了，再压上石块，如此放上半个月，等到咸菜水全部渗出，并没住了菜，也就差不多了。

过年的时候，我们这里几乎每家的餐桌上都会有几个咸货菜，很香很下饭。现在，社渚的咸货名扬全国，特别是社渚的咸鹅，已经成了溧阳的一块招牌。

新塘过年最热闹

讲述：潘先荣

在新塘有过小年和过大年的习俗。过小年是在农历腊月廿三，这一天是送灶王爷上天的日子。你看，灶王爷神像边上不是有一副对联么，“上天言好事，下界保平安”，为了让灶王爷在玉皇大帝面前多讲两句好话，保佑一家人家平平安安、富富足足、甜甜蜜蜜，日子越过越好。腊月廿三，灶王爷神像前就要供奉糖瓜，用糖糊糊他的嘴，让他多讲好话。到除夕这一天，再把灶王迎回来，并贴上一张新的灶王画，有的是灶王爷，有的是灶王奶奶，供在厨房。

从腊月最末一天开始到正月十五就是过大年。这是一年中最隆重的日子，过年前，一家人就要开始忙起来。我们这里，腊月廿四，要掸尘扫房子。“尘”么，与“陈”一个音，掸尘、掸尘，就是要破旧立新，也就是要把晦气扫出门，把好运迎进来。掸尘不光是掸掉灰尘蛛网，还要把家里家外打扫一遍，把家具、门窗统统擦干净，家家户户还要趁着好天气，拆洗被褥窗帘，疏通明渠暗沟。往往一家人一同上阵，忙得不亦乐乎。

过年么，年货总归是少不了的。置办年货，过去主要是年前赶集场，采办好瓜子、生果（花生）、糖果、点心，以及鸡鸭鹅鱼肉，现在到处是商场超市，买东西方便得不得了，置办年货也不需要特地选个时间，随时随地好买。总的来讲，一切弄停当后，每年农历腊月的最后一天的晚上，一家人就聚在一起过“大年三十”。对我们老百姓来讲，过去，这天的年夜饭是最丰盛最隆重的一顿，现在生活条件好了，好吃好用的平时都有，不稀奇了，但“大年三十”一家人在一起吃顿团圆饭的感觉，还是与平时聚一餐的感觉不一样。家里有人在外上班，再远还要赶回来，就是为了要好好团圆。

吃了团圆饭之后，大年夜守岁也不能耽搁。夜里，全家团聚在一起，看电视的看电视，讲谈的讲谈（聊天），打牌的打牌，通宵守夜，热闹得不得了。新塘大年三十守夜和其他地方不一样，我们这里不是有观音庙么，到了年三十晚上，观音庙开放，一个村上的大人小孩，吃过年夜饭后，都到观音庙烧香，祈求观音菩萨保佑全家平安幸福，保佑小孩念书聪明，很多人还留在庙里守岁，一个村上的人就像一家人一样，特别是小孩，高兴得不得了。

大年初一，家家户户要赶早开门，放“炮仗”（爆竹），早饭一般要吃汤圆，吃好后就出门去走亲访友，相互拜年。当然，观音庙也必须去，要向观音娘娘拜年，大家的心都很诚。到正月初八，新塘会组织人到社渚街上跳观音，这一天，其他村的跳幡神、跳马灯、跳五猖、跳祠山、冻煞寠、跳关公、舞龙、舞狮、划旱船等节目都会上，社渚街上是人山人海。新塘人因为有自家的跳观音节目，大人小孩都往镇里赶，开心得很。

清明祭祖不马虎

讲述：刘国新

清明节，我们新塘和其他地方一样，都有扫墓、踏青的习俗。之前，村上人要准备好镰刀、锄头，以便到坟山除草培土，另外要早早备好香烛、纸炮、供品。扫墓的时候，首先要割去坟山周围的杂草，清除垃圾；然后用锄头挖地上的草皮放在坟头，叫作培土；之后在上面放坟头纸。最后，就是祭祖了，上香，摆上供品，男女老少按长幼顺序跪在坟前，三跪六拜，之后放炮仗，每一步都有条不紊，这是礼俗，更是对先人必要的敬重和感念。

四月初八吃乌米饭

讲述：项九娣

四月初八，新塘人有吃乌米饭的习俗，这习俗源于目连救母的民间故事。传说目连的老娘因故被阎王打入十八层地狱。木连为了少让母亲受苦，求到地藏王所赐、能打开地狱之门的如意杖，于是就往返地狱，给娘送饭。目连每次送给娘的白米饭，都被看守地狱的恶鬼抢去吃了，他娘经常挨饿。为了不让老娘饿肚子，目连翻山越岭，遍尝百草，发现一种小树叶，捣出来的汁液发乌，清香生津，提神开胃，用这种树叶汁浸泡后煮的糯米饭，虽然颜色发黑，却十分可口。目连就将煮成的乌饭，送往狱中，恶鬼见饭乌黑，不敢吃，只好

乌米饭（资料图）

给目连的娘吃。从此，目连的娘就不再饿肚子了。目连为使他娘摆脱地狱之苦，一心向佛，苦心修炼，终于感动了佛祖，使母亲得以重返人间，最终和母亲团聚。千百年来，人们一直被目连救母的孝心所感动。出于企盼逝去亲人不受饥饿折磨之苦的美好心愿，便在目连第一次为母送饭的农历四月初八煮乌米饭吃，这逐渐就成了我们这里的习俗。

剥壳

讲述：彭红根

在我们新塘，小孩长到10周岁时，外公外婆就要帮外孙过生日，不过这个生日有点特别，我们这里讲法是“剥壳”。外公外婆来的时候，会带来干桂圆、瓜子、花生、毛笋等带壳的东西，还会置办一身新衣裳。“剥壳”“剥壳”，把壳剥了，小孩子会长得快。

结婚大事最讲究

讲述：林锁顺

结婚是人生大事，过去，新塘这边年轻男女婚姻还是有蛮多规矩、蛮多程序的。

一是要请媒妁。这个程序是必需的，倒不是父母要摆多少派头，也不是说要传承“父母之命、媒妁之言”的古训，实际上是父母为孩子站的一班岗。当然，有的父母自然会考虑所谓门当户对因素，也有的父母会对孩子选中的对象来个二次考察，把好关，还有的女方父母确实也有明媒正娶的思想，总之，父母自有父母的一番良苦用心。

二是看亲。由媒人向男家介绍女方品貌、家庭情况后，男家初步同意，便遣媒人请庚帖，叫议亲。也有先相亲的，一般未婚男子都怕羞，由已婚的兄弟或叔伯去代看；而被看的姑娘又往往故意避开，只能看到她兄弟姐妹，借以推测她的模样，俗称“摸姻缘”。所以有“相亲相舅”的谚语。新式婚姻就没有这猜谜式的前奏。

三是合婚。媒人将女方庚帖送交男方父母，男家就将庚帖压在灶君神龛前，如三日内家中无盘碗打破、小孩跌伤或与人争吵等不吉利的小事，便初步通过，也有再去请算命先生合婚的。中华人民共和国成立后，此种风气在农村还有。即使不迷信，但在熟知女方家况不宜作亲后，正好借口神灵示意免得结怨，女方家属也能乘机收回“面子”。

四是定亲。男家合婚满意后，就由媒人将男方庚帖送女家“开合”，然后双方商定聘金数和嫁妆厚薄等，称“议聘”。再由男家遣人到女家“小定”(起帖)，以戒指及四样礼物为聘，女方以鞋袜等回礼。再由男家送聘金、彩礼及“糖金奶”(白糖制成变形的石榴，象征多子)。待择定婚期，通知女方，名叫“送日”。双方都设宴请客，称“饮定酒”，客人要送陪嫁品。

五是送年月。就是到了婚嫁确定的状态了，找看日子的先生选择结婚的日子，要根据男女双方的生辰八字择定结婚的吉日，一般都选择农历的双日子。

六是请客。这是为婚礼作准备阶段。农村结婚不像城市里去发请柬，要在婚礼前一天，由新郎或新娘挨家挨户去相请，由于农村一般居住较分散，奉请的人一天下来精疲力竭。一家有事百家帮，同时忘不了嘱咐一句：“带床被盖。”

七是回门。婚后次日，新娘先谒见舅姑长辈，叫“相见”。第三日，新娘由小姑引导，介绍左右邻居老少称呼，献糖茶，或以糖果糕饵点茶，受饮者给以赏钱。左右屋行遍，然后下厨房，拜灶后，学习做饭菜。第六日，新婚夫妇赴外家相见赴宴，称“上门”。次日，外家再到新郎家赴宴，称“会亲”。

结婚是大事，结婚酒席是必须置办的，于是男女双方家里都会专门喂养两三头肥猪、一大群鸡鸭，以待婚礼办酒席时用。

婚宴也称“吃喜酒”，是婚礼当天答谢宾客举办的隆重筵席。如果说婚礼把整个婚嫁活动推向了高潮的话，那么婚宴则是高潮的顶峰。过去婚宴还会有一些好话：

一碗肚窠赛三鲜　寿星骑鹿到堂前
贺喜一对美新人　福寿千年到白头
一碗随配样数多　今朝搭酒乐如何
新郎吃得高官做　代代儿孙都登科
一碗甜菜摆中间　红丝绿丝脂油香
台湾洋糖甜如蜜　又甜又香好味道

一碗素鸡酱油烧　倒骑毛驴张果老
祝福新郎千年福　世世代代吉星照
一碗粉条福寿长　刘秀皇帝走南阳
算定铫期开国将　他替刘秀取洛阳
大蒜小炒碧波清　年羹尧征西保大清
四代乾隆有道君　五代嘉庆好名声
肉包豆腐胖墩墩　顺治皇帝坐北京
二代康熙三雍正　子子孙孙坐龙亭
请新郎进房
手执花烛亮堂堂　照见新房象牙床

现在，时代发展进步了，生活条件比起我们过去，是一个天上，一个地上，年轻人思想开放，见识也多，时兴新事新办，婚礼花式多，虽然老传统已经慢慢消失了，但这是时代进步，搞得蛮好。

建房习俗

讲述：刘友富

新塘是一个依山傍水的好地方，从 20 世纪 80 年代开始，农村经济复苏，老百姓的生活如芝麻开花节节高，经济上宽裕了，农村造屋也上了快车道。房屋对于农民来讲，是一辈子的大事情，从古至今就很讲究。一是讲究“风水”，过去，新塘的房子都是依地势而建，背靠背底山，一律坐西朝东。中华人民共和国成立后，顺应时代潮流，我们这里的房屋朝向也变了，大多数房子坐北朝南。二是新塘人造屋，讲究相地相时，在选址和动土日期方面，都有讲法，以图吉利。

过去，房子开工要办开工酒，主要请匠人及村上有威望的人一起商量建屋事宜，确定工价。原来造屋，小工大多数由隔壁邻舍帮忙，东家不付工资，但一天三餐必须供得像样，鱼呀肉呀总要有的，不能怠慢了帮忙人。

吃饭的时候，大匠不与小工同桌，东家另外开酒席招待匠人，以表示对匠人的尊重，让他们把活做好一点，一般大家都客客气气。建房上梁的那天是大日，这一天，东家大摆酒席，三亲六眷，亲朋好友都要来贺喜。上午进

上梁 2020 年 10 月 钱鹏 / 绘

行上梁仪式。第一步是暖梁，即在新屋的大堂摆设香案，香案上摆上一笼蒸饭，将正梁贴上大红对联。

上联：立柱欣逢黄道日　下联：上梁正遇紫微星

横批：人杰地灵

第二步是正梁两头披挂红、绿彩带，放鞭炮进香，进完香后，东家将给木瓦匠的礼钱和对糕用托盘盛装置于案几，木瓦匠准备上梁，并开始放炮仗（爆竹），木瓦匠走木梯上屋顶，口念祝词：

脚踏云梯步步高

一对荷花神仙往上跳

一头往东跷 一头往西跷

代代儿孙戴纱帽

木瓦匠分左右上了山墙顶，放下红绳边拉边唱：

手拉金绳提金梁

金梁抬头如凤凰

个个出在贵府上

大梁上去后，由木瓦匠各拿斧头在两头上榫，边敲边唱：

手拿大斧亮旺旺 我帮主家上新梁

金镶瓦 乌金墙 水磨地面乌金磉

根根瓦椽赛檀香 上面盖得金镶瓦

太阳一出放金光 主家堂府盖得宽

里面住的文武官 主家堂府盖得深

里面住的文武臣 清早起来三通鼓

炮响三声开府门

上梁完毕后，由两位匠人师傅将亲戚恭贺所赠的馒头、团子、喜果撒向东南西北四个方向，全村老少来抢喜果、上梁团子、馒头，师傅一边撒一边唱：

馒头抛到东 代代儿孙在朝中

馒头抛到南 子子孙孙中状元

馒头抛到西 代代儿孙穿朝衣

馒头抛到北 代代儿孙在朝国

上梁结束后，酒宴开始，两位木瓦匠师傅请入上座，亲朋好友相互致谢。

房屋完工后，还要请一次完工酒，主要宴请全体工匠以贺竣工。

哭嫁

讲述：洑玲玢

在过去，新塘有一种风俗，叫哭嫁。因为我们这一带特殊的历史，生活习俗既受本地传统的影响，又受客家人传统的影响，形成了新塘自己独特的风俗习惯。我们这里哭嫁一般从新娘子出嫁的前半个月甚至一个月开始，还有的人家更加早，提前三个月就开始了。不过，开始时都是断断续续进行的。

家里亲戚、周边邻舍前来送礼看望，待嫁的丫头碰到谁来就哭谁，相当于道谢还礼。

一般来说，待嫁的丫头在接到男方迎亲的红帖子，以及喜期前三天送来的公鸡、鲤鱼、猪肉、糕点“四色礼”后，就要准备开脸、洗浴、坐嫁。开脸是丫头的娘用一根红线给丫头绞掉脸上的汗毛。面孔做得光光洁洁，但是痛得丫头泪水盈眶，这标志着自家丫头从此脱掉姑娘装了。做娘的往往要讲两句大吉大利的好话：“今朝我儿脸上开光，明朝夫妻和睦儿孙满堂。”这一套工作忙完，丫头就要洗浴，洗浴蛮有讲究的，洗浴锅里要放枣子，取早生贵子的好兆头，这时候，丫头的娘就开始“我肉我心肝”地哭起来。这声哭，既有对女儿的不舍得，又带有一定礼节性，可以说是百味杂陈。

丫头浴毕坐过香头，便横靠香案而坐，手帕掩脸“哭嫁”，哭嫁的调子有我们地方特色，哭词内容没有一定之规，有上代传下世，一代一代传下来的，也有自己自由发挥的。但内容往往差不多，包括“哭爹娘”“哭哥嫂”“哭姐妹”“哭叔伯”“哭陪客”“哭媒人”“哭梳头”“哭祖宗”“哭上轿”等等。这时候，谁不会哭，就会被四邻八舍嘲笑甚至歧视。

如今，时代变了，“哭嫁”的礼俗也没有了。我们这里的年轻人结婚和城里人没有什么两样，婚礼当天都热热闹闹、喜气洋洋。

传说故事

这或许是最会讲故事的一个村庄，
村民口口相传的美丽传说，
如经纬交织，在人与神的交融中，
织就一村无穷的魅力，令人向往。

观音保平安

讲述：刘国富

新塘观音庙 2020 年 5 月 高亢 / 摄

明洪武年间（1368—1398），新塘村出了一个刘员外。有一年，刘员外带着族人到江西购买木材，放排归来，途经长江，突然刮起了大风，这风大得吓人，浪头哗啦哗啦地把木排都要冲到天上去了。眼见木排要散、人要亡，刘员外急得只能口念观音圣号，求观音菩萨保佑，指一条生路。心里还默默许愿：“大慈大悲观世音，保佑我平安回新塘，我一定行义行善报恩德。”讲起来还奇怪，刘员外祷告的时候，昏天黑地的大风和排山倒海的巨浪里，好像有一道金光闪出，几乎散架的木排前浮出一段木材，这段木材劈开巨浪，牵引木排平稳出了险境，一路上稳稳当当地过江过湖过河，到了新塘村。

到了村里，刘员外没忘记自己的誓言，赶紧让人把这段神奇的木材用红绸包好，请上岸。他想，一定是观世音菩萨保佑，才使得我及刘氏族人平安归来。就选择一个好日子，请来本地最有名的雕刻匠人，将这段木材雕成一尊观音像，隆隆重重地供奉起来。这事情一传十、十传百，新塘人都觉得奇，都来朝拜观音。后来，新塘刘氏就用刘员外运回来的这批木料，在村中建起了一座气派的刘氏宗祠。祠堂有三进，第二进厅堂就专门供奉这尊木雕观音像，保佑全村老小平平安安。光供奉还不够，为了表示对观音菩萨的虔诚，也为了让刘氏子孙永远铭记积德行善的祖训，从明洪武十一年（1378）开始，刘员外召集四乡八邻，兴起祭观音仪式，仪式上开始“跳观音”，这个传统就这样一代代传下来，每年农历二月十九、六月十九、九月十九，我们新塘观音都会“出会”，保佑我们这一方平安。

刘伯温新塘看风水

讲述：刘小田

传说朱元璋定了天下以后，实行严厉的吏治制度。不久，年仅三十多岁的太子朱标病故。为了避免自己死后年幼的皇孙朱允炆被能臣宿将欺负，朱元璋又开始大杀功臣，先除掉了徐达，后来以谋反罪杀了蓝玉，连开国第一文人宋濂都差点掉了脑袋！军师刘伯温聪明绝顶，为了避免杀身之祸，就想远离是非之地。可是要归隐呢，大明法律不允许；要外调做官呢，又怕皇帝不答应，反而惹火上身。怎么办呢？刘伯温眉头一皱，计上心来：当今皇帝最怕什么？就怕失掉他的江山，我上知天文下知地理，人所共知，若借故外出到全国各地替皇帝堪舆望地、灭王气，兼为民办些好事，岂不一举三得？于是，上奏皇帝，如此这般一说，皇帝立刻准奏，并派出一支几百人的军队听刘伯温调遣。就这样，刘伯温带着几百人远离了皇帝。

刘伯温离开了京城，一路往南，来到社渚新塘。新塘村西南两里路有虎山，向东六里路有金山。他认定新塘是一块风水宝地，于是立刻相地堪舆。不看

村景 2020 年 5 月 高亢 / 摄

不要紧，一看不得了。新塘这地方龙气蒸腾，确实是一块宝地。怎么看出来是龙气蒸腾呢？原来，新塘村村后是背底山，村西南的高冈上有一大片石竹园，是昂起来的龙头。龙头两侧，一边是虎山、一边是金山，像两位大员把护。这还了得？刘伯温就马上派人在龙头处开凿一条沟，把新塘龙脉凿断了。如今，在新塘村的南西北还有龙埂，村东有青龙口等地名。

有虎山无狼山，有金山无银山

讲述：刘小田

新塘村西南 1 千米处有虎山，向东 3 千米处有金山。老一辈还有一个传说，明朝开国以后，刘伯温为皇帝朱元璋选都城，刘伯温骑着马走了三天三夜，到了社渚，看到新塘这里是一片龙气，但是，再细细看，新塘只是“有虎山无狼山，有金山无银山”，总归还差那么一点，于是作罢。后来，“有虎山无狼山、有金山无银山”成了我们当地俗话。这句俗话意味着世代新塘人虎虎有生气，却无狼子野心。我们这里人世世代代在丘陵山冲里自耕自种，自给自足，胜似生活在桃源里，生活有滋有味。

金龙抱柱圆堂屋

讲述：鲁福根

从前，新塘村东有个圆堂屋，坐西朝东，三大开间，气派得很。听老辈讲，建圆堂屋前，有一位大先生路过，向村里一个老太婆讨碗水喝，老太婆从家里端出一把靠背椅请先生坐，又端出一碗凉丝丝香喷喷的大麦茶给先生喝。先生边喝大麦茶边自言自语，“午时上梁，金龙抱柱，大吉大利”，话讲完，大麦茶也喝完，就起身道谢，向村西南的石竹园方向走了。老太婆虽然没什么文化，但听到先生讲这话，心里觉着奇怪，想问个明白，就马上追出去，追到一水塘边，先生正准备上马，老太婆就一把拉住先生，请教他：“请问先生，你怎么晓得我们这里要造房子？”“天知地知你知我知！”“请问这房子的朝向朝哪边才好？”“你给我的靠背椅朝哪边，房子就朝哪边。”话讲完，先生就骑着马，眼睛一眨，就无影无踪了。老太婆把先生的话一一记在心中，回来后就跟族长讲。族长一听，这先生弄得不好是一方大神，他的话不能怠慢，

岁月记忆 2020 年 5 月 高亢 / 摄

就照办。靠背椅的方向是坐西朝东，圆堂屋的方向也是坐西朝东，一点没来去。过了一段时间，圆堂屋上梁，这是村里的大事，大家都来赶热闹沾喜气。到了正午，人群中有两位青衣小帽打扮的先生来到此地，看到圆堂屋房子高敞，梁柱粗硕，其中一位就伸出双手合抱柱脚，这位抱柱者就是皇帝朱元璋，另一位就是太子朱标。“午时上梁，金龙抱柱，大吉大利”的话真的应验了。后来，村上人才知道给老太婆留话的先生就是通晓天文地理的半仙刘伯温。为了纪念他，刘伯温上马处的水塘，村上人就取名上马塘。

货郎进村，三转两转就摸不到墙门出村

讲述：刘保荣

我叫刘保荣。过去老人家讲，小小溧阳城，大大新塘村，上有天堂，下有新塘。这个话就是说我们新塘村是江南的一块福地，这是周边几十里地有名气的好地方。

大新塘是刘家祖居地。过去，我们这里有这样一种讲法，说新塘刘家的

始迁祖是浙江青田人刘伯温的弟弟，元朝后期从江西辗转迁居到社渚新塘来的，后来，刘家人在这里扎根，发达起来，聚族而居成自然村落。我们新塘的房子和其他地方不一样，早年的民房都是坐西朝东的。为什么是坐西朝东呢？这是老祖宗的聪明处。传说当年老祖宗到了新塘后，查看当地风水，看来看去，看中了背底山，这座小山包，就像一把太师椅，坐西朝东，前有花红塘，像一个聚宝盆；左右有金山、虎山护持，像两位大将军把门。所以老祖宗就决定在这里落根，新塘的房子一律依山势，正门朝东，顺着地势从低处一层层往高处建房筑屋。墙基吻合地势，既平且稳，屋与屋之间有石铺走道，每户人家都建有天井庭院，四水归明堂，家财不外流。村里房子挨着房子，人家挨着人家，户户之间还有走马廊相通，每当下雨的时候，人们不用走水道。为了用水方便，还凿了两口古井，其中，一口名叫新塘井，现在还在村前。庭院废水皆从地下暗道流出，庭院清爽，村落整洁。新塘村曾有 999 根烟囱之称，意思是刘氏子孙兴旺，人口众多。为了安全起见，新塘村四周依地势筑有 3 米多高的夯土围墙，围墙上设有东南北三个墙门，墙门都有人把护好，这样新塘村如同一个城堡，城堡里错落有致，生活井井有条。白天敞开，夜晚紧闭，卫护家园。有货郎担、换糖佬进村卖东西，进了村后三转两转就摸不到墙门出村，必须要靠本村人指引才能出去。

吴龙使阴功断龙脉

讲述：刘保荣

我听老人说，我们这边原来有 999 根烟囱，是一个人间福地，过去有老话说，上有天堂，下有新塘。新塘真是个好地方，这里是一块龙地，有龙脉，风水好，但是我们这边出了一个促狭鬼，名叫吴龙，是安徽郎溪下吴人。他家里条件非常好，住的是走马楼，但是这个吴龙非常的下作，生了一副坏心眼，在我们这里一带是出了名的。传说他到溧阳城里面去住旅馆，看中了旅馆里的被子，想据为己有，就用脚趾头在被子上面写了自己的名字。第二天离店时，他就带着被子走，店家不答应，他就说："红面子，白夹里，这是我吴龙的出客被。"店家认为他是无赖，扭着他到县衙评理。吴龙说："这个被子是我的，县老爷你不相信的话，看看被子里面，分明有我的名字。"县老爷翻开被子一看，果然有他的名字。店家有口难辩，只能自认倒霉，触了霉头。走出县衙以后，吴龙说：“店家，这样子吧，我刚才是和你开玩笑，被子还是还给你吧。”店家喜出望外，抱了被子就走。吴龙返回县衙对县老爷说：“县老爷，你这边判了被子是我的，还没走出县衙几步，被子又被店家夺去了。县老爷一听火冒三丈，这还了得，这还有王法吗？就把店家抓来县衙，一顿板子，店家真是有口莫辩呀。”

就是这个促狭鬼，看到我们这里是一块风水宝地，是一块龙地，所以就想方设法地来破坏我们的风水。传说吴龙长着一对獠牙，会法术，为了破坏我们新塘的风水，促狭鬼决定晚上过来开塘，在龙脉上打洞，但是新塘这块地方很神奇，吴龙打一次洞，第二天早上，土就自然平了。吴龙心眼坏得很，会调用阴兵，就借阴兵的力量开了三条河，像钢叉一样的，我们这里叫钢叉坝，因为我们这里是龙地，也叫团鱼地。钢叉直插龙地，我们这块龙地就被镇住了。他还用一把钢叉插在了他原来开塘的那个洞里面，插得很深，以至于龙被他活生生地给叉死了。据说那开出来的塘里面满塘都是鲜红鲜红的血，把塘水全部染红了。

过去有老话讲：“要烧柴，树桩头踢踢；要吃鱼，粪勺头撩撩。”就是说我们这里呀，不愁烧不愁吃，是典型的好地方，有鱼有柴有米有面。但是我们这边原来是一块风水宝地，是龙地，就活生生地给吴龙断送了。这是老一辈口口相传的故事。

烽火岁月

那是国难当头的岁月，那是刻骨铭心的记忆。
在这片土地上，日军的残暴蹂躏，国民党军队的恣意欺压，与新四军的鱼水情深，
在村民心中形成鲜明的对比，
永远昭示来者，勿忘国仇家恨，永铭党的恩情。

新四军记忆

讲述：刘小田

我爹爹刘全生跟我说，他在年轻的时候做生意谋生。有一次他挑了担子在外做生意，碰巧共产党的新四军部队从他后面跟上来，新四军的战士对我爹爹说，老爹爹，让我们来帮你挑担子吧。我爹爹起先不肯，但拗不过新四军战士，他们还真的要帮我爹爹挑担子。

当时新四军在溧阳山区活动，其中还有一些女兵。我爹爹说那些女兵唱的军歌真好听呀,整个山谷里都回响着她们的声音。新四军战士纪律非常严明，让我爹爹印象非常深刻。他经常对我们讲新四军这些往事，让我们对共产党非常钦佩。国民党部队就没那么好。当时国民党部队驻扎在我们村，他们住在我们老百姓家里，老百姓要给他们挑水做饭，被他们抓伕子。当他们行军的时候，要给他们挑担，做苦力。

有一次我爹爹从外面做事回来，正好碰到了一个好心人。他对我爹爹说，赶快逃跑，绕道走，后面的国民党大部队马上开过来了，他们是要抓伕子的，如果你被他们抓住，这条小命就难保了。我的爹爹就绕道从山上面逃跑了，想想还心有余悸。他跑了没多久，后面的大部队果然就跟了上来，他们的辎重物资都是要靠伕子去挑的，很多人就被活生生地累死在了路上。

凶残的日本侵略者

讲述：刘介彬

我的爷爷叫刘天秀，他蛮能干的，在社渚街上的南关开了一间茶馆，叫刘德隆茶馆。南关街长百来米，不算宽，过去就是社渚的商业中心，两边是齐整整的明清样式建筑，一般两层，上层住人，下层开店。由于南关靠着社渚河蛮近的，南来北往的人都要在这里歇歇脚、吃吃茶， 所以我们家这间茶馆的生意非常好，从早到晚都忙得不歇，一家人的生活过得还不错。很可惜日本鬼子来了以后，全部产业都被烧掉，我们家就再也不像从前了，一家人的生活就变得非常困难。

1938年3月13日，这是社渚人不能忘记的日子。这天天蛮好的，不冷不热，蛮适意的，刘德隆茶馆的生意也很好，茶客进茶馆喝茶讲白谈（闲聊），跟以往似乎没什么两样。突然间，天上出现几架飞机，像蝗虫一样压过来。“不得了！日本人来了！日本人来了！”街上一片惊慌，我爷爷赶紧放下排门，一家人躲在家里大气不敢出一声。日本侵略者像恶狼一样，飞机在空中盘旋了一圈后，随即朝着人群集中的地方俯冲下来，一连投了几颗炸弹。其中一颗炸弹在南关街爆炸，随着一声巨响，十几个老百姓应声倒地。后来，日军飞机又对社渚轮番轰炸。第二天，日本兵开进了社渚镇，一个个像凶煞一样，手端步枪，枪头上装着刺刀，在大街小巷横冲直撞，冲进商店、民宅，用茅柴木板引火，从老街中心一直烧到南关街桥头，镇上顿时变成人间地狱。

历史不能忘记。我虽然年纪大了，但对日本侵略者轰炸南关街，火烧社渚镇的这段历史记忆尤深，也常常教育我的子孙，要记住过去的悲痛苦难，珍惜新中国的大好生活，好好工作，好好学习，建设祖国，保卫和平，不让过去悲惨的历史重演。

农耕生活

数百年来，在这片高乡之地上，
新塘人面朝黄土背朝天，
用勤劳播撒希望，憧憬美好。
在岁月的磨砺中，在辛劳的耕作中，
他们的汗水是咸涩的，
目光却是坚毅的。

我满心眼里是欢喜和开心

讲述：程瑞云

我 1920 年生，育有 8 个子女，三男五女，全家五世同堂，共计 108 人。我从小吃过很多苦，所以从来不怕吃苦。年纪轻的时候，家里条件不好，我和男的一样车水、锄田、插秧、挑重担子，从来不多吱一声，咬紧牙关拼命做，这么多年来，练得了一身好筋骨。我的子女们都很孝顺，但我现在仍旧一个人独立生活，觉得比较自由，省得打扰儿孙。平时砍柴、种菜、烧饭、洗衣裳、洗澡、缝缝补补都亲自打理，不用子孙帮忙。我三个儿子要轮着给我供饭，我坚决不肯，我只要能走路，就不要他们操心！

平时烧饭，我还是喜欢用土灶。现在村上人烧液化气，这个我用不习惯。

百岁老人 2020 年 5 月 林克供图

我一世人生砍柴做饭，搞惯了，改不了。用土灶烧饭菜，不仅是饭菜香，吃完饭，洗锅后添点柴火在灶膛里，再放一锅水，一天到晚就有开水吃，还有水洗浴呢，便当的！你们说我累了，我从小做惯了，真不累！我一天不干活，倒很难受呢！烧火用的柴，都是我平时到山上去砍的，大柴弄不动，我就拾点小柴，捆捆扎扎带下山，还是蛮好烧的。

我的儿女都很孝顺，政府对我很好，逢年过节还经常来看我。我年纪虽然大，但是看到现在新社会，日子过得一天比一天好，满心眼里是欢喜和开心。

现在还有“客乡人”的后代记着我父亲的好

讲述：刘华珍

我爷爷叫刘南庚，太平天国运动结束后，与我爷爷一起返回新塘的族人大概只有 40 多人，这和新塘最旺盛的时候比，一个零头都比不上。我爷爷在回家的路上捡到了一个被遗弃的小姑娘，已经饿得奄奄一息。爷爷有慈悲心，就把小姑娘带回家，他自己有一口吃的，小姑娘就有一口吃的，终于救了一命。这个被我爷爷捡到的小姑娘，慢慢和我爷爷有了感情，后来成了我的奶奶。虽然他们两人相差 15 岁，但感情非常好。他们一共生了三子三女，可以说是子孙满堂。我的爷爷和奶奶一辈子在新塘务农，费心费力在新塘建起了一个家庭。

我父亲是家中老二，他知书达理，曾经当过新塘乡的乡长。太平天国以后，因为我们这边受到战争影响大，人口锐减，土地抛荒，大批的客乡人就来“填空”。他们背井离乡，生活窘迫，我父亲作为新塘乡的乡长，就尽力帮助他们排忧解难，做了不少好事。到现在还有客乡人的后代记着他的好，

村中一角 2020 年 5 月 高亢 / 摄

提到他时，总是跷起大拇指，称他为大好人。确实，旧时候兵荒马乱，外乡人要到当地谋生活，没有一个有善心的主事人帮着讲话、撑腰真是不容易，所以，提到我父亲，我还是蛮自豪的。

我读书只读到五年级，因为我父亲去世早，家里经济困难，想读书也没有条件，就早早地失学了。我很早就开始做农活，跟着大人们种田、挑塘泥，农村上的活什么都要干，到 18 岁时，就是村上种田的一个好把式了。我们这边是高乡（地势比较高），过去农村用水很紧张，老百姓要靠天吃饭，逢到干旱年，粮食收成低甚至绝收，生活很艰苦。但是中华人民共和国成立后，在共产党领导下，我们这里修了前宋水库，村上都有引水渠，农业灌溉得到了很大改善。这几十年来，因为灌溉有保证，村民都广泛种植稻麦，以稻为主。我们在高地上面还种山芋和黄豆，又是一笔进账。所以，新塘村真正的发展是在共产党领导下才开始的。

我出生的时候正好大田分小田，叔叔就给我起名“小田”

讲述：刘小田

我是 1951 年出生的，出生的时候正好土改分田，我叔叔刘华珍就灵机一动，给我起了这名字。大田分小田嘛，就叫小田。我 8 岁开始念书，正好是经济困难的时期，所以经常挨饿。当时，新塘村分为 4 个生产队，分别为前队、场园队、南队和北队，我们属于北队。“文化大革命”以后，4 个生产队合并为两个队，分别为南队和北队。

我在新塘小学读的书，学习设在刘家祠堂里，念到四年级。四年级以后就要分到其他学校去读。当时我的同学大多数都进了社渚小学去读书，但是因为我们新塘到社渚小学，要走过一条村路，村路边上都是荒坟，我人小，胆子小，很害怕。父母亲就想办法把我送到了靠近外婆家的河口小学去读书。我在那边读到了六年级，初中的时候就要返回社渚中学读书。

可小学毕业时，社渚中学已经招满了，进不去怎么办呢？那一年正好社渚农中招生办学，我就进农中读了一年，到了第二年的时候，社渚农中和社渚中学合并，我就正常进入社渚中学读书了。

初中毕业后，我没有条件继续读书。17 岁，我回到生产队做工，18 岁开始就做计工员，后来当了村民兵排长、治安员、治虫员等等，一直把根扎在新塘。当时我们北队的“三包田”有 268 亩，一共有 30 多户人家，168 人。实际上除了“三包田”，还有一部分田没有计算其中，真正可种的水稻田大概 350 亩，但农作物的产量非常低。前宋水库修造完成后开始灌溉，这极大地解决了我们当地的用水问题。实际上在水库建造之前，我们这个地方很容易干旱，大旱的时候只能到社渚大河翻水，但是有水库以后，我们这边就极大地缓解了用水问题，可以种植水稻、水芹等用水量比较大的农作物，也极大地改善了我们的生活。

改革开放以后，我仍旧和我老婆一起务农。我原来打算出去打工的，但是家里有 18 亩田，我老婆对我说，你出去以后这 18 亩田怎么办呢？还有牛，我一个人忙不过来，还是留在家里吧。我和我老婆两个人都非常肯吃苦，为了培养孩子，我想光种地也不行，我们还要搞副业，只有搞副业才能活络一些呀！于是我们利用山地种西瓜，种甘蔗，种桑树养蚕。最多的时候我们养了三张纸的蚕种，由于我们肯劳动不怕苦，所以经济上比较宽裕。1991 年的时候，我就造了 4 间 3 层楼房。在当时这还是非常敞亮的，在村里面也是可以数得上的。4 间 3 层楼房，就花了六七万元。为了造楼房，我还负了 2 万元债，但是这算不了什么，只要肯干，钱总归会有的。

养蚕是一个辛苦活，大约就在每年 5 月份的时候开始下蚕种，在养蚕的一个多月时间内，我们夫妻俩几乎是不能睡觉的。我们用自己的辛苦钱供孩子们读书，由于家里的农活比较重，我们的小孩从小就要一边读书一边干活，这影响了他们的学习。孩子们虽然比较上进，但是没有考上高中，这一点是个遗憾。好在现在两个孩子都成家立业，工作和生活都不错，我感到很欣慰。现在，我和我老婆守着新塘的老屋，自己料理着自己的生活，我们这边空气环境非常好，我们也算颐养天年。

这几十年的变化真是太快了

讲述：杨富生

我 19 岁的时候就开始种田，在生产队里种，当时主要作物有水稻、小麦和油菜等。我们这边生产队里一个工只有两三角收入，一年下来只有百余元收入，当时的猪肉要7角3分1斤，生活比较困难。我们家兄弟姐妹有6个，我是老大，所以要加倍地付出、加倍地努力。

当时我们生产队有五六头牛，有一副水车，小水车有两架。我们这里是丘陵高地，所以水就特别稀缺，为了更好地种地，就必须要翻水。我们用的是脚踩水车，把水从低河塘里翻上来，所以非常辛苦。当时的作息时间是这样子的，早上6点多钟出工，做了一段时间以后回来吃早饭，然后再上工，做到中午11点回来吃午饭，下午1点再上工，一般傍晚5点多回家，365天日日如此。在我印象当中，当时历任大队长有：赵福阳、丁银芳、刘正美、杨火庚、刘金福等，到了1958年的时候，就开始吃食堂了，后来粮食比较紧张，生活就变得更加困难了。

1981年，推行联产承包责任制，我们这边生活条件开始逐步好转。1988年，政府对农民土地及房产进行确权，发苏南区溧阳县土地房产所有证。我当时家里有4口人，一共分得了10亩2分田地，加上一些旱地，实际面积达到了13.1亩。当时我主要是种水稻和小麦，另外还做一些副业，比如说我拿一两亩地，来种西瓜。八几年的时候，种西瓜的收入还是很可观的，我一种就种了十几年，以爆炸瓜为主，一年能增收2000多块钱。这对我们普通农家来说，这笔收入还是非常可观的。农闲的时候，我就会到外面去打工。我生了两个孩子，都是靠种田把他们供养出来的。

我有一个男孩和一个女孩，男孩在无锡工作，女孩嫁到溧阳埭头镇，他们都有自己幸福的家庭。我对小孩的要求只有一条，走上社会以后要遵纪守法，好好工作，不能做出格的事情，这就是我们的家风。我一辈子种田，生在新塘，长在新塘，现在也在新塘养老，虽然身在一个小地方，做最普通不过的老农民，但我通过自身生活的变化，通过新塘村的变化，看到了整个社会的发展变化。

这几十年的变化真是太快了，这要感谢共产党的好政策。

我的一辈子就和田地紧紧地结合在一起

讲述：刘小呆

我9岁就开始帮生产队看牛，在南队看牛。由于我是孤儿，和我哥哥相依为命，两人都在队里面看牛，一人一条牛，小孩子只有三分工一天，小时候的生活条件很差，只能勉强维持生计，活下来。

29 岁的时候，我讨了老婆，后来生了一儿一女，自己也分到了十几亩地，我的一辈子就和田地紧紧地结合在一起，一直以务农为生。天下几大苦，种田是一苦。但是我不怕苦，种田使我心里踏实，靠着自己的气力，扎扎实实地从土地上讨生活，我觉着心里很踏实。

年轻时候，守着自己十几亩田，我和老太婆两个人撑起了一个家，养活了两个孩子，供他们读书，支持他们成家立业。2013 年，我连稻带麦一共种了 38 亩地，创了自己种田的纪录。辛苦是辛苦，但开心还是蛮开心的。一年算下来毛收入有五六万元，这一年是我们家种地收入最好的一年。种田人有种田人的一本账，这看出时代的进步，原来，我们沃田全部用农家肥，虽然是有机肥，但僧多粥少，平均下来，土地肥力还是不够，农作物产量很难提高。到二三十年前，我们这里开始用上了氨水、碳氨、过磷酸钙，后来又用上了磷肥和尿素，化肥和有机肥配合，帮了农民的大忙，粮食增产增收，这和时代的进步是分不开的。现在国家又免了种田人的农业税，这是历朝历代没有的事，所以想想过去，再看看现在，很感谢党和政府，自己感觉很知足了。

我虽务农，但读书是我一辈子的爱好

讲述：刘介彬

我有兄弟三个，我是老小，上面还有三个姐姐，我的爷爷叫刘天秀，他在社渚镇的南关开了一间茶馆，名字叫刘德隆茶馆。这间茶馆的生意非常好，很可惜日本人来了社渚以后一把火烧掉了。日本人把我们家的产业烧掉以后，我们一家人的生活就变得非常困难了。

街上的房子毁掉了，我爷爷只能在边上盖个草棚子，勉强遮风避雨，但不是长久之计，苦苦支撑了十多年，在我 12 岁时，中华人民共和国成立，我们一家人盼来了希望，就决定回老家新塘村上生活。我家在新塘原有七八亩地，土地改革时，因为我家人口比较多，又分到了十几亩地，一家人齐心协力，生活总算稳定下来。

我们家的孩子有个特点就是爱读书，家里经济条件好的时候，我的二哥被送到安徽屯溪接受教育。我回新塘后，在社渚小学读过一段时间书，不过当时家庭条件已经很困难，读到五年级时，就失学了。从此，我就开始向土地讨生活，但是，还会利用空闲时间看书学习，这成了我一辈子的习惯。

因为能读会写，1958 年，我开始担任前队生产队会计。70 年代时，又担任南队会计。南队有 150 多人、30 多户人家、280 亩田，我做会计时也没有什么收入，就是多算一个月的工分，算作是一年的报酬。

1959 年，我结婚成家。结婚时家里只烧了一桌饭，一家人庆贺了一下，没有其他的仪式。1963 年，我大女儿出生；1965 年，大儿子出生；1967 年，小儿子出生。三个孩子接踵而来，我和我老太婆只有拼命干活，努力拉扯孩子，把家庭建设好。我的思想很开明，第三个孩子出生以后，就带我老太婆做了节育手术。我想，孩子不在于多，多了不用心抚养和管教等于零。所以我对三个孩子比较用心，希望他们健康成长，接受好的教育，以后堂堂正正做人，有所作为。

1982 年，我家的经济条件有了较大的改善。我的父亲给我 1000 多元，我又拿出了全部积蓄 2000 元，盖起了二层楼房。这是我们村上最早的一栋楼房，大家都很羡慕。我现在还保存了当年楼房盖好时的照片，感觉很精神。

1982 年刘介彬在新房二楼 2020 年 5 月刘介彬提供

我虽然文化程度不高，但读书是我一辈子的爱好。我很多知识都是自学的，做生产队会计后，财务知识也是靠自学。别人感觉读书苦，但我感觉读书很快乐。小时候，我就非常喜欢看书听书，当时条件差，买不起书，就借书看。有书的人家有时会说，你借书可以，但要帮着干活来抵。那也好，我就帮着他干活。我不惜力，只要有书看。成家后，我是家里的顶梁柱，平时下田干活没有时间看书，我就会趁着吃饭的时候，一边吃饭一边看书。我的老太婆不理解，就会责怪我。我平时脾气还不错，但只要老太婆阻止我看书，我就会发脾气。我对她说：“我要看书，我爱看书！”时间长了，老太婆也习惯了，就不管我了。

阅读 2020 年 5 月 李琪涵 / 摄

我让孩子努力接受教育，儿子和女儿都是高中毕业，现在都成家立业，生活得不错。我的大孙子考取了大学，这让我开心了好久。我现在快 90 岁了，平时还种两亩地，虽然忙，但是晚上还会看看书。我喜欢看的书都放在床头，想看时随手就可以拿到。我一辈子就做了两件事：种地和读书，虽然生活得普普通通，但是苦中有乐，这或许是应了我们老祖宗“亦耕亦读”的祖训。

我做了不少工作，但都围着村子转

讲述：吴信贵

我是 1946 年出生的，在村里算年龄比较大的了。我一辈子干了不少职业，做了不少工作，但都围着村子转，见证了我们新塘村的历史。

中华人民共和国刚成立那阵子，新塘分成 5 个队，到 1974 年格田成方的时候才合并起来。我在新塘小学读的小学，毕业以后去了社渚镇上念初中，本来我的成绩不错，但是初中才念了一年不到，家里发生了变故，父亲得了很严重的白血病，需要照顾，所以不得不辍学回家。

作为家里唯一的劳动力，我一边照顾父亲，一边种地。在分田到户之前，村里的生活条件普遍不好，生产队里一个工只有三角到四角收入。我家情况更糟糕，住的是破草房，墙体是泥夯的，屋顶上没有一片瓦，全是茅草盖起

金色的地毯 2020年5月 林克 / 摄

来的，遇到刮风下雨，屋里面都要“下小雨”。家里什么像样的家具都没有，真是穷得叮当响。

我的爱人是本村人，我们在家门口支了两张桌子，整了几个菜，一家人一起吃了个饭就算结婚了。那时候想搞两条喜烟，村里镇上到处都买不到，于是我写信给我常熟的同学，托他给我带两条。记得当时香烟的牌子叫“红金”和“丽华”，有着这两条烟，可算是给我的婚礼好好撑了撑场面，毕竟婚宴能用得起两条烟的在村里也不算多。

刚结婚的时候，我和我老太婆两个人在生产队做工，一年大概能挣200多元，除了做工，我还给生产队养猪，也可以挣一些工钱。就是靠着这些收入，我们维持一家老小7口人的生计。

1974年，我们村格田成方，我做了村里的工程员，负责丈量土方分配田地。1976年，我被分配到副业队做队长，组织村民搞副业，提高经济收入。那时候，大伙儿养过蚕、烧过窑。推行联产承包责任制后，村里的经济才真正变得好起来。那时候我们村一口人能分到两亩田，我们家有七口人，分到了14亩田，生活有了保障。1980 年，村里通了电，因为早年间自学了一点电工常识，所以我就一边种地，一边帮村里管理电力设施设备，成了村里唯一的电工。做电工的日子真是辛苦，刚通电的时候倒还可以，需要维修的地方不多，随着村子的发展，电气设备越来越多，我的工作越来越忙。那时候变压器在村子里，条件差，全村才一个触保器，晚上用电高峰的时候经常跳闸，搞得全村断电，所以我经常要半夜起来去抢修。工作虽然辛苦，但是做电工的时候也赚了一些钱。到 80 年代中期，我就把欠生产队的钱都还上了。1988 年还盖了 4 间两层楼房，这是我第一次住进楼房。现在我的孩子们都长大了，都有自己的事业。我们家的生活可以说是芝麻开花节节高，越来越好。我年纪大了，想想过去，再看看现在，心里真是有说不出的高兴。

只要有志气，人勤快，生活总归会有奔头

讲述：周庆海

结婚时我已经 28 岁了，在农村属于大龄青年。我和我老婆罗志琼是通过我嫂子介绍认识的，我老婆是云南人，我们算是有缘千里来相逢。1992 年，我俩正式结了婚，成了家。当时，生活条件比较艰苦，家里只有 8 亩地，2 间平房，结婚时的新家具只有一张西式床，但是我老婆不嫌我家底子薄，一心一意地跟着我，在新塘扎了根。

我们很珍惜自己的小家，加倍努力地干活，希望通过劳动来改善生活。我爱人罗志琼人也勤，心也巧，跟着我风里来雨里去，从不抱怨累和苦。刚开始，我们以种水稻为主，但单纯种粮食收入比较低，为了增加收入，我们在种水稻的同时，开始发展经济作物，利用我们这边邻近前宋水库，水资源比较丰富的优势，种荸荠、种莲藕、种茭白。除此之外，我们还种白芹，这种蔬菜以前只有溧阳“吊城角”的几个村子会种，是本地的特产，经济价值比较高，但种植过程很辛苦，我们学会了关键技术，把白芹引种到了新塘。其他的常规蔬菜瓜果我们一个不落，按季节套种。比如，现在这段时间（夏日），我们的玉米、西瓜、冬瓜、甜瓜、水瓜、香瓜、豇豆、青菜什么都种。这些年，我和我老婆种了 20 多亩水稻，近 10 亩蔬菜瓜果，这么多地，都是我们两个人种，人虽然辛苦，但乐在其中。前些年，我们先后翻盖了 2 间新楼房、

1间平房，置办了全套的家用电器。新屋落成时，我的岳父岳母从云南过来小住了一段时间，两位老人家都很高兴，很满意。

讲述：罗志琼

我比周庆海小7岁，是云南屏边人，千里迢迢来到溧阳，我不图他大富大贵，就图他人好。老话说，不怕人穷，就怕志短。我老公虽然家里底子薄，但为人忠厚勤快，有志气，肯吃苦。所以，虽然我的父母亲有千般不舍得，但是，我认准了周庆海这个人，就死心塌地地跟着他，到溧阳安居落户。

结婚时，我俩真是一穷二白，像样一点的家具只有一张西式床。别的新媳妇心里可能会叫委屈，但我不这样想，毕竟这个家是我们两人的家，只要两个人一条心，生活总归会越来越好的。

我很幸运，没有看错人。结婚后周庆海对我很好，我们的生活靠着两双手拼命干，不断好转。平时，我跟着我老公一起下田干活，种水稻、种蔬菜瓜果，一共种了30亩田，这么多田，我们不请人，都是自己干。我老公肯吃苦，重活累活都是他在扛着，我打帮手。近几年，我们每亩水稻的产量大概在700千克，收购价可以达到每担120元，还算不错。当然，搞经济作物的收益要更高一些，比如白芹，虽然种植很费工费力，但一亩收入可以达到3万元左右，比较理想。除了种粮食、种蔬菜，我还会干点自己的“副业”。平时会上山拾地衣，到河塘里钓黄鳝，到了采茶季，就和村上妇女结伴去茶场采茶。我从小干活比较利索，一天可以采10千克鲜茶叶，每天的收入可以达到600多元，像2020年，我一季做了20多天，光采茶可以增收一万多元，虽然很辛苦，但也是一笔收入。

除了干农活，身为父母，对孩子的关心不能少。我的两个孩子都比较懂事听话，虽然我和我老公不能在学习上给他们什么辅导，但是我们还是尽力为他们创造好的生活环境和学习环境。农忙的时候，我和我老公凌晨1、2点就要起床，先到田里干一番活，早上6点准时回家为孩子们做早饭，一家人吃好早饭后，6点半送小孩去上学。然后，再回家收拾一番，7点半左右，我俩再下田继续干活。我和我老公都没有文化，但我们大女儿通过努力，考上了大学，现在在南京工作，这让我们很欣慰。所以，我总是在想，我们一家人虽然平平常常，但只要有志气，人勤快，生活总归会有奔头。

前行路上

改革开放的春风吹暖了新塘，
新时代的鼓点激励着新塘。
在奋发前行的阳光大道上，
新塘人上下求索，
走出了一条特色发展之路。

我做了一辈子的老师

讲述：杨锁德

在我出生之前，我的父亲杨宝昌就带着我母亲就由周城老家来到新塘，在这里做工讨生活。我上面还有一个哥哥、一个姐姐，搬到新塘来以后，我们一家租住在刘全生家，在他们家里住了两年后，又租住在刘定之家里。

到了新塘以后，我家主要靠租别人家的田来种。当时一家人种了 20 亩到 30 亩田，中华人民共和国成立以后被划为佃中农。社渚土改后，在刘家老祠堂分到了两间老屋作为落脚的地方。老祠堂一共有 5 间，我们家有 7 口人，一家人挤在两间房子里，还是很局促的。我 7 岁时开始念书，一边念书，一边看牛。这头牛是花了 60 多元买的小牛，我们家里就交给我来看。我是在新塘小学念书的，小学就设在刘家新祠堂里面，老祠堂和新祠堂只隔开了几步路，所以我读书的时候，从家里到学校里脚跨几步就到了。

当时的校长叫张成武，教师有刘福明，主要是教语文的，还有白家泰，后来调到了河心小学做老师，另外还有王桂林老师、姚磊老师等。姚磊老师非常勤奋好学，几年以后，他通过努力考上了南京大学，毕业后就调到南京了。当时一个班有 20 个人左右，周边路北村、花岗村的同学都过来上课。我在新塘小学念书，念到了四年级，由于学校没有五年级，我就到社渚小学去读书。当时条件非常艰苦，冬天都是赤了一双脚来回走路，但我不怕苦，还是很好学的。

1958 年，我到社渚中学念书，正逢“大跃进”时期，读书风气不是那么浓，但我内心还是很想上进，所以一有时间就拿着书本看。当然还要做很多农活，一家人的生计必须要维持下去。

1961 年我初中毕业以后，正逢县里面办会计培训班，培训点设在茶亭中学。政府抽调了溧阳县比较优秀的老师教学，包括省溧中的老师教文化课，还有一些财会方面优秀的老师来进行专业教学。

我们社渚中学抽调抽了三四个同学去读书，都是我们新塘周边几个村上的。我们到了茶亭中学读会计训练班，读了 4 个多月，读书期间每个月还发一部分粮票，算是特别补助。会计训练班结束以后，其他地方的同学们被分配到相关条线工作。我们社渚的几位同学却没有着落，我们也没有办法，只能回家务农

荣誉证书 2020 年 5 月 李琪涵 / 摄

了。两个月以后，新塘小学开学了，但刘小珍老师在这节骨眼上辞职了。逢开学没有老师，校长很着急。当时张成武老校长，还有涂传勇老师，他们对我看法还不错，就决定让我代课。一年以后涂传勇老师又离开了，只剩下校长和我两个人，我们一起教一到四年级的复式班。我虽然年轻，对于这份工作还是非常珍惜的。我一边干农活，一边教孩子，因为收入低，学校要维持，家庭也要维持，只能边教学边务农，但是我对同学们很负责，慢慢得到了更多的认可。

我们校长是思想开明的好领导，在他任期之内，为了让更多的乡村孩子能够读书，他根据实际情况开了早晚班、耕读班，还开设了半年级特色班。早晚班、耕读班，主要针对家里面贫穷，没有条件读全日制的孩子，让他们有时间能够在农闲或傍晚的时候读点书。半年级就相当于现在的幼儿园，让学龄前的孩子能够读书。

新塘小学的耕读班和早晚班，很快就成了溧阳县的典型。周边的周城、社渚、河心、河口等小学，常到此来学习取经。我还记得当时的早晚班和跟读班以识字为主。为了让学生们更好更快地识字，我画了 32 张图，就是用现在的白卡纸来画，画农具，画生活用具，每张图上再配字，就像现在的看图识字。这些看图识字都和老百姓的生产生活息息相关，比如有锄头、有菜篮等等。学生一看就明白，学习兴趣自然就浓了。

1965 年，社渚全区表扬了我们新塘小学的这种做法。为了更好地照顾本村及周边村孩子的学习，我们积极创办五年级，当时的完小是 5 年制的教学，新塘小学终于成为完全小学，从一年级到五年级全部齐备了。这样，本村的孩子和邻近村的孩子就不要跑到较远的社渚小学去读书了，很好地解决了学生的实际困难。

1965 年 11 月，我结婚了。当时收入比较低，只有 6 元一个月，到了 20 世纪 70 年代才开始稳步提升，1984 年转正后收入提高到 47 元，生活才开始好转。所以，年轻的时候，我还是只能边工作边务农，毕竟有一个家庭的担子压在我的身上。

1966 年 6 月，我们的代课老师刘新凤入了党，这是我们新塘小学培养的第一个党员。1972—1974 年，县里面对我们村办小学的教师工资进行了一次调整。当中还有一个插曲，就是在 1971 年，由于前宋水库修造，引水渠从新塘小学门前经过，泄洪的时候，引水渠很容易溢水。新塘小学的地势比较低，所以校舍里都是湿答答的，严重影响教学。我们向上反映情况，前宋水库管理方实地查看后，就决定贴补 3800 元让学校搬迁。我们拿到这笔钱后，就选择村中较高处易地新盖了 17 间房子，条件算是改善了不少。当时的校长是朱和庆，在他带领下，学校的发展上了一个新台阶，老师们的积极性也很高，我在学校里教数学、体育等，几乎是样样都教。新塘小学的成绩得到村民认可，建设也得到村里各方面的关心和帮助。

1997 年，从我们村里走出去的台胞刘建清老人捐赠了 1000 美元，作为学校专项支持资金，另外，还给每个老师发了 100 元人民币作为奖励，给每个孩子赠送了文具盒，还有很多文具，这让我们很感动。

我有很多优秀的学生，比如桃园的刘洪富，现在是老师，刘国强是常州第一人民医院的医生，赵忠保是溧阳市副市长，周卫平是外贸方面的能人，高国兴做生意做得非常出色，他们虽然都是从村小学走出来的，在各自的岗位上都创造了非常好的成绩，这让我感到很欣慰。

我现在年纪大了，退休已经多年，新塘小学已经合并到社渚中心小学了，但是每当我看到我们村里面那么多孩子，他们都是从我的课堂上走出去的，我心里就特别高兴。现在这些孩子又有了孩子，他们都重视教育，一心向学，这让我更感到欣慰。

希望这个生我养我的地方越来越好

讲述：刘国强

我是土生土长的新塘人，一直到大学毕业才离开，村上大部分人都姓刘，村子是周围几个较大村庄之一，大概有百来户人家，往上三辈很多都是兄弟姐妹，所以在村上有很多亲戚。那时整个村大部分人都是农民，以种田为生，男人农闲时外出打工，做泥瓦匠为主，农忙时回家收庄稼。村子地处丘陵地带，地势不平，种田很麻烦，村上人大多物质条件比较差。

那时村上只有一条主干道是石子路，其余通到家门口的都是泥路，一到下雨就泥泞不堪。村前有一个新塘小学，我在那学习了5年，幼儿班及一至四年级。印象中学校四四方方的，南北向是两排瓦房，东西向是围墙，中间一个小操场，学校前排是一个商店，还有村医务室，后排是四间房子，一间作为幼儿班教室，一间作为一、二年级教室，一间作为三、四年级教室，一间作为老师办公室。因为学生都是我们新塘大队的孩子，所以学生不多，一个年级大概才十几个人，导致两个年级共用一间教室，教师也少，大概三四个吧，印象最深的是杨锁德老师，也是我们村上人，村上很多人都是他的学生，语文、数学都是他教，也包括副课，写毛笔字、美术、体育。记得以前学校很破旧，围墙都只有东边有，西边没有围墙，所以下了课很多学生都跑到边上竹林里玩。后来村上一个人的父亲从台湾回来，给我们学校捐钱捐物，给我们发了书包文具，还修缮了校舍，把学校修葺一新，围墙砌好了，操场铺好了，厕所盖好了，校门盖好了，大铁门安好了。从此新塘小学焕然一新，才有模有样像个学校了。

我那时学习成绩一般，只要完成老师布置的作业就行了，放假整天在村上玩，经常惹祸。父母亲很忙，除了种田，还有很多地，地里种些花生、山芋、棉花、芝麻等，所以很小的时候就会帮家里干农活。大概十来岁的时候，放学回家跟姐姐两个人弄菜烧饭，父母一般天黑才能回家，很辛苦。母亲抓我学习很严，晚上会看着我写作业，小时候家里经常停电，就用煤油灯，母亲会时刻看着我写作业的姿势，以防近视，因为母亲是高度近视，眼睛不好，这给她生活带来很多不便，所以她要让我珍惜好眼睛。睡觉前母亲会讲一些趣味数学题给我做做，比如买菜算账和一些口算，即使跟母亲在田里干活，

金色的憧憬　2020 年 5 月　林克 / 摄

她也会出一些口算给我。我的父母亲虽然是初中毕业，他们那个年代没怎么学文化课，但他们知道学习文化知识的重要性，对我和我姐一直强调成绩的重要性，逼着我们学习，不允许出去玩。小时候不懂事，经常跟母亲顶嘴，还说过“就知道分数，别人的妈妈怎么不像你一样，别人都能出去玩的”，现在想起来才懂得母亲的用心良苦。我就是在母亲的严格要求下慢慢地学习越来越好，但父母亲他们越来越辛苦，除了干农活，父亲还到隔壁镇上水泥厂打工，还养猪补贴家用，日子虽然苦，但很温馨。

我大学毕业后留在常州工作，每年都回新塘转转，感觉最大的变化就是路修好了，水泥路通到家门口。小学只有大门保留了下来，村上年轻人很多进城镇了，希望这个生我养我的地方越来越好。

“有困难，还是找老刘”

讲述：刘军华

我主要从事移门和淋浴房加工业务，在这个行业干了十几年了。我们这行都是吃手工饭，靠力气干活，很辛苦，但是生活还算过得去，踏踏实实过日子比什么都强。

现在的这个小厂是在我家老房子的地基上盖起来的，我们一家人都在这儿干活，我管事，老婆当老板娘，负责收钱（笑），家里的日常都要靠她收拾。我父亲快要70岁了，经常来帮我的忙。

十多年前，我在社渚镇上开了家小店，做不锈钢防盗窗生意。这活很辛苦，天气炎热的时候，到客户那去安装，常常活还没有做完，衣服就已经湿透了。做了大概两年时间，店面的租金越来越贵，加上这行行情不好，生意越来越难做，赚不到多少钱，我就决定改行。

一个偶然的机会，和同行小兄弟交流时，听他提到移门和淋浴房加工比较赚钱，还不比安装辛苦。我以前没有接触过，但是兄弟鼓励我，可以带着我一起做。我和老婆商量后，决定试一试，就搬到了现在的厂里，这一做就是十多年。

一开始没有什么业务，我只能做些朋友来不及做的活。但我做事仔细、踏实，慢慢地就在这一行立住了脚，生意开始好起来。现在，我凭借好口碑，基本不用出去推销产品，都是客户自己上门订货、提货。其中不少都是老客户，他们管我叫“老刘”，有急活难活都爱找我老刘帮忙，我也乐意为他们做好服务。因为大家都彼此信任，做好分内的事情是应该的。

最近，我有个老顾客从高淳给我打来电话“求救”，问我能否三天内给他赶一批货，做一批古典玻璃花窗，我二话没说就答应了。从我和厂里沟通、进货到完工，只用了两天时间。这两天中，我们全家8口人，6个大人齐上阵，连续两天加班到深夜，第二天天刚亮，又起来干活，为的是不让这个已服务了十多年的客户失望，解决客户的燃眉之急。第三天一大早，我电话告诉客户已经提前完成了任务，客户特别感动地和我说：“不愧是合作了十多年的朋友，有困难找老刘，就对了。”第三天来的时候，客户让我加点加急费，我就和他说了一句话：“咱们合作了这么多年，都是朋友，这点忙还是要帮的。

劳动最光荣 2020 年 5 月 高亢 / 摄

以后有困难，还是找老刘。”

这样的例子不胜枚举，时间一长，“老刘”的名声便传开了。大家都信任我，愿意把生意介绍给我，那我自然不能辜负大家的信任，有多少能力出多少力气，朋友多了，路子就更宽了。

我有两个孩子，大儿子二十多岁了，在南京上大学。小女儿十多岁了，还在念初中。我算是“儿女双全”了，靠着自己的双手拥有了现在的生活，虽然上有老下有小，日子过得也算踏实、安稳。没有其他的愿望，就是希望两个孩子努力上学，学有所长，将来生活更圆满些。

如今，我们夫妻俩守着这个小厂，过得很踏实，双方父母亲健在，时常来帮我们的忙。大家其乐融融在一起，平安、健康、幸福，才是最重要的。

我们村的美丽乡村建设才刚刚开始，家前屋后的改造仍在继续。和以前相比，已经发生了天翻地覆的变化。家门口都用黄石堆砌起来，干净漂亮，村上的道路都铺上了水泥路，不规整的树木都进行了修整，环境变得越来越好。

我爱交朋友，平时邀请谈得来的三两个好友到我家喝酒聊天，大家看到我们村的环境这么好，都羡慕得不得了。我这个人闲不住，在家门口的菜园子中种了很多蔬菜，品种丰富。朋友们来了，都爱到我的菜园子中转一转，带点自家的新鲜蔬菜回去，他们都很开心。一来二去，我的朋友越来越多，生意越来越好。希望政府能把我们村建设得更加美丽！

咬紧牙关也要干

讲述：刘友富

我叫刘友富，是刘华珍二儿子。1979 年，我 19 岁就去沙河水库水坝上干活了。当时是社渚建筑站的小工，在工地上面我们主要是挑土方，干得非常辛苦，一天只有 8 角到 1 元的收入，但是再怎么样，咬紧牙关也要干，毕竟家里条件比较困难，我是家里的老二，需要为家里分担责任。

在沙河水库工地干了一年时间，1980 年下半年，我就回到了社渚。当时社渚建筑站在盖供销社的大楼，我们就继续在社渚干活。后来我拜了建筑站的王建国为师，师傅带了十几个徒弟，我在里面并不是最出色的一个，但我下定决心跟着师傅踏踏实实地学，从砌墙、批灰、粉刷开始一点一点地学，绝不偷懒。

1990 年，我就开始自己包一些活干了。当时农村开始兴建楼房，我们就从帮助村上人家盖房子做起，过去都是包工，一间房子包工工价是 400 元，两间就是 800 元，如果是建楼房的话，上下两层就是 1600 元。当时的大工是十几元一天，小工 8 元一天，一般的两层两间的楼房一个月内可以完工。

2007 年左右，我开始逐步做大。当时社渚街上搞开发，我建了不少房子。到了 2015 年，我参与了溧阳工业园区的建设，共建了 2 万多平方米的厂房。后来又到郎溪承包工程，我的成长主要是靠自己艰苦努力。虽然文化不高，但是我善于从实践当中学习。现在的工程图纸，我一拿到手就看得明白，知道该怎么做，这些都是靠自己慢慢琢磨、学习出来的。

由于家里穷，我们从小就懂事，我 9 岁开始就为家里烧饭，一边读书一边干农活。1987 年结婚的时候，我自己盖了两间瓦房。1995 年，又盖了两间两层的楼房。我们对现在的生活非常满意。

我一边种田，一边做竹器皿补贴家用

讲述：肖大连

我是安徽人。40 岁时，由于老家发大水，不得不重新安置一家老小。我有个亲戚在新塘，发展得挺不错。于是我便和他商量，能否也让我们全家搬至此处，有个安身之处。

编织　2020 年 5 月　李琪涵 / 摄

亲戚人不错，说愿意帮我问问当时大队的负责人。我之前来过一次，和负责人碰了面，恳求他让我们全家搬迁过来。负责人告诉我，外村人搬迁至本村，需要绝大多数村民的同意，还要经过大队的审核。我知道这并非易事。热情的亲戚当了推荐人，带着我挨家挨户去诉说情况。当时村里有54户人家，其中有 48 户都签字表示同意。村里民风淳朴，心地善良。这么多年过去了，我仍旧惦记着大家的这份恩情，因此但凡村里有红白喜事，我都会积极帮忙。

如今，我们全家的户口都迁过来了，已是地道的溧阳新塘人，我们全家早已把这里当成了第二家乡。

安稳脚步后，我重操旧业，干起了篾匠的工作。我的师傅是浙江宁波人，我 19 岁就跟着他学手艺，当年他当兵落户在安徽，就在我们隔壁村。当时都流行学个手艺，父母看我个头不高，也让我学个手艺以后好混口饭吃。我离开父母，一去就是三年，偶尔能回趟家。吃住都在师傅家，除了要在师傅家洗衣做饭，还要去食品厂破篾，将破好的篾做成装鸡蛋的篓子，时常要做到凌晨两三点，十分辛苦。三年时间转瞬即逝，我已步入谈婚论嫁的年龄，父母催促我早日回家娶妻生子。于是，我只好辞别师傅回到村上。娶妻生子，直到 40 岁搬到溧阳来。

当时的溧阳正值分田到户时期，我一边种田，一边重操旧业。我买来 500 千克毛竹，我清楚记得花了 280 元。每根竹子可以劈 50 根大小不一的竹篾。白天，我只能抽时间劈毛竹，下雨天无法种田，我就在家做竹篓子、簸箕、笤帚……赶上集会，天还没亮，我就要带上我的“作品”，出发去赶集。一开始步行去赶集，两个多小时才能到，慢慢地，用上了三轮车，只需 40 分钟了。十年前，一个簸箕卖 2 元，现在一个簸箕卖 30 元。做一个要 2 个小时，我们夫妻两人一天可以做 6 个。

1986 年左右，我在社渚镇上开了个竹器店，经营不到 2 年时间，我便关了店铺，对于我来说，一是房租费过高，无法承受；二是家里的田地需要照料，靠我老婆一人料理，太辛苦。于是，我关了店铺，打道回府，继续在家做活，哪里有集场了，我就一大早赶去，一来手艺没丢，二来补贴家用，指望着生活能过得更好些。

如今，需要竹制品的家庭越来越少，溧阳有些茶厂要用到采茶的茶篓，专门找到我，托我给做一批，这是我近几年最大的一笔生意了，一下子要做几十个。每个茶篓大小匀称，每根篾竹的大小在 3~4 毫米。我负责编竹篓，老婆负责在篓子里缝上一块布条，防止采茶时倾漏。每个竹篓卖 60 元，一下子挣了一千多元，我俩特别开心。随着年龄的增长，每逢阴天下雨，我明显感觉体力不如从前。现在想做的时候就做，哪天身体不舒服就休息休息，也不全指望着这点钱过日子了。

如今，我和老伴每个月有 500 元左右的养老金，加上 2 亩多的田地补贴 1800 元，我俩的日子过得还不错，平日里在自留地上种点蔬菜，一年到头都吃不完，我俩生活得很幸福了。现在的生活真是做梦也想不到有这么好啊！

我当“农场主”6 年多时间，虽苦犹甜

讲述：熊成荣

我是新塘村的媳妇，多年前从安徽嫁来新塘村，从此扎根在这片土地上，靠自己的双手过上如今不算富裕但很充实的小康生活。

2003 年开始，我和老公商量后，成立了农业果蔬合作社，主要从事水果、蔬菜种植，销售自产自销的水果，并且提供水果、蔬菜种植技术咨询服务。从 2014 年正式营业起，至今已是第 6 个年头。

我在村里承包了 20 多亩土地，种植培育了葡萄、西瓜、桃、梨这几个

培植幸福　2020年5月　高亢/摄

品种的水果。其中，种植葡萄总量最多，达到20亩。从第一年种植葡萄开始，我几乎全年无休，一心扑在了种植上。目前，我种植的葡萄有4个品种：夏黑、红富士、迎红、奶油葡萄。

种植葡萄有很多小窍门。比如，初春时，葡萄藤会陆续发出嫩芽，半个月过后，便进入花絮期，当每棵葡萄藤上长出8~9片叶子时，我就要掐掉最上端的几片叶子，抑制葡萄藤继续长高，再施加一些氮肥促进葡萄苗根系的健壮，施肥后要及时浇水，保持土壤的湿润。10天左右，便进入果期。由于葡萄是落叶的多年生攀缘植物，喜光，只有在充分的光照条件下，叶片的光合效率较高、同化能力强、果实的含糖量高，口味才更佳，产量才更高。因此，在果期，施有机肥，培肥改良土壤，改善葡萄树生长的土壤条件，才能为持续高产优质打好基础，结的果实才能又大又甜。另外，每株葡萄藤的高度颇有讲究，基本在1米左右，最高不超过2米，我严格控制了这一点。高度控制得好，浇灌的肥料才能将营养输到果实部分，长出的葡萄才能产量高、口味佳、甜度浓。

过去6年里，每年每亩葡萄的产量在1750~2000千克，每年产量在3.5~4万千克，产值27万元。去年，我种植的葡萄长势喜人，最大的一串重达3350克，被我赠送给合作很久的老板，他直夸我种植的葡萄味道好呢！每到6月初，葡萄便到了成熟的季节，不少朋友会询问我情况，经常是带着一家老小来采摘，一买就是几十斤。看着大家吃得开心，我很高兴，很开心！

除此之外，我还在葡萄田里散养了几百只鸡鸭，这些鸡鸭的粪便是最好的肥料。而且，散养在葡萄田里的鸡鸭是绿色食品，每年亲戚朋友们都争相订购，自己家也会烧上几只，犒劳下家里的老人和孩子。

自从家里开了合作社，我们家都是吃自家种植的无公害产品。现在，我的果园里桃、桑、梨、西瓜，应有尽有。村里人都羡慕我，称我为“农场主”“水果大户”。当然，付出和收获有时虽然不成正比，但是自我当“农场主”的6年多时光里，我的每一天都过得很安稳、踏实，其中不免辛劳，但每次看到枝头硕果累累，我便有说不出的满足感！

我相信一代总归比一代好

讲述：吴荷琴

我是新塘的媳妇，生了两个孩子，为了更好地照顾小孩，从1995年开始，我就利用自己的房子开了间小店，小店的名字叫扬子广场社渚阳达加盟店。阳达两个字，主要是来自我的一双儿女，我的儿子赵达，女儿叫赵阳，就有了“阳达”之名，我们小店因为靠近新塘小学，生意还是比较稳定的。

小店里主要是卖文具、日用品，也卖一些生活便利品，主要是服务于孩子和村民。因为我们村到社渚镇上，毕竟还有一段距离，有一个小店以后，生活上的油盐酱醋、一些小文具，方便购买。两个孩子都是由我自己带大的，我对孩子的教育还是很重视的。现在女儿赵阳已从南京金陵学院毕业，儿子赵达考取了中国矿业大学，目前在深圳实习，准备考研。我感觉我们这样一个普通的家庭，教育孩子是重中之重，所以我和孩子他爸虽然自己辛苦一点，但是在教育孩子上面绝不节省。我们感觉只要有知识，下一代就能定位比我们更高，眼界比我们更宽。所以我们再怎么样也要供孩子学习，给他们提供最好的学习条件。

我们家上一辈都是以务农为主。到了我们这一代，改革开放以后，政策放开，农村上的经济就相对搞活了很多。我和孩子他爸1991年结婚的时候，当时彩礼有1500元，我们是办了6桌酒。我记得当时有16个菜，鸡鸭鱼、排骨、牛肉等等都有，这和我们上一代人来比的话真是好太多了。我们结婚的婚房是新造的两间平房，当时我的陪嫁是16床被子，还有一部20英寸的彩电，这应该是村上第一台彩电了。另外还有一台煤气灶、一个煤气瓶、一辆自行车，可能现在看来很普通，没什么好稀罕，但这是村上第一台煤气灶，因为村里当时还是普遍用土灶。当时还时兴打组合家具，我们还比较早地用上了组合家具，所以我结婚的时候条件还是比较好的。

1993年我生了女儿，1997年生了儿子，孩子初中就读溧阳外国语学校，高中考上了江苏省溧阳中学，为了给孩子一个更好的学习条件，我在溧阳陪读了5年时间，在这5年当中，小店转让给了我的一位朋友来经营。

我的女儿是在溧阳三中念书的。两个孩子读书都是比较认真刻苦的，都考上了大学，这让我和他们父亲感到很欣慰。我们新塘小学刚开始的时候，有100多个孩子学习，1999年的时候被合并到社渚中心小学了，所以我们这边的校舍空置了下来。我感觉孩子们的学习条件是越来越好了，只有教育办得好，我们国家才会更有希望，我们的家庭才更有奔头。我相信一代总归比一代好，希望我的孩子，我的儿子和女儿能够更加幸福。

看看这几十年来走的路，现在我感觉很满意

讲述：周慕梅

我是高淳桠溪人，1987年嫁到了新塘。我的婆婆是童养媳，由于公公是先天性的驼背，家里的条件是很艰苦的。公公婆婆有6个孩子，其中，五男一女，一家人生活全部要靠公公婆婆从手上做出来，很不容易。我娘家的条件也不好，嫁过来的时候，彩礼只有400元，什么陪嫁都没有。

我和我老公就守着分到的一间老房子结了婚，老公为了家里的生活，独自一人在外面打工多年，刚开始的时候主要是做瓦匠，东奔西走常年在外，

家里的4亩地全部由我一个人来种。为了增加家里的收入，我还养了两只猪，加上带孩子，一个人真的很辛苦。为了改善居住条件，1989年，在我嫁过来两年后，夫妻两个就开始动手造房子。当时一个大工一天的工钱只要6元，但对于我们这样家庭来说，造房子也是不容易的事情。

1988年，我儿子出生，小时候他身体一直不好，为了给他看病，我们东奔西走，花了不少精力，也花了不少钱。1989年造房子，对我们家来说又是一个重大的挑战，但是我们咬紧牙关还是挺过来了。

到了我儿子初三的时候，我们又造了三间两层半的楼房。在这之前我每天都说，“要是哪一天我们家不差账，我就开心了。要是我们家的房子不漏雨，我就好过了。”慢慢地，通过我们夫妻两个人的努力，我心里的愿望都实现了。

2008年起，我的儿子就跟着我的老公到外面开始装电梯。儿子和老公常年在外工作，这些年我也跟着在外面帮他们做饭，所以我们一家人是常年不在村里面的。北京奥运会场馆中，有一部分电梯就是我们家的小工程队装的，所以我也有点自豪。

我的儿子22岁时结婚，结婚以后在溧阳市区英伦小区买了房子，现在我的大孙子已经12岁了，小孙子4岁了，两个孙子非常可爱。我当时的心愿，一是不差账，我就开心了；二是房子不漏雨，我就开心了。现在我儿子买了房子，我心里只有欢喜，只有开心。看看这几十年来走的路，现在我感觉很满意。

1984年开始，我们新塘村的条件开始改善了

讲述：刘小法

我21岁的时候，就开始跟着河心乡的虞火富学做木匠。我学的是传统的大木作，做了3个月，到山里面一直拉大锯，我说怎么一直拉大锯不教给我本事呢？心里就不高兴，就回来种田，但光种田还不行，回来以后就又跟了陈家宽和方天学做木匠。手艺学成后，1963年，我就正式做木匠了，主要是造屋子，为老式房屋做排栅、做门窗。我们这边的排木屋的话有6架的，有7架、8架的，也有9架的，我主要是做里面的排栅，做大木作。我们家里原来有11亩田，为了更好地务农，我不能走远，只能在临近的地方干活。

过去条件普遍艰苦，我们为别人干活，主家一般会做七八个菜，主要是

蔬菜，也会有一碗鱼和一碗肉，但我们做匠人的这碗鱼和肉是不能吃的，一筷子都不能动，除非放了多天，可能要变坏了，才会夹一两块吃，主要还是以蔬菜为主。

1984 年开始，我们新塘村的条件开始改善了，村上人家开始盖楼房了，20 世纪 90 年代以后，村上人普遍开始盖楼房，居住条件逐步改善。除了房屋条件改善，用电用水问题也逐步得到解决。我还记得 1985 年的时候，我们村上人开始通电，当时是 15 支光，我的两个孩子看到了家里通电，开心得要命，他们在床上蹦来蹦去，欢喜得不得了。可见当时通电对于一家人来说是多么重要，多么开心。1992 年，我们村通了自来水，我还记得当时开户一般人家要 900 元，因为水管经过我们村的农田，最后被优惠到 600 元开户费。

我在外面做工，20 世纪 80 年代的收入有 30 元一天，后来增加了，90 年代初大概 50 多元一天，到了 1996 年的时候增加到 80 元一天。到了 2000 年以后，收入是一路上涨，生活条件越来越好。我想，在这个好时代中，只要人不懒，肯干活，生活都不会差。我自己是这样想的，也这样做的，也是这样教育孩子的。现在，我们溧阳美丽乡村建设力度很大，要修复建造的老式房屋很多。我虽然年纪大了，但是还利用自己的传统木工手艺，为美丽乡村建设做点事情。

过去农村上造房子，要到山里面去扛毛竹

讲述：刘小法

1956 年，前宋水库开始建设，这是新中国成立后，溧阳较早开始实施的大型水利工程，前后共花了两年多时间。我那时还年轻，参加了水利建设，早上 7 点 30 分上工，下午 4 点 30 分下工，早出晚归，天天如此。那时从村上到工地有十几里路，全部靠步行，没有大路只能走乡间小路田埂。虽然干水利很辛苦，但是一想到我们这块高乡地，以后就有源源不断的清水种地，我们在工地上干活，浑身都带劲。讲到建设，国家发展要建设，我们小家幸福也要建设。但是，在经济条件比较艰苦的 20 世纪 70 年代，农民想要改善一下住宿条件，还是比较困难的。

最大的难度在于建筑材料奇缺，没有木料，我们就用毛竹替代。溧阳产毛竹的地区主要在南山一带，但是，当时实行物资管控，连毛竹都很难弄到。

古村新貌 2020年5月 高亢/摄

有一回，连襟家造房子，我去帮忙。我们村到南山有几十里地，没有车子，全靠一双脚板走，而且因为实行物资管控，路上设卡，我们只能摸黑走夜路，晚上去扛毛竹。那天夜里9点多钟，到了南山预约的地点，吃完晚饭后，我们一行人就扛着毛竹往回走，到早上6点多钟才走了10多里地，因为是摸黑走路走夜路，山里面全部看不见，翻山越岭，深沟浅壑的，非常危险。我们一行人只能一点点蹭，一步步挪，走了半夜，才走了一点点路，那天还下着毛毛雨，雨水和汗水混在一起，又冷又累，生活真是艰难。好在一切还算顺利，最后连襟家的房子还是造起来了。

这是几十年前的旧事，改革开放后，生产搞活了，物资丰富了，我们农村的住房大变化，从过去的茅草房、矮瓦房到二层楼房、三层楼房，有的人家还在镇上、市里买了新楼，住上了电梯房。家家户户的生活都像做梦一般，真是想也想不到。现在让我更高兴的是，前宋水库对我们这一带的生产至今发挥着重要作用，我们高乡地也可以种植水稻、养殖青虾，出路更多了。我在这个水库建设中流过汗、出过力，我感到很自豪。

我们新塘村的青虾养殖搞得很好

讲述：刘爱国

近两年我们新塘村的青虾养殖搞得很好，规模很大，在全国范围内有了点名气。我不算是村里最早一批养殖青虾的专业户，早年间一直在外面奔波打拼，干了不少行当，2015 年看到村里青虾养殖开展得很红火，才回村里搞青虾养殖。

1985 年，我从学校毕业以后就到外出打工，最早做的是泥瓦匠，那时候一天能赚十几元。做了几年以后手上攒了点积蓄，就想着买一台拖拉机跑运输，能赚得更多一些。记得那是 20 世纪 90 年代早期，我拿着全部一万多元积蓄到社渚镇上买了一台常柴拖拉机，当时算是比较大的“投资”了。运输跑了几年，积累了一些资源，我又去承包一些工程，干起了建筑。在外打拼的这些日子非常辛苦，但功夫不负有心人，我积攒了一些钱，为现在搞青虾养殖打下了基础。2015 年，随着建筑行业大环境发生了一些变化，利润远不如从前了，投入的人力物力又多，当时我就准备转行，谋求新的行业。那时候，说实话也没有什么方向，看了不少项目，都觉得不太合适，最后回村子里，听到早一批搞青虾养殖的村民都稳赚不赔，于是我就动了念头，准备从承包工程转行到青虾养殖上去。

搞青虾养殖，虽然收益不少，但是前期投入很大。我承包了一百亩地，前期的投入要 60 多万。我觉得自己是敢想敢干的人，所以当时也没怎么多想，就投入进去干了。其实 60 多万对于我来说也肯定不是小钱了，但当时自己丝毫没有犹豫。

养殖青虾的前期投入主要是三个方面：每年固定的用地成本是一块，开塘挖渠的成本是一块，青虾的饲料是一块，其中，饲料占比最大，到现在都需要每年投入三五万。

从镇上到村里都比较支持我们养青虾，镇上请了专业的技术人员开展青虾养殖培训，这对刚刚入行的新手有着极大的帮助。养殖青虾最重要的就是水质，如果水质达不到标准，轻则影响青虾上市以后的口感，重则导致青虾大面积死亡，所以我们很重视“源头活水”。我们村里虾塘的水都是从上游前宋水库里引过来的。水质绝对好，这也客观上保障了青虾质量。除了水质，水中含氧量也非常重要，头两年我就没少为水里缺氧吃过亏。因为不同的天气，空气的气压不一样，有时候遇到空气中气压比较低，虾塘里就要增氧，否则青虾就会成片成片的死亡。比如快到黄梅天时，我基本上就是每天凌晨两三点天还没亮的时候就起床，为一个一个塘增氧。说到如何判断虾塘里是否缺氧，多年来我自己总结了一个小窍门。我们村子周边白鹭比较多，正常情况下青虾都在虾塘中心，所以白鹭不会去捕食，一般来说，如仅有一两只白鹭或者根本没有白鹭停在虾塘，说明这个塘里一切正常。如果虾塘里缺氧，青虾就会聚集到虾塘边，这时候就会引来大批白鹭，就说明得赶快增氧了。

产值方面，第一年，我因没有经验，只有40多万；第二年，各方面理顺了，就能达到50多万的产值了，到现在一直维持在这个水平线上。村上像我这样职业养殖青虾的有十几家，目前我们的主要销售渠道还比较传统，会有专门搞青虾销售的人员上门收虾，然后再分销到各个农贸市场。这些年互联网经济越来越发达，我和村里其他几位搞青虾养殖的大户也想发展互联网渠道，目前可以说万事俱备，只欠东风，这个东风就是冷链运输。青虾是生鲜水产，运输需要专门的设备，如何通过互联网直接走上老百姓餐桌，现有的物流手段要么达不到要求，要么成本太高，所以我们还在积极摸索。

养虾很辛苦，一定要管理好

讲述：方兴伢

我38岁的时候开始养青虾。在养虾之前主要是在外打工，做木匠，后来看到村上的人家养虾能够发财致富，再加上家里的孩子要照顾，所以就从武汉回村，开始养虾。我是半路出家，但好在我的亲戚王友富养虾技术很好，我一开始就跟着他学，掌握一定技术后，慢慢就自己单干了。

第一年，我就投资了三四十万元，这对我们这样的小家小户来说，还是很大的一笔投入。起步时贷款很难办，到处欠债，很不容易。养虾是一个辛苦的事情，要能吃得了苦、受得了累，特别是管理上要小心又小心，平时一

捕捞青虾 2020 年 5 月 高亢 / 摄

定要增氧，不能有半点疏忽。不管天寒酷暑还是刮风下雨，天气越糟，越要多小心侍弄。我的虾塘有 70 多亩，我和我老丈人、还有一个工人一起来做，活还是很累很辛苦的。但我抱定决心，既然投入了这个行业，咬紧牙关也要好好干。当然，还要特别感谢我的老丈人，他老人家帮了我不少，撑了我一把。刚开始的时候虾子特别难养，死亡率很高。我就向王友富等技术好的专业户请教，并反复摸索，掌握了诀窍以后，就把死亡率控制在比较合理的一个范围，出产成品虾的比率越来越高了。

养青虾的必要条件是水质一定要好，这是关键中的关键。我们新塘村养青虾的自然条件可谓得天独厚，因为我们这里紧靠前宋水库，周边没有污染，很适合青虾生长。现在新塘村有 20 多个养虾专业户，大家互帮互助，共同把产业做大。目前，虾塘的每亩收益可达到 5000 元左右，养青虾成为我们村民生活奔小康的重要保障。

虾塘 2020 年 5 月 高亢 / 摄

我们这里的交通很方便，周边常州凌家塘批发市场是有名的青虾市场，新塘的青虾主要送到那里交易，也有村民会送到无锡去销售。青虾的味道好，营养价值高，看到自己辛辛苦苦养出的青虾走上大小饭店、千家万户的餐桌，还是蛮有成就感的。

青虾一年才出一季，品质很高

讲述：杨光明

我养虾前主要搞室内装修，45 岁时，开始跟着我连襟学养虾。刚开始承包了 30 多亩水面，发展到现在已经有五六十亩水面了。

养虾是一个辛苦活，虾塘上主要是我们夫妻两个人一起干。一年 365 天，除了除夕夜在家里团圆一下，我们平时吃住都在虾塘上。青虾养殖绝对不能缺氧，天热的时候，每两个小时就要巡塘一次，水质一旦出现问题，马上就要引起警惕，立即开动增氧泵增氧。因为水质是关键中的关键，养虾的水一定要好。丘陵山区的水源相对来说比较紧张，我们这边主要是依靠前宋水库供水，周边环境好，污染少，水质还是比较好的。我们一亩水面平均会有100多千克产量。青虾的蛋白质是牛奶、牛肉的数倍，但生产期比较长，相对于罗氏沼虾来说，青虾一年才出一季，罗氏沼虾一年出三季，所以青虾的品质更高，销售单价也更高。

我喜欢研究新事物，特别对于网络直播、带货等还是很关注的。但对于青虾销售来说，网络渠道有一定的短板。因为青虾离水后很难存活，运输上会是一个大问题，就目前手段来说，网络销售的条件还不成熟，所以我们现在主要还是通过线下市场批发零售，销售半径相对比较狭窄。希望以后保鲜技术上能有突破，让新塘青虾走向全国各地，让大家都品尝到这道人间美味。

链接：

青虾

青虾，又称河虾、草虾，学名为日本沼虾，是经济价值较高的淡水虾类之一。由于肉质细嫩鲜美、营养丰富，特别是蛋白质含量较高，广受消费者喜爱。20世纪90年代初新塘村开始养殖青虾，经过20多年时间的发展与总结，青虾养殖技术趋于成熟，从零星养殖转变为规模化经营，从传统养殖提升到了科学化、品牌化、标准化、市场化、现代化生产。

目前，新塘村有青虾养殖面积8000多亩，从事青虾养殖的农户20余户。已经成为社渚青虾生产集中区。2014年，社渚镇申报的“溧阳青虾”获得国家地理标志产品认证，其中有新塘人的一份汗水和贡献。

现在，随着社渚镇青虾产供销一条龙体系逐步形成。新塘村青虾养殖业得到进一步壮大。青虾从这里销往江苏省周边多个大中城市，青虾产业已成为农村经济的支柱产业，对本村农民增收发挥了重要作用，起到了“小青虾拉动大市场”的效应。

行走在新塘村近万亩青虾养殖区的田埂上，成片的虾塘一眼望不到头，清澈的水面在微风下泛着白光，感受到的只有波澜壮阔。一个个规整的虾塘，一排排整齐的行道树，就像墨笔画的田字格。5、6 月份和 11 月正是青虾成熟的季节，大家可以前去了解新塘农民如何收获青虾，并且可以品尝地道的农家美味。

乡村治理

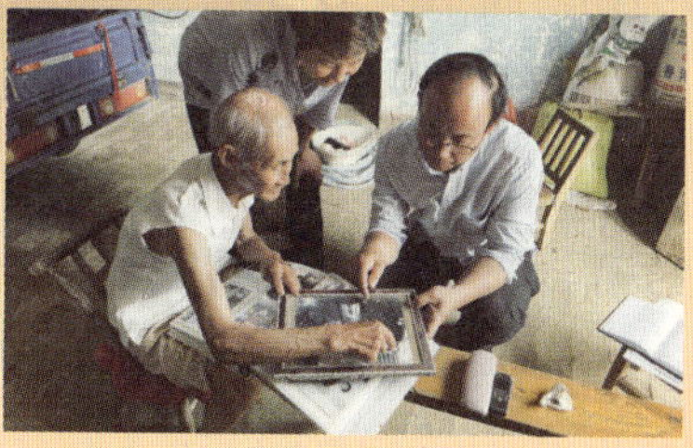

加强基层自治，共谋村民幸福。
在积极推进新时期乡村治理的实践中，
古老的村庄正焕发别样的生机，
自信地向着未来说，
新塘的明天一定会越来越美好。

我当了 20 年妇女主任

讲述：王顺芳

唠家常 2020 年 10 月 钱鹏 / 绘

我从 1989 年担任新塘的妇女主任，直到 2009 年退休，在村妇女主任岗位上坚守了 20 年，与六任村支书共过事。

我工作 20 年生涯，主要靠腿勤、手勤、口勤。腿勤，是经常到村里跑一跑，了解村民的日常生活；手勤，对于村民的意见和建议，多记录，不懂的多翻阅资料；嘴勤，是多和村民沟通信息，多了解村民的难处，并努力帮忙解决。

做好妇女工作是我的本职，我每月都会到育龄妇女家进行走访。给新婚夫妇免费发放叶酸，做好回访记录；给育后夫妇做好生育政策宣传，帮助他们解决疑难问题；每年我们村都会安排妇女免费检查身体，我都会挨家挨户地告知，不漏下一人。就是这样看似简单平凡的工作，我一干就是 20 年。

作为妇女主任，除了做好本职工作之外，我还对照农村基层工作要求，为村民做好其他服务。比如做好“三留”人员的工作，让外出打拼的人能够安心上班；为本村老人发放各种福利，一个个统计，一份份发放，一点不能弄错。再比如贫困户的评选，哪家符合条件，属于什么样的等级贫困，这些我都有一本明白账；谁家登记娶新媳妇，谁家里嫁闺女，监督户口的迁入和迁出我也清清楚楚；每家每户是否需要上保险，新生儿登记，评定先进家庭，评选好媳妇、好婆婆……这些也是我的日常工作。这些工作看起来烦琐，但需极其仔细，一一归档，不可出现任何差错。近些年，我们还积极组织本村妇女参加各种技术培训班，提高农村妇女的科技文化水平，帮助村里妇女增收致富。

2009 年，我光荣退休。村书记想要返聘我，但我没有答应。我不退休，年轻人就没有机会，我当了 20 年村妇女主任，也想要过过小日子，安度晚年。

但是只要村里有需要我的地方，我一定帮忙。所以，退休后我还是经常到村委“报到”，义务帮助村民做些事情。现在有村民看到我，还是会让我帮忙反映问题，我总和他们解释：“我已经不是妇女主任啰，要多给年轻人机会，多去‘麻烦麻烦’他们吧！”村民们说：“我就认你，我们都相信你！”我总是乐呵呵地笑着，尽自己的力去帮助乡里乡亲。退休十多年了，我还是习惯了这么做，我的根扎在这里，为村里做点事，为村民做点事，我感到很充实，很开心！

通过工作实践，如今做起村民工作已经驾轻就熟了

讲述：陈敏

我是2004年入伍参军的，当兵的那5年是我人生中成长最快的5年，让我养成了军人的品格和意志，让我的人生更有意义，对我的成长非常有帮助。

在部队里，我从义务兵一步一步提拔为一级士官。2009年12月，我光荣退役回到家乡。刚回来的那阵子，村里有不少人搞土建工程，到外面承包些小工程，我有个亲戚也在做这个，于是我就跟着他承包起了工程。起初是跟着别人做，主要是学习，因为自己从来没有接触过这个行业，里面有些门道规矩要靠实践慢慢学。一段时间以后，我决定自己单干，于是成立了一个小公司，做起了小包工头，业务主要是安徽、苏北和常州周边的小区安置房建设和老小区改造，我做事比较认真，公司逐步有了起色。

2016年，为更好地照顾妻儿，不想再出去东奔西跑，于是我就想回村里发展。说到这里我要感谢村支书，当年我应征入伍的时候就是村支书动员的，如今想回到村里工作，村支书也给予我很大帮助。我和村支书很聊得来，那一年我们长谈了好几次，在一些观念上很是一致，他动员我说，现在国家在大力发展新农村，农村建设需要更多的人才来参与。如果我可以回家乡工作，更接地气，更有底气，一定能大有作为。

于是在村支书的推荐下，我通过镇里的选拔，成了基层村干部。可能是因为有部队服役的经历，我这个人的脾气性格比较直爽，有啥说啥，到了村里工作和在部队、社会上不同，经常要处理一些村民矛盾，搞一些调解工作。我起初接手的时候还有些不适应，我知道自己在与人沟通上还是有所欠缺的，

好在同事和领导对我的帮助非常大，给了我不少支持和鼓励。三年来，工作实践磨砺了我，让我能更好地走进村民的内心，做起村民工作已经驾轻就熟了。

2020 年的新冠肺炎疫情防控可以说是我参加工作以来记忆最深刻的一次“大考”。作为基层工作者，村支书第一时间带领我们冲到第一线，每天执勤、宣讲防护知识、分发传单。我们村里在疫情防控期间管理得非常严格，任何外来车辆、人员都不能进村，村民也不能随意出村，我们村里工作人员每日 24 小时轮流值班，在村里各个道口负责值勤，发现有从疫区回来的人员回村，要第一时间联系上级部门安排隔离。

当时有一件事情让我印象深刻，有个村民从疫区返回，我们得知消息以后，第一时间和那位居民取得了联系，确定他回来的方式以及大概抵达的时间。当晚，我们一直在村口等到凌晨，才见到这位居民，我们第一时间进行登记，并且和上级疾控部门取得联系。当时，根据我们溧阳防控政策，相关人员已不需要到竹箦集中隔离点集中隔离了，改为居家隔离，所以我们亲自把他送去家里。村委应周边村民要求在村里安装了隔离带，溧阳公安部门在周边安装了监控。在 14 天的隔离期里，我们村委工作人员天天去送菜，上门量体温，做好做细工作，让被隔离人员没有后顾之忧。隔离期满后，被隔离人员到村委致谢，村中的老百姓给我们很高的评价。这次疫情防控给我的职业生涯留下了一段非常重要的记忆，让我更加坚定地要为村庄发展做出贡献。

新塘的明天一定会越来越美好

讲述：林克

全国各地名叫新塘的地方不少。我们社渚新塘村因何而得名，时间久远，没有人能说得清，但不妨这样理解：新，是创新、是出新；塘，是丰泽、是甘美。一片水草丰美、土地肥沃的乐土，总是令人向往的。

我们新塘共有 14 个自然村，18 个村民小组，辖区面积 6.2 平方公里，耕地面积 4400 余亩，是传统的农耕村。交通非常便利，2 条省道 239 和 360 穿村而过，一条高速（溧宁高速）正在建设中，也穿村而过，且道口也在我村范围内。在这片土地上，两千多新塘儿女，深情地爱着自己的家园，一起奋斗，共同努力，让一个曾经的贫困村在新时代发生天翻地覆的变化。特别是近年来，我们在社渚镇党委、政府的正确领导下，紧紧围绕建设社会主义新农村，坚持科学发展，因地制宜，真抓实干，改善民生，着力加强美意田园建设，发展集体经济，带领村民脱贫致富。2019 年村集体经营性收入 50.3 万元，村民人均收入 16564 元，精准扶贫 27 户 49 人，现已全部脱贫。新塘村已真正成为令人向往的社会主义新农村。

新塘的“新”，体现在村容变化上。农村环境脏乱差曾经是困扰很多村民的顽疾。为了让村民生活环境更舒适，我们新增或更换垃圾桶 300 余只，配备专职保洁员对村庄进行全天候保洁，实现村庄保洁常态化。在全村范围内，我们增设垃圾分类亭 7 座，并逐步落实农村生活垃圾“四分四定”制度，即分类投放、分类收集、分类运输、分类处理和定点投放、定时收集、定车运输、定位处理，并将其纳入村规民约。通过不断加强生活垃圾分类宣传和引导，让村民逐步形成生活垃圾自觉分类投放的良好意识，大大改善农村生活环境。

新塘的“新”，体现在道路出行上。过去，我们这里没有一条像样的出行路，晴天一身灰，雨天一身泥。2018 年，在多方支持下，我们完成了大山岕自然村水泥道路和桃园组水泥道路的浇筑，总投资 70 余万元。2019 年，村委又投资 120 万元为 6 个自然村浇筑了水泥道路，新塘全村范围内实现了水泥道路户户通建设。2020 年，我们村又投资 8 万元，为路北里的主干道装上路灯，农村的道路不但通达干净了，而且敞亮了，极大地方便了村民的出行。

新塘的“新”，体现在环境保护上。对夏秋两季秸秆处理上，我们村成立秸秆禁烧工作小组，及时进行全村区域全覆盖宣传、巡查，禁止就地焚烧，积极引导秸秆再利用。通过积极探索村民参与和自主管理的村庄卫生环境有效途径，建立专项规章制度，建立村民参与的监督制度，做到运行有效、管护到位、群众满意，使村庄环境管理逐步走上规范化、制度化、长效化轨道。

新塘的“新”，体现在耕地保护上。保障粮食安全的根本在于耕地。近年来，新塘村为了节约土地、优化土地结构布局，以村民的根本利益为出发点，在村民的大力配合下，每年因地制宜地开展“三调”复垦增减项目，通过前期细致的摸排筛选工作，开展旧村庄、空心村等建设用地的整理复垦，并配套推进田、水、路、林综合整治，增加有效耕地面积，提高耕地质量，坚守耕地红线，有效拓展建设空间，为经济社会发展提供用地保障。

新塘的“新”，体现在共同致富上。2019年年底，为了带动村民共同致富，我们因地制宜，成立了股份经济合作社，共带动村民737户、2583人。合作社通过科学管理、集约生产，引进先进的种植养殖作业方式，并加大营销力度，拓展销售渠道，加强品牌建设，极大地提高了生产效率，提升了经济效益。从此，村民都成了合作社的股东，权益有了更好的保障。我们新塘人在科学发展、共同致富的阳光大道上，又前进了一大步。

新塘的“新”，体现在文化传承上。新塘是个古老的村庄，我们这里有美丽的传说，有动人的故事，有浓郁的耕读文化，更有溧阳市非物质文化遗产“跳观音”，独特的乡风民俗，让新塘独具魅力。近年来，为了更好地传承文化，化古为新，服务时代，我们在文化保护上加大力度，成立了新塘跳观音协会，建立了保护制度、传承机制，积极支持非物质文化活动。同时，我们大力支持开展村民口述，更好地保护村民原始记忆和古老村史，为留住乡愁做好工作。

新塘的“新”，体现在扶老携幼、扶贫助困上。老吾老，以及人之老；幼吾幼，以及人之幼。新塘是有着悠久历史的古老村落，自古以来就有尊老爱幼的好村风。在新的时代，我们更将这种好的传统发扬光大。我们已经连续多年开展“阳光扶贫”工作，通过认真做好老年人和未成年人关爱工作、帮扶困难群众及党员，切实关心困难群众的生活，解决他们的实际需求，给他们带去温暖，让生活在新塘的每一个人，都脸上带着笑、生活充满光。

新塘的“新”，体现在美意田园建设上。美丽人人向往，美丽靠人人创造。2019年，新塘村田冲组被溧阳市确定为美意田园建设的重点村，这是新塘之幸，也是新塘之荣。我们新塘人无比珍视这次机会，村民团结协力，支持工作。目前，我们根据建设计划，已完成环境整治、道路浇筑出新、围墙翻建、公厕建造、生态化提升、天然气管网排设等工作，一个干净、优美、和谐、舒适、宜居的新农村，正让新塘美上加美。

新塘的“新”，体现在产业振兴上。村两委积极发动群众，对村集体和部分村民零散、荒废的土地进行整合，承包给专职农业大户种植绿化苗、果树等高优农产品，从而盘活资源，促进农村土地集约利用。在溧阳市人大、市文体广电和旅游局、天目湖宾馆、镇党委、政府的支持下，村委投资80

万元在停车场内建设了 700 平方米左右的汽修厂房，用于整体出租来增加村集体收入。未来，我们还将积极把资源优势转化为经济发展优势，完善溧宁高速道口各项配套设施建设，并依托田冲的美意田园建设，改造翻新闲置破旧老屋，通过开设有农家特色的乡村饭店，创建水果采摘园等，大力发展农村生态观光，促进乡村旅游发展。

新塘，这个始建于元朝末年的古村落，正在新时代的春风中，焕发出新的生机和活力。我相信，新塘村的明天必将更加美好；我也相信，新塘村村民的生活必将更加幸福。

后　记

人对故乡的眷恋是与生俱来的。故乡，是充满希望的田野，是贮藏温暖的宅院，是质朴可亲的乡邻，是“林梢烟似带，村外水如环”的一座座村庄。

在寻梦乡愁的路上，村庄口述史是人们追寻记忆的一个载体。这种以搜集和使用村民口头史料来研究村庄历史的方法，近年来在全国各地兴起。村民，作为村庄事件的亲历者、当事人，无疑在村庄变迁中是最具发言权的。因此，一个个村庄的历史，绝不仅仅存在于封存的档案、资料中，更是存在于亲历者、当事人、目击者的记忆之中。如果把正史比喻成一条奔腾的大河，那么这些口述史料就是融入大河的涓涓溪流。

溧阳市委、市政府高度重视村庄口述史编纂工作，并于2017年将其纳入地方志研究课题，2018年列为全市18项重点工程（工作）之一。同年8月，溧阳市地方志办公室与常州日报社常报融媒文创中心合作组建专业团队，共同推进这一工作，得到广大村民积极响应。首批采集了溧城镇礼诗圩村、戴埠镇杨家村、别桥镇塘马村、上兴镇牛马塘村、上黄镇南山后村5个特色田园乡村村民口述史料，合编为40余万字的丛书，定名为《吾村吾民》，以丛书形式分册出版。2019年12月28日，《吾村吾民》在南山后村首发，这是江苏省首部美丽乡村口述史。溧阳市委书记徐华勤对新书的面世给予了极大的鼓励。他指出，《吾村吾民》丛书对传承发展乡村文化，滋养乡民精神家园，激发广大村民投身乡村振兴的主动性和积极性具有重要意义。溧阳将会持续推进《吾村吾民》乡村口述史采集工作，让座座美丽乡村、特色田园乡村，成为城乡百姓共同的“乡愁记忆馆”。

在各级领导和各界朋友的关心支持下，2020年1月初，溧阳市再次启动《吾村吾民》丛书编纂工作，计划采集竹箦镇陆笪村、南渡镇庆丰村、社渚镇新塘村的村民口述史料。虽然突如其来的新冠肺炎疫情打破了原定的驻村采访计划，但是采编团队的工作却没有因此松懈，大家克服困难，通过电话、微信等多种形式，积极与村民隔空交流，做好前期准备工作。4月，采访工作正式按下“重启键”，在村民的大力支持下，采编团队分驻各村，走进田间地头，采拾最原真的记忆。通过半年多时间的努力，《吾村吾民》丛书之《陆笪》《庆丰》《新塘》顺利编纂完成。这次采编的三册村庄口述史，在农耕文化、“非遗”文化、乡风民俗、乡村教育、乡村治理等方面收录了更多鲜活的历史信息，留下了大量珍贵、生动、有温度的历史记忆，这对研究溧阳乡村变迁、传承乡土文化有一定的参考价值。

《吾村吾民》编纂工作自始至终得到了常州市地方志办公室、常州日报社的大力支持，相关镇村为采编团队驻村采访进行了有效组织并提供了很多便利，受访村民为采访顺利进行给予了无私配合。沈福新、卞德坤、张晨镛等同志受邀对书稿进行了认真审阅和修改。在此，谨向所有为本书编纂出版付出辛劳的单位和同志致以由衷的谢意。

收录本书的村民口述内容，我们本着“各说并存”原则，除做必要的文字改动外，尽力保持其原来面貌，以期原汁原味地呈现3个村的人文和历史，让读者一同分享我们曾经体会过的感动。限于时间仓促和能力不足，书中难免有疏漏、错讹之处，敬请读者批评指正。

编著者

2020年12月